高等职业教育"十三五"规划新形态教材

大学生礼仪教程

主　编　李光伟
副主编　杨　慧　袁　茵　何红丽　闫丽丽
参　编　孙　巍　赵瑞娟　马　进　徐　媛

北京理工大学出版社
BEIJING INSTITUTE OF TECHNOLOGY PRESS

版权专有　侵权必究

图书在版编目（CIP）数据

大学生礼仪教程/李光伟主编.—北京：北京理工大学出版社，2018.9
ISBN 978-7-5682-6188-3

Ⅰ.①大…　Ⅱ.①李…　Ⅲ.①大学生-礼仪-高等学校-教材　Ⅳ.①G645.5

中国版本图书馆 CIP 数据核字（2018）第 190970 号

出版发行	/北京理工大学出版社有限责任公司
社　　址	/北京市海淀区中关村南大街 5 号
邮　　编	/100081
电　　话	/（010）68914775（总编室）
	（010）82562903（教材售后服务热线）
	（010）68948351（其他图书服务热线）
网　　址	/http：//www.bitpress.com.cn
经　　销	/全国各地新华书店
印　　刷	/三河市华骏印务包装有限公司
开　　本	/787 毫米×1092 毫米　1/16
印　　张	/13
字　　数	/297 千字
版　　次	/2018 年 9 月第 1 版　2018 年 9 月第 1 次印刷
定　　价	/35.00 元

责任编辑/李志敏
文案编辑/李志敏
责任校对/周瑞红
责任印制/施胜娟

图书出现印装质量问题，请拨打售后服务热线，本社负责调换

前　　言

我国自古为礼仪之邦，有着悠久的文明历史传承。孔子曰："不学礼、无以立"。个人文明礼仪综合素养是一个人发展的源动力。当今，许多大学生认为，优秀的学习成绩、众多的资格证书和获奖证书等这些"硬件"是自己获得理想工作或在日后的事业中获得成功的主要条件。但是拥有这些还远远不够，这只是具备了成功求职和事业发展的部分条件，另一部分条件就是形象这个"软件"，即求职大学生是否具备职场期许的良好文明礼仪综合素养。

对于大学生来说，要高度重视个人文明礼仪综合素养的提升和学习。大学生的礼仪和形象是其个人的品牌和名片，用人单位将会通过个人所展现出来的个人礼仪综合素养来决定是否给你发放进入职场就业工作的通行证。因此，对大学生这个特殊社会群体和未来社会主流人群，深入开展文明礼仪学习和综合素养提升训练，进而在传承中华优秀传统文化的同时，形成高尚的人格魅力和知识魅力是高校礼仪指导教师义不容辞的责任。

基于上述认识，我们认真汲取了有关礼仪专家的研究成果，总结了自身执教礼仪课程的经验教训，精心编写了本套教材。本书涵盖了学校礼仪、个人礼仪、社交礼仪、求职礼仪、会面礼仪、餐饮礼仪、节日礼仪、涉外礼仪以及各类仪礼文书的撰写，从大学生的在校学习、社会公民和未来职场人的多种角色的角度给予礼仪修炼和形象塑造的途径和方法，具有很强的针对性和操作性。

本书由冀中职业学院李光伟担任主编，负责设计本书的编写思路，对全书进行编纂和定稿，冀中职业学院杨慧、袁茵、何红丽、闫丽丽担任副主编，孙巍、赵瑞娟、马进、徐媛参编，负责材料的归纳与整理。

全书在编写过程中参阅了许多相关教材和文献资料，在此谨向这些教材和文献资料的著作者表示感谢。

由于编者水平有限，书中错误之处在所难免，敬请同行专家和广大读者批评指正。

编　者

目　　录

第一章　礼仪概论 ··· 1
第一节　礼仪的含义和原则 ·· 1
第二节　中国传统文明礼仪 ·· 6

第二章　学校礼仪 ··· 10
第一节　礼仪与职业学校学生的素质 ·· 10
第二节　校园生活礼仪 ·· 16
第三节　学校仪式礼仪 ·· 23

第三章　个人礼仪 ··· 27
第一节　服饰礼仪 ··· 27
第二节　服装面料与类别 ··· 31
第三节　个人礼仪规范 ·· 35
第四节　日常礼仪 ··· 37

第四章　社交礼仪 ··· 52
第一节　拜访礼仪 ··· 52
第二节　接待礼仪 ··· 56
第三节　公共场所礼仪 ·· 59

第五章　求职礼仪 ··· 62
第一节　求职礼仪概述 ·· 62
第二节　求职准备阶段 ·· 65
第三节　求职面试概况 ·· 69
第四节　求职面试礼仪 ·· 72

第六章　会面礼仪 ··· 77
第一节　介绍礼仪 ··· 77
第二节　称呼礼仪 ··· 82
第三节　馈赠礼仪 ··· 89
第四节　送花礼仪 ··· 95

第七章　餐饮礼仪 ··· 101
第一节　中餐礼仪 ··· 101
第二节　西餐礼仪 ··· 112
第三节　宴会礼仪 ··· 118
第四节　中华茶文化礼仪 ··· 120
第五节　咖啡礼仪 ··· 125
第六节　酒水礼仪 ··· 126

第八章　节日礼仪 ·· 136
第一节　中国节日礼仪 ·· 136
第二节　中国固定节日礼俗 ··· 148
第三节　中国少数民族节日礼俗 ··· 151
第四节　外国节日礼仪 ·· 154

第九章　涉外礼仪 ·· 158
第一节　涉外交往常用礼仪 ··· 158
第二节　外事礼仪通则 ·· 166
第三节　部分国家习俗 ·· 169

第十章　礼仪文书 ·· 178
第一节　礼仪文书概述 ·· 178
第二节　邀约类礼仪文书 ··· 181
第三节　致辞类礼仪文书 ··· 185
第四节　贺吊类礼仪文书 ··· 192

第一章 礼仪概论

本章导读

- 了解礼仪的含义。
- 掌握现代礼仪的原则。
- 了解中华民族的礼仪。

第一节　礼仪的含义和原则

礼仪小故事——不守礼仪，玉帛成干戈

公元前592年，当时的齐国国君齐顷公在朝堂接见来自晋国、鲁国、卫国和曹国的使臣，各国使臣都带来了墨玉、币帛等贵重礼品献给齐顷公。献礼的时候，齐顷公向下一看，只见晋国的亚卿郤克是个独眼，鲁国的上卿是个秃头，卫国的上卿孙良夫是个跛脚，而曹国的大夫公子首则是个驼背，不禁暗自发笑：怎么四国使臣都是有毛病的。

当晚，齐顷公见到自己的母亲萧夫人，便把白天看到的四个人当笑话说给萧夫人听。萧夫人一听便乐了，执意要亲眼见识一下。正好第二天是齐顷公设宴招待各国使臣的日子，于是便答应，让萧夫人届时躲在帷帐的后面观看。第二天，当四国使臣的车子一起到达，众人依次入厅时，萧夫人掀开帷帐向外望，一看到四个使臣便忍不住大笑了起来，她的随从也个个笑得前仰后合。笑声惊动了众使者，当他们弄明白原来是齐顷公为了让母亲寻开心，特意做了这样的安排时，个个怒不可遏，不辞而别。四国使臣约定各自回国请兵伐齐，洗雪在齐国所受的耻辱。四年后，四国联合起来讨伐齐国，齐国不敌，大败，齐顷公只得讲和，这便是春秋时著名的"鞍之战"。

从"鞍之战"可以看出礼仪的重要性。不守礼仪，则有可能变玉帛成干戈；谨遵礼仪，则可以化干戈为玉帛。

一、礼仪的含义

礼仪是人类为维系社会正常生活而要求人们共同遵守的最起码的道德规范，它是人们在长期共同生活和相互交往中逐渐形成，并且以风俗、习惯和传统等方式固定下来。对一个人来说，礼仪是一个人的思想道德水平、文化修养、交际能力的外在表现；对一个社会来说，礼仪是一个国家社会文明程度、道德风尚和生活习惯的反映。重视、开展礼仪教育已成为道德实践的一个重要内容。

礼仪是在人际交往中，以一定的、约定俗成的程序方式来表现律己敬人的过程，涉及穿着、交往、沟通、情商等内容。从个人修养的角度来看，礼仪可以说是一个人内在修养和素质的外在表现。从交际的角度来看，礼仪可以说是人际交往中适用的一种艺术、一种交际方式或交际方法，是人际交往中约定俗成的以尊重、友好示人的习惯做法。

礼仪的表面意思包括了以下五大方面：

（1）礼仪是一种道德行为规范。

它不同于法律，虽然都有规定，什么该做与什么不该做，但是作为道德规范来说它是没有绝对的惩罚制度的。做得不当，最多是遭人唾弃，所以能规范道德行为的人也只有我们自身而已。

（2）礼仪的直接目的是表示对他人的尊重。

人都有被尊重的高级精神需要，当在社会交往活动过程中，按照礼仪的要求去做，就会使人获得尊重的满足，从而获得愉悦，由此达到人与人之间关系的和谐，也就增进了你与他人的沟通交流，为你建立人脉打下了坚实的基础。

（3）礼仪的根本目的是维护社会正常的生活秩序。

例如，随地乱扔垃圾、吐痰、横穿马路等不文明的行为都是需要通过道德去规范的。若是靠法律去限制，那我们则需要多少警力去监督或惩治？

（4）礼仪要求全体成员共同遵守。

社会是一个大家庭，任何一个人都不能完全脱离社会而存在，同时社会也不是由一部分的人就可以组成的，社会道德、礼仪的建立与遵守是需要全体社会成员共同努力的。

（5）礼仪要求在人际交往、社会交往活动中遵守。

这是它的范围，超出这个范围，礼仪规范就不一定适用了，如在公共场所穿拖鞋是失礼的，而在家穿拖鞋则是正常的。也就是说在人与人的交往过程中礼仪才能得到体现。

二、礼仪的原则

1. 尊重原则

"礼"的含义是尊重。它的基本要求是：每一个人都必须尊重自己、尊重别人并尊重社会。一个人不尊重自己，就不会获得别人的尊重。尊重自己的具体要求是：首先，要尊重自身；其次，要尊重自己所从事的职业；最后，则要尊重自己所在的单位。

人际交往遵循着情感等价交换的原则。《圣经》中说："你用什么量器给别人，别人也会用什么量器给你们。""你期待别人怎么对待你，你也要那么对待别人。"生活中，尊重别人，其具体要求往往有所不同：尊重上级是一种天职；尊重同事是一种本分；尊重下级是一种美德；尊重客人是一种常识；尊重对手是一种风度；尊重所有人则是一种做人所应具备的基本教养。只有尊重别人，才能换来别人的尊重，尊重别人等于尊重自己。人际交往中尊重交往对象，就要使用尊称，而且尊称的使用技巧是"就高不就低"。不用尊称，就是失敬于对方。同时，尊重别人也有不同的方式。

卓越的幽默表演大师卓别林有段轶事。一次，他正要登台演出，一位热心的观众忽然提醒他："大师，你的上衣纽扣忘了扣了。"卓别林一怔，连忙表示感谢，并很快将纽扣系好。当那位观众走开后，他又悄悄地把纽扣解开。这一幕正好被前来采访的记者看到了，问卓别林："您这样做何苦？"卓别林回答道："我要扮演的是一位长途跋涉者，松开纽扣更能体现他的辛苦劳顿，会给观众留下生动而真实的印象。但对别人的善意提醒，要以感谢的态度给予回报，要去尊重他！"

2. 宽容原则

日本企业家松下幸之助说过："在社会上，沟通人与人之间情感的，无疑是一颗体谅的心。即使是件微不足道的事，只要有互相体谅对方的心，这颗体谅的心就是荒漠里的甘泉。""互相体谅"的更进一层次的表现则是"互相宽容"。

宽即宽待，容即相容，其指的是心胸宽广、忍耐性强。宽容即以宽大的胸怀容忍别人不同于自己的见解、个性，甚至缺点、错误，它包含心胸坦荡、宽宏大度、不计较个人得失等因素。其具体表现为对待别人的信念、信仰、行为、习惯等能够给予理解；对待别人的过失和错误不多加追究；对待不同的思想和观点，不采取压制等极端手段，而以说服和教育的方法进行疏导，以协调人、我、己、群之间的矛盾。

宽容，是个人或某个群体对自身力量充满自信心的一种体现，是人与人交往中能化解矛盾、隔膜、怨恨，甚至仇视的溶解剂。只要不违背原则，不损害国格、人格，恰当的宽容总是需要的，这是文明社会的一种高尚美德。

话剧《徐洪刚》中有个十分感人的场面：伤害徐洪刚身体的4名歹徒均被抓获后，有一个歹徒的母亲到医院看望手术后的徐洪刚，跪在英雄面前，失声痛哭地说："我怎么生了这么个畜生儿子？"徐洪刚上前扶起老人道："大妈，你也要保重身体！"徐洪刚的这句台词是何等感人啊！这并不是宽容罪犯的犯罪行为，而是他对罪犯母亲的宽容，没有把对犯罪分子的痛恨转嫁到他母亲身上。人与人之间相处也应当有徐洪刚这样的宽容大度，"容世间可容之事"。

3. 诚信原则

礼仪讲究"诚于中，形于外"，心中有"礼"，然后言行才有"礼"，以诚待人是人际交往得以延续和深化的保证，也是社交礼仪的基本原则。"交以诚接以礼，近者悦远者来。"诚实与守信二者紧密联系，不可分离。

诚即诚实、真诚、诚恳，是指待人的真实不欺和说话的客观公正。《中庸》中说："至诚无息，不息则久，久则征，征则悠远，悠远则博厚，博厚则高明。"

信即守信，即能够履行承诺而取得他人的信任。信是处世立身之德，是做人不可缺少的道德修养。《论语》里强调"与朋友交，言而有信"。春秋时期的晋文公，以"信"为"国之宝也，民之所凭也"。汉代的季布说："立谈中，生死同，一诺千金重。"大诗人李白有："一诺许他人，千金双错刀。""三杯吐然诺，五岳倒为轻"的诗句。所有这些都对"信"

进行了阐释，并论述了守信、重信的重要性。

如果人不讲信，不具备信的品质，就无法在社会上立足。信包括三层含义：一是言而有信，就是要遵守自己的诺言，说话算数。孔子说，做人宽厚就会得到大众拥护，诚实守信就会得到别人的信任。二是做事要讲信用，孔子说，与朋友交往要讲信用。讲信用就会得到别人的信任，相反就会失去朋友，失去人心。三是对别人要信任，如果不信任别人，对人便无法坦诚相待。

4. 适度原则

适度即通常所说的"分寸"，是唯物辩证法中所说的"度"。"度"是一个数量的界限或"临界点"。无论从哪个方向突破了这个"临界点"，事物的性质或形态都会发生变化。因此，掌握好度，就成为做人、做事成败的关键。早在春秋时期，孔夫子提出的"中庸思想"就要求把握适当的限度，以保持事物的平衡，使人之言行符合既定的道德标准。其强调遇事不要走极端，勿"不及"，也勿"过"。古语讲"君子之交淡如水，小人之交甘如醴"。在人际交往中，沟通和理解是建立良好人际关系的重要条件，如果不善于把握沟通时的感情尺度，即人际交往缺乏适度的距离感，结果会适得其反。

例如，在一般交往时，无论做什么事，都应当该行则行，该止则止，有板有眼，把握好分寸。我们既要彬彬有礼，又不能低三下四；既要热情大方，又不能轻浮谄谀。在接待服务时，既要热情友好、谦虚谨慎、尊重客人、殷勤接待，又要自尊自爱、端庄稳重、大大方方、堂堂正正、平等公正、不卑不亢。

5. 自律原则

自律就是严格按照礼仪准则规范自己的言行举止。"不失足于人，不失色于人，不失口于人，语言之美，穆穆皇皇"（《礼记·表记》），就是说在人际交往中，行动上不要出格，仪态上不要失态，言语上不要失礼，说话时要谦恭文雅，注重语言美。

自律原则就是在交往过程中要克己、慎重，要经常自我对照、自我要求、自我检点、自我约束。不要妄自尊大、口是心非，应该积极主动、自觉自愿、礼貌待人、表里如一。

三、礼仪的作用

礼仪是人类宝贵的文化积累和精神财富，是精神文明的一个重要组成部分，是人类优良素质的表现，是社会文明进步的显著标志之一。它在人类社会生活中具有重要作用。

从自身修养及社会发展的角度看，礼仪的作用主要表现在以下几个方面。

1. 增进自身修养，规范言行和端正态度

待人以礼是当代文明人的基本素养。修养不仅指理论、知识、艺术、思想等方面的水平，也指养成待人处事的态度及言行，而后者正是礼仪所要讲述的部分内容。礼仪作为道德的外在表现形式，主要指的是谦恭的态度、文明礼貌的语言和优雅得体的举止。这虽不能说是修养的全部，却是其中非常重要的一部分。

从文化社会学的角度来看，礼仪应属于非制度性文化。它对于社会所具有的约束虽是非强制性的，但作为一种带有普遍性的文化现象，它对人类社会有着重要的影响。礼仪从它产生的那天起，就带有一种社会规范的性质，为一定区域的人们或民族所共同遵守。这种约束和规范作用，对于个人及社会，大都是积极的和有益的。

2. 提高社交能力，调节人际关系

社会交往是人类生活中最重要的内容之一，它可以沟通信息、调适心理、发展自我，进而传递社会文化，推动国家建设事业的发展。社交的成功离不开礼仪，礼仪在社交中得以充分体现，同时又是保证社交成功的必要条件。在交往中，自然就与人建立起各种各样的关系，要想搞好这些关系，以利于我们的生活和事业，同样也离不开礼仪的调节。

讲究礼仪会增加自信心，而自信心是应对一切的基础。讲究礼仪有利于建立良好的社交形象。礼仪能打通交际渠道、增加与人交往的机会。不谙礼仪，则会使与人交往的渠道阻塞。在对外交往中失礼，小则有损个人、民族、国家的形象，大则可能会影响国家之间的关系。

虽不能说礼仪周全就能在社会交往中畅通无阻，但不讲礼仪肯定会有碍于社会交往的正常进行。

3. 满足高层次需要，适应社会的发展

人的行为是从需要开始的。20世纪40年代，美国著名的心理学家和行为学家马斯洛提出了需要层次论。他把人类的需要分为五个层次。马斯洛认为，人们一般是按照这五个层次由低到高地追求满足。

生理需要，这是指人对食物、水、氧气、性、排泄、休息等为了维持生命、延续种族而产生的最基本的需要。

安全需要，这是指人对防止身体受损、疾病、失业、经济上的损失和意外事故的发生等的需要。

社交需要，一是指个人与同事、同伴保持良好关系，希望得到友谊、忠诚和爱情的需要；二是指归属的需要，即加入某个团体，被该团体接纳，能关心、帮助别人的同时也得到别人的关心和帮助。

尊重需要，这包括有一定的社会地位和名望，要求使个人能力、成绩得到社会的承认等。尊重又可分为自我尊重和外部尊重，自我尊重是指人的自尊，外部尊重是指由他人给予的尊重。

自我实现的需要，这是指人需要表现个人思想感情、兴趣愿望、能力及个性特征，需要发展自己，实现理想、抱负，充分发挥自己的潜力等。

礼仪以尊重为基础，也以尊重为前提，包括尊重自己和尊重别人。比如，讲究仪表礼仪，一方面是尊重自己，另一方面也是尊重别人。礼仪正好满足人们的尊重需要，这一满足，会使人产生自信心和威望感，使人体验到存在的价值。同时，礼仪可以提高人的修养，也就可以部分地满足人的自我实现的需要。

人在最基本的生活需要尚未满足时，低层次的需要就是其主要的。当其最基本的生活需要得到满足后，就会追求较高层次的需要。随着社会的发展，人们物质生活的大大提高，社会也为人们的安全和社交需要提供了一定的条件，在此情况下，更高层次的尊重需要及自我实现的需要就显得尤为突出和强烈。礼仪，正适应了这种社会发展的现实需要。

4. 加强精神文明建设，形成良好的社会风气

礼仪是精神文明建设的一个重要组成部分，普及和学习礼仪知识，有利于社会主义精神文明建设。人人讲究礼仪，将提高整个民族的素质，有利于形成良好的社会风气，我们的社

会将充满和谐与温馨。"五讲四美"和礼仪有着密切的联系："讲文明""讲礼貌"自不待言，说的就是礼仪；"讲卫生"是礼仪必要的条件；礼仪又是道德的外在表现形式，是一个人道德水准高低的标志，"讲道德"正是礼仪的内质；"讲秩序"则是讲究礼仪的结果。同时，礼仪又是人类美好心灵的展现（即"心灵美"），"语言美""行为美"是礼仪对于人的基本要求，"环境美"则是人人讲礼仪的必然所致。从精神文明和"五讲四美"的高度来讲，礼仪是我们人生旅途的必修课。

第二节 中国传统文明礼仪

礼仪小故事——丰子恺教子

我国是世界著名的礼仪之邦。我们的父母，尤其是一些名人，特别重视对他们的子女进行文明礼仪教育。

丰子恺是浙江桐乡人，我国著名的现代画家、文学家、教育家。早年从事美术和音乐教学，五四运动以后，进行漫画创作。

丰子恺在平时生活中，经常给孩子们讲要对人有礼貌，还非常具体细致地说："礼仪，就是待人接物的具体礼节和仪式。"

丰子恺是一个名人，家里经常有客人来访。每逢家里有客人来的时候，他总是耐心地对孩子们说："客人来了，要热情招待，要主动给客人倒茶、添饭，而且一定要双手捧上，不能用一只手。如果用一只手给客人端茶、送饭，就好像是皇上给臣子赏赐，或是像对乞丐布施，又好像是父母给小孩子喝水、吃饭。这是非常不恭敬的。"他还说："要是客人送你们什么礼物，可以收下，但你们接的时候，要躬身双手去接。躬身，表示谢意；双手，表示敬意。"这些教导，都深深地印在孩子们的心里。有一次，父亲在一家菜馆里宴请一位远道而来的朋友，把几个十多岁的孩子也带了去作陪。孩子吃饭时，还算有礼貌，守规矩。当孩子们吃完饭后，他们之中就有人嘟囔着想先回家。其父亲听到了，也不敢大声制止，就悄悄地告诉他们不能急着回家。事后，丰子恺对孩子们说："我们家请客，我们全家人都是主人，你们几个小孩子也是主人。主人比客人先走，那是对客人的不尊敬。就好像嫌人家客人吃得多，这很不好。"孩子们听了，都很懂事地点头。

丰子恺的儿子丰陈宝，小时候很守规矩，但特别害怕见生人。因此，在客人面前，常常显得不太懂礼貌。丰子恺觉得，小陈宝之所以这样，恐怕是因为他平时很少接触生人，缺乏见识和这方面的锻炼。于是，他就利用一些外出的机会，带着小陈宝出去见世面。一次，丰子恺到上海为开明书店做一些编辑工作，把小陈宝也带去了。那时，小陈宝十三四岁，已经能帮着抄抄写写，剪剪贴贴。带上他，一方面是为了有机会让小陈宝打下手；另一方面，也考虑给他一个接触生人的机会。有一次，来了一位小陈宝不认识的客人。客人跟父亲说完话要告辞的时候，看到了小陈宝，转过身来就与小陈宝热情地打招呼。小陈宝一下子愣住了，一时间，不知道如何是好，竟没有任何反应，傻呆呆地站在那里，像个木头人似的。送走了客人，父亲责备小陈宝说："刚才，那位叔叔跟你打招呼告别，你怎么不理睬？客人向你问好，你也要向客人问好；客人跟你说再见，你也要跟客人说再见，以后要记住。"

在父亲的正确教导下，丰子恺的孩子个个都懂规矩，讲礼貌，长大后都变成有出息的人。

我国历史悠久，几千年来创造了灿烂的文化，形成了高尚的道德准则、完整的礼仪规范，被世人称为"文明古国，礼仪之邦"。而随着社会的发展，礼仪明显地呈现出某些局限性，许多礼仪规范已不合时宜，必须加以摒弃；但仍有积极的方面，能促进社会健康发展，促进人际关系更加和谐，如尊老敬贤、仪尚适宜、礼貌待人、容仪有整等。这需要加以改造与传承。它对提升良好个人素质，协调和谐人际关系，营造文明向上的社会风气，促进社会主义和谐社会的建设，具有极其重要的价值。

1. 尊老敬贤

从原始社会到封建社会，我国人际的政治伦理关系均以氏族、家庭的血缘关系为纽带，故此中国人在家庭里遵从祖上、在社会上尊敬长辈。由于中国古代社会推崇礼治和仁政，尊老敬贤已成为一种政治要求。孟子曰："养老尊贤，俊杰在位，则有庆。"（语出《孟子·告子下》，"庆"指的是赏赐）古代这种传统礼仪，对于形成和谐的人际关系以及有序的伦理关系，起着重要作用。

尊老是中国传统文化中的一大特色。古代的尊老，并不只停留在思想观念和说教上，也不仅止于普通百姓的生活之中。从君主、士族到整个官绅阶层都在身体力行，并且形成一套尊老的规矩和养老的礼制。《礼记》记载："古之道，五十不为甸徒，颁禽隆诸长者。"就是说，五十岁以上的老人不必亲往打猎，但在分配猎物时要得到优厚的一份。一些教育类书籍，对同长者说话时的音量也做了明确的要求。如《养蒙便读》说："侍于亲长，声容易肃，勿因琐事，大声呼叱。"《弟子规》也说："低不闻，却非宜。"总之，上至君王贵族，下达庶人百姓，都要遵循一定的规矩，用各种方式表达对老者、长者的孝敬之意，作为衡量一个人修养水平的重要标志。

任何形态的社会，都需要尊敬老人。不仅因为老人阅历深、见闻广、经验多、劳动时间长、对社会贡献大、理应受到尊敬，而且，他们在体力和精神上日渐衰老，需要青年人的体贴、照顾和帮助。

纵观中国古代历史，历来有作为的君主，大多非常重视尊贤用贤，视之为国家安危的决定因素。倘若国家缓贤忘士"而能经其国存者，未曾有也。"（《墨子·亲士》）

今天我们提倡发扬"敬贤之礼"，须赋予现代新人才观的内容，就是要尊重知识、尊重人才。当今社会，各种竞争日益激烈。所有竞争，归根结底是人才的竞争。大至国家民族，小到公司企业，要在激烈的竞争中保持优势地位，就必须拥有强大的人才队伍。只有从思想观念到具体的行动上尊重、爱护人才，使全社会形成一个尊重知识、尊重人才的良好环境，形成强大的人才队伍，我们才能立于不败之地。

2. 仪尚适宜

中华民族素来注重通过适合的形式，表达人们内心丰富的情感。遇到重大节日和发生重要事件，多有约定俗成的仪典。例如，获得丰收，要欢歌庆贺；遭到灾祸，要祈求神灵保佑，久而久之，就形成许多节日及庆祝形式，如春节、元宵、中秋、重阳等，几乎每个节日，都有特定的礼俗。在古代，婚、丧和节庆等活动是作为社会生活中的大事来对待的，其礼仪规定得格外详尽而周密，从服饰、器皿到规格、程序和参加者的举止都有具体的规定。

要保持和发扬中华民族优秀的礼仪文明，首要的问题就是正确理解它的内涵。例如，北宋思想家程颢、程颐所主张的"奢自文生，文过则为奢，不足则为俭"（《二程集·程氏外书》卷六）。可见，仪式的规模在于得当，适当的文饰是必要的，但文饰过当就会造成奢侈浪费，甚至偏离礼规的要求；而过于吝啬，妨碍到仪式的实行也是不得体的。古人这种见解非常精辟，对我们仍有启发意义。

3. 礼貌待人

任何一个文明社会，任何一个文明民族，人们总是十分注重文明礼貌。因为礼貌是人类社会促进人际交往友好和谐的道德规范之一，是构建与他人和睦相处的桥梁。它标志着一个社会的文明程度，反映一个民族的精神面貌。中华民族历来非常重视遵循礼规，提倡礼貌待人。中国古代的学者有许多耐人寻味的经验之谈，无论过去和现在，都能给人以启迪。具体来说，主要有以下两点。

（1）与人为善。

与人相处，为善当先。而这个"善"应是出自内心的诚意，诚于中而形于外，而不是巧言令色和徒具形式的繁文缛节。《礼记·曲礼上》说："夫礼者，自卑而尊人。"如果表面上恭敬热情，而内心虚伪，或仅仅内心尊敬，而并未表现出来，都是不恰当的。应该表里一致，才能从根本上消除人与人之间的隔阂、摩擦，进而互敬互爱，友好相处。尊重他人，就要平等待人，不分贵贱，一视同仁。如果只对上层人士献其礼敬，以财势取人，以利益交人，其实是小人所为。《论语·子罕》记载：孔子与穿丧服、戴礼帽、穿礼服的人，以及与盲人相处时，即使这些人年轻，孔子必定站起来。行过别人面前时，一定快步走过，以示敬意。

古人敬人的方法，确有值得借鉴的地方。要尊重他人的意愿，体谅别人的需要和禁忌，不强人所难。不苛求别人做不能做的事，不强求别人接受不喜欢的东西，即"不责人所不及，不强人所不能，不苦人所不好"。（《文中子·魏相》）"己所不欲，勿施于人。"（《论语·颜渊》）在与人交往中，幽默与善意的玩笑往往给人带来轻松愉快，但绝不可戏弄取乐。例如，拿别人姓名为笑料，或给人起不雅的绰号，都是不敬的。南北朝时颜之推就曾对此种不敬加以批评："今世愚人，遂以相戏。或相指名为豚犊者，有识旁观，犹欲掩耳，况当之者乎。"（《颜氏家训·风操》）

（2）礼尚往来。

礼尚往来，是礼貌待人的一条重要准则。接受别人的好意，必须报以同样的礼敬。这样，人际交往才能平等友好地在一种良性循环中持续下去。因此，《礼记·曲礼上》说："礼尚往来，往而不来，非礼也；来而不往，亦非礼也。"对于受恩者来说，应该滴水之恩，涌泉相报。在古人眼中，没有比忘恩负义更伤仁德。孔子说："以德报德，则民有所劝；以怨报德，则刑戮之民也。"可见，"以德报德""有恩必报"是待人接物的基本道德修养。当然，往来之礼，适度为佳。送礼的本意，在于表达尊敬、答谢之意。

4. 容仪有整

一个人的仪表、仪态是其修养、文明程度的表现。古人认为，举止庄重、进退有礼、执事谨敬、文质彬彬，不仅能够保持个人的尊严，还有助于进德修业。古代思想家曾经拿禽兽的皮毛与人的仪表仪态相类比，认为禽兽没有了皮毛，就不能为禽兽；人失去仪礼，也就不成为人。古人对仪表的要求相当严格，其最重要的体现在以下三个方面。

(1) 衣着容貌。

《弟子规》说:"冠必正,纽必结,袜与履,俱紧切。"这些规范,对现代人来说,仍是必要的。帽正纽结,鞋袜紧切,是仪表美观的基本要求。一个人衣冠不整,鞋袜不正,往往会使人产生反感,有谁会亲近这样的人呢?而且,衣着打扮,必须适合自己的职业、年龄、生理特征、所处的环境和交往对象的生活习俗。浓妆艳抹,矫揉造作,只会适得其反并给人留下不佳的印象。

(2) 行为举止。

孔子说:"君子不重则不威,学则不固。"(《论语·学而》)这是因为人只有庄重才有威严。要求做到"站如松,坐如钟,行如风,卧如弓",就是站要正,坐要稳,行动利索,曲身而睡。在公共场合举止不可轻浮,不可亵渎,应该庄重、谨慎而又从容,做到"非礼勿视,非礼勿听,非礼勿言,非礼勿动"(《论语·颜渊》),处处合乎礼仪规范。

(3) 言语辞令。

语言是人们思想、情操和文化修养的一面镜子。古人所谓"修辞立其诚,所以居业也"(《易·乾文》),将"修辞立其诚"看成是立业的根基。并且要"言必信,行必果"。(《论语·子路》)巧言令色的人,是不可能取信于人的。

(4) 慎言。

古人说,上天生人,于舌头上下两排牙齿紧密包裹,又在外面包一层厚厚的嘴唇,就是要人们说话一定要谨慎。当然古人不是要求人们少言语,而是说话要视具体情况,当说则说,当默则默。孔子说:"可与言而不与之言,失人;不可与言而与之言,失言。知者不失人,亦不失言。"(《论语·卫灵公》)

以上四方面,是我国传统礼仪的精华。古人对仪容仪表的重视及仪容整洁的要求是值得今人借鉴的。外在形象是一种无声的语言,它反映出一个人的道德修养,也向人们传递着一个人对生活的态度。具有优雅仪表的人,无论走到哪里,都能带来文明的春风,得到人们的尊敬。毫无疑问,继承传统的礼仪文明会对我国社会生活产生积极的影响。

如果我们每一个人都有素养,礼貌待人,处事有节,我们的生活就会多一些愉悦,而国家、社会则多一些文明。因此,礼仪对社会起着政治、法律等所起不到的作用。长期以来,古代礼仪文化作为人类文明的精神财富,其积极作用是巨大的,相当长一段时间内,社会、学校对礼仪的养成和教育不够重视,一些不文明的行为存在于社会的方方面面。在今天社会主义和谐社会建设之际,我们应立足于吸收民族文化中的精华,使传统文明礼仪古为今用,重建一套现代文明礼仪。

1. 简述礼仪的含义和原则。
2. 礼仪的作用主要有哪些?
3. 你怎么看待中华民族的传统礼仪?

第二章 学校礼仪

本章导读

> 了解基本礼貌用语。
> 掌握学校礼仪禁忌。
> 了解一些常见的民族习俗。
> 了解课堂、电话、图书馆、宿舍等礼仪。
> 了解开学典礼、毕业典礼、颁发荣誉证书等礼仪。
> 了解一些活动的开幕式、闭幕式等礼仪。

第一节 礼仪与职业学校学生的素质

礼仪小故事——程门立雪

"程门立雪"这个故事出自《宋史·杨时传》:"见程颐于洛,时盖年四十矣。一日见颐,颐偶瞑坐,时与游酢侍立去。颐既觉,则门外雪深一尺矣。"

"程门立雪"讲的是宋代学者杨时和游酢向程颢、程颐拜师求教的故事。杨时、游酢二人原先以程颢为师,程颢去世后,他们都已四十岁,而且已考上了进士,然而他们还要去找程颐继续求学。故事就发生在他们初次到嵩阳书院,登门拜见程颐的那天。

相传,一日,杨时、游酢来到嵩阳书院拜见程颐,但是正遇上程老先生闭目养神,坐着假睡。这时候,外面开始下雪。这两人求师心切,便恭恭敬敬侍立一旁,不言不动,如此等了大半天,程颐才慢慢睁开眼睛,见杨时、游酢站在面前,吃了一惊,说道:"啊,啊!他们两位还在这儿没走?"这时候,门外的雪已经积了一尺多厚了,而杨时和游酢并没有一丝疲倦和不耐烦的神情。

这个故事，就叫"程门立雪"，在宋代读书人中流传很广。后来人们常用"程门立雪"的成语表示求学者尊敬师长和求学心诚意坚。

高等职业学校的学生，是学生群体中独特的一部分，他们有自己的鲜明特点。他们不仅应当具备一定的文化理论知识，还应当具有就业之后的良好的职业道德，除此之外，掌握一定专门的职业技能也是高职生应有的基本素质。

一、高等职业学校学生的基本素质

（一）思想道德素质

21世纪人才必须具有较高的思想道德素质。所谓人才，首要的应该是一个品质高尚的、和谐的、趋于人格完善的人，是一个和社会融洽相处并且受社会欢迎的有道德的人。而在一个人身上确立较高的思想道德素质，同样需要经过长期的学习和锻炼过程。加强思想素质建设，首先，要建立辨识思维。这是一个人的世界观问题。其次，要处理好个人与社会的关系。在社会主义市场经济条件下，市场的作用越来越大，但它们不能作为人生价值观的核心。金钱在经济领域里的作用越来越大，这是市场条件下的一种进步。但是，一旦金钱越出经济轨道，介入社会其他领域，就会产生腐败和社会丑恶现象，因此不能把它当作人生的最高目标，要正确对待金钱。资本主义社会以金钱和商品的占有量来作为价值的标准，而社会主义社会要根据一个人的贡献大小来衡量他的价值。因此，正确对待金钱，多向社会作贡献，是对当代高等职业学校学生价值观的基本要求。

（二）业务素质

业务素质是高等职业学校学生的必要素质，是为社会服务、为国家作贡献的必备本领。现代社会的特征之一是社会竞争加剧，而竞争时代的要求就是凭真才实学取胜。业务素质主要包含以下几个方面：

（1）扎实的学科基础知识和精辟的专业造诣。

（2）不断进行专业研究、专业应用、专业开拓的能力。

（3）管理能力。

（4）融合能力，当今时代的任何科学技术的突破都来自学科专业的融合，学生的专业融合能力实质上就是创造能力。

（5）敬业精神，贝弗基在《科学研究的艺术》一书中总结道："科学上成年人思维的发展，只能达到青年时期打的基础所能支撑的高度。"

因此，高等职业学校的学生必须充分意识到基础的重要性，特别要在"牢固"和"扎实"上下功夫，切忌搞花架子。

（三）文化素质

文化素质，通常又被称作人的文化素养，是知识、能力、观念、情感、意志等多种因素综合而成的一个人的内在品质，外化为人的人格、气质、修养。文化可以给我们很多直接和间接的人生体验和人生哲理，帮助我们了解世界，明确自己对社会的责任。人文中有些很精彩的东西，能直接给我们以启迪。以往教育模式的缺陷是人文教育薄弱，培养出来的人才知识结构不完善，甚至出现人格不和谐的现象。21世纪的人才必须全面提升自己的文化素养，汲取前人的智慧，培养自己独立思考的能力，敢于发表自己的观点，为社会主义现代化建设积极作贡献。

（四）心理素质

我们的民族历来重视心理素质，《易经》上讲"自强不息"，也就是讲自尊、自强、自立，可以理解为民族心理或是民族文化的概括。在高职生以往接受的学校教育、社会教育和家庭教育中，缺少有意识的艰苦磨炼教育、承受挫折教育、适应环境教育、正确处理人际关系教育等和心理素质有关的强化教育，造成一部分学生心理非常脆弱，不适应竞争激烈的社会环境，这给高等职业学校的心理素质教育提出了艰巨的任务。

二、礼仪与修养

礼仪教育和礼仪修养是培养一个人具有良好礼仪行为的两种主要手段。如果说，礼仪教育是客观外界对受教育者施加的一种影响，那么礼仪修养则是通过自己教育自己的方式来培养自身良好品行的过程。也就是说，要使一个人在礼仪方面具有良好的表现，这两个方面都是不可忽视的，礼仪教育对受教育者来说是外因，而受教育者的自我修养则是内因，只有把外因和内因有机地结合起来，才能收到好的效果。中国传统的礼仪教育一贯重视在礼仪教育过程中启发、引导人们自觉地进行礼仪修养，认为只有把外在的礼仪规范转化为一个人内心的自觉要求和坚定的信念，并进而形成行为习惯，才能使其成为一名彬彬有礼的"君子"。实际情况也是如此，在历史上和现实中，凡是具有良好礼仪风范的人无不重视自身的礼仪修养。

礼仪与修养是人类优秀文化底蕴的再现。人与人之间的交际应酬，一方面是一种出自本能的需要，另一方面也是促进社会发展、个人进步的一种必不可少的途径。从表面上看，人际交往中的礼仪是技巧，是艺术；从本质上说，人际交往更有赖于人的内在品质和修养。因此，提高修养、强化礼仪，是高职学生立足于社会并求得发展的重要条件，其重要意义绝对不在掌握外语、电脑、驾驶等热门专业技术之下，它在某种程度上决定着沟通的成败。加强修养、应用礼仪已成为用人单位和求职者的共同需要。

高等职业学校是学生走向社会岗位的前站，知荣辱、明礼仪是学校教育的一项重要内容。良好的修养与礼仪将成为学生学习、交往、沟通、求职的向导，引领高职生成长进步，找到施展自己能力的社会大舞台。因此，修养与礼仪教育已成为职业素质教育中必不可少的内容，它在职业道德教育、创业教育和就业指导等工作中具有独特的功用。

三、学会基本礼貌用语

（一）基本礼貌用语

祝福用语：祝你快乐，祝你平安、顺意、健康，祝您全家幸福。

迎送用语：欢迎、欢迎光临、欢迎再次光临、再见。

致谢用语：谢谢您、多谢了、十分感谢。

拜托用语：请多关照、承蒙关照、拜托。

慰问用语：辛苦了、受累了、麻烦您了。

赞赏用语：太好了、真棒、美极了。

问候用语：您好、早安、午安、晚安、多日不见，您好吗？

祝贺用语：祝您节日快乐、祝您演出成功。

应答用语：没关系、不客气、照顾不周的地方请多指正、非常感谢。
理解用语：深表同情、深有同感、所见略同。
道歉用语：实在对不起、请原谅、打扰您了、失礼了、完全是我的过错。
婉言推托语：很遗憾不能够帮您的忙；承蒙您的好意，但我还有很多工作呢！

（二）礼貌用语在生活中的运用

人们走路的时候，特别是在像办公楼的走廊、楼梯上，旅馆的厅堂、电梯里彼此相逢，即使相互并不相识，也要打个招呼，说一声早上好或晚上好，至少也应该点头微笑致意；如果彼此是熟悉的，还要停下脚步来寒暄几句、问候一下。诸如谢谢你、对不起、请原谅等客气话应当作为人们的口头语，经常用到。

每个人得到别人的馈赠、帮助、服务以及任何其他的恩惠时，都应当向对方道谢，表示领情。有时尽管是很小的事情，例如，别人向你敬酒，为你让座，或者为你捡起落在地上的一件衣服，都需要道谢。即便是别人想为你帮忙却没有帮上，譬如，你向别人问路，别人不知道，也需要向别人道谢。在收到别人道贺或慰问的时候，也是要表示谢意的。尤其需要注意的是，当有人对你恭维或称赞的时候，你应当回答谢谢，而不是像传统所习惯的那样说"不敢当"或"过奖了"等客气话。

"对不起"或"请原谅"也是社交场合常用的词语，它们既是用来表示自己的歉意，又是用来表示自己对别人的尊重。在公交车里不小心踩了别人的脚，在宴会上不小心打了个喷嚏或咳嗽了一下，甚至杯盘相碰撞发出了响声，都要向别人说一声"对不起"。对不起有时候还含有遗憾的意思，譬如，在交谈中问及别人的双亲，如果是已故，应当马上说"对不起"，意思是为此感到难受并为自己的唐突致歉。另外，冒犯或烦扰了别人，必须道歉。如果是轻微的损害，应当面向当事人口头表示歉意加以补救就可以了。如果是比较严重的冒犯，则要作书面道歉。有时，除当面道歉外，事后还应当补寄一封致歉的短简，甚至附上补偿的物品。

俗话说，礼多人不怪。在社交场合经常不忘致谢和道歉，会博得人们的尊敬和好感。如果应该说谢谢、对不起或请原谅的时候而不说，就会失礼，引起人们的反感，当然没有必要致谢的时候，也不必说谢谢，否则也会给人一种喜欢趋迎奉承的印象。

四、学会与身边的人相处

（一）老乡

老乡是在家乡之外才产生的概念，其核心为乡情，具体表现为共同生活多年的地域，共同的或相近的方言，相近的饮食习惯以及一些以地域为特征的文化、习惯和风俗。这些是同乡无论何时走到何地，无论年龄、地位、职业有多大差异，都能够产生共鸣的东西，而且，在中国这样一个自古以来安土重迁的国度里，这种乡情会随着离开故乡的年头，随着地理位置的渐远以及在故乡生活时间的长短，而更加浓烈。这种感情应该是淳朴的，应该是无私的。当然，在今天的商品经济和市场竞争充斥的社会，一切都不免沾染上功利的色彩，老乡这种特殊关系有时也成了一种竞争资源的手段，到底如何把握，关键在自己。

正确处理老乡关系，不仅能起到联络感情、传播信息、交流思想、互相帮助、互相启发的作用，还能满足人们合群和交友的需要。但交往不慎，也会带来一些副作用。我们在老乡交往中应注意做到：不以职位相称呼，不以位置高低而论尊卑；不分年龄大小，在尊老爱幼的基础上一律平等。大家可以互通信息，互相提醒，在法律和政策的许可范围内尽量互相帮助。不可以有狭隘的地方观念，要立足全局、放眼全局，待人处世不能唯地方主义。不可以产生只有老乡才可靠、才能提拔重用的错误思想，一定要顾全大局。不可以养成拉帮结派的不正之风，这是在老乡交往中必须杜绝的。不要有感情用事的现象。只要是老乡，有事就帮，不管合法不合法，不管正确不正确，一切以乡情为基础，以乡情代替政策，感情用事，破坏组织原则，这种想法和做法是绝对不可取的。

以和为贵

（二）朋友

朋友，是人际关系中颇为重要的交际对象，友情是一种崇高的感情。有的人与朋友交际有始无终、半途而废；有的甚至反目成仇、相互暗算。其实，说到底这都是没有掌握与朋友成功交际的原则问题。一般来说，朋友之间的交往需要掌握以下几个原则。

1. 善于倾听朋友的诉说

作为朋友，你要学会倾听。当你的朋友遇到挫折而烦恼时，往往需要找一个发泄情感的对象，而你作为朋友，能够真诚、耐心地倾听对方的诉说，就是为朋友开了一个情感的发泄口。朋友在向你诉说的过程中，你需要耐心的倾听，给予适当的安慰，抑或为朋友出出点子、想想法子，朋友的情绪会因此得到缓解，甚至消除，他也会觉得有你这样的朋友才是真正的依靠。这样，朋友的情感会加深，友谊更会与日俱增。

2. 给朋友留有自由空间

社会关系网是广阔的，每个人都有自己的交际圈子，我们需要给朋友留有足够的交际空间。首先，要尊重朋友跟你意见不合的人的交际。君子和而不同，如果发现朋友另外所交的人正是跟你曾有摩擦的人时，应该宽宏大度。否则，如果因此去责怪朋友，将会让朋友左右为难。其次，不可将朋友的交际半径仅仅局限在你的空间里。如果你不管别人乐意不乐意，客观上允许不允许，都把朋友"缚"在你的身边，只能适得其反。因为，即使"缚"住了朋友的身，却"缚"不住朋友的心，朋友多半会由怨而生恨，离你而去。

3. 交际往来要有"度"

中国有句话叫"物极必反"，朋友之间的交际也是如此，过往甚密，则容易出现裂痕。

只有把握适中的"度",才能使朋友的友谊成为永恒,这是因为,每个人在文化、道德、性格、处世态度、做事潜能及家庭情况等方面都会存在差异,这种差异的大小,有时会与朋友间的交际频率成正比,即交际越频繁,差异也就越大。所以,朋友间的交往,无论是相处的时间,还是次数、距离等,都要适度,意犹未尽、情犹未了,才会因朋友的到来而欣喜,因朋友的离去而思念。

4. 不要单纯追求功利性交往

交友互利,人之常情。但是,切勿把与朋友往来单纯作为功利交往,因为,朋友之间的交往,除了有事相互帮助之外,还有思想交流、知识互补、情感抚慰、怡情悦性等方面的作用,如果朋友之间一味地追求功利性交往,那么,这样的朋友是不会长久的。

(三) 异性

男女之间,本来应该有正常的交往关系,然而,由于"性"这个永恒的敏感话题,以及老祖宗传下来的那些正统观念,以至于人们谈"性"色变。然而,人都在社会中生活,不与异性交往是不可能的,人无法回避也不应回避异性,应正视异性,并使自己与异性的交往正常化。异性之间来往,关键在于掌握好"度",性别的差异要求人们不应出现失礼和无礼的言行。

1. 正确把握友情与爱情

男女之间除了爱情,还可以存在友情。虽然有性别差异,但是,只要注意把握好尺度,是可以建立健康、高雅、纯洁的友情的。这就是要求男女同学之间把握好友情与爱情的关系:一是男生不要冒犯女生的尊严,应尊重女生的人格;二是男女双方都应该认清友情与爱情的区别,友情只是男女之间的一种友好往来,而爱情却要向对方负起责任,如婚姻、家庭等,它有一定的专一性、约束性。友情与爱情之间有着一条不可逾越的鸿沟。如果其中一方错把友情当爱情,特别是在另一方已经明确表示他们的关系是一般朋友关系时,仍固执地以为爱情取决于自己的言行,这很可能会影响二人关系的正常发展。

2. 举止适当、注意场合

有些人在异性面前过于注重对方对自己的看法,交往中显得很不自然,这反而不能引起对方的好感。另一些人则相反,他们在异性面前过于随便,常常口出不逊、举止轻浮,甚至在某些场合对异性实施某些不轨行为,这同样会引起对方的反感。

有些人虽然与异性交往中显得彬彬有礼,但由于没有充分考虑到交往时间或空间的适当性,也影响了交往。从交往时间看,有些人在与异性交谈时,似乎有意拖长时间,对方又不好意思说什么,但拖到一定时间,就会使对方感到烦躁,交谈结束时,对方会产生"以后可不敢跟他(她)谈话了"的想法。有些人与异性交往则不考虑场合,自以为没关系,可对方在这种场合交往却觉得十分不快。

3. 了解对方忌讳

有些人在与异性交谈时,不善于了解对方的忌讳,常常提出一些令对方窘迫或烦恼的问题,这是唐突和不礼貌的。比如,轻率地询问女性的年龄、询问女性的家庭住址及家庭情况、对男性横加指责等。

(四) 同学

同学关系的好坏影响着人的成长和学业的进步。既是同窗学友,自然不应独来独往,孤芳自赏。加入到同学交往的大圈子来，每一个人都会感到温暖和幸福，因为人本来就是社会性的，离开了集体，离开了人与人之间的相互关怀和帮助，便会觉得失去了生活的基本价值。

1. 不搞小团体主义

一个班级里的同学中总会产生一些朋友群体，但是，不论群体内的人，还是群体外的人，都是自己的同学，不要只与群体内的同学相处，而不与群体外的其他同学相处。尤其是，当小群体的利益与全班的利益发生矛盾时，不应当牺牲全班的利益来满足小群体的利益。

2. 杜绝不正当攀比

同学交往，免不了攀比，关键看比什么。如果是比思想进步，比学习进步，比身体健康，这固然好；如果是比谁家家世显赫，谁打扮入时等，就不可取了。前一种比，比的是志气、信心，后一种比，比的是虚荣、虚伪。其结果当然是前者越比越进步，后者越比越落后。所以，更要看比什么，要坚持比好，杜绝不正当攀比。

3. 坚持人格的平等

无论是学习成绩好坏，同学在人格上是平等的，因此不应该在同学面前表现出明显的自傲或自卑来。自傲和自卑会使自己与其他同学之间拉开距离，从而影响同学关系的正常发展。

（五）师生相处

"师者，所以传道授业解惑也。"人生不能无师，人一生都要学习，终生都在求师。师生交往就成为人际交往的一个重要方面。许许多多的名人在他们的学生时代就留下许多与老师融洽交往的美谈，在他们后来成为人师的时候，同样表现出崇高的美德。

学生与老师之间，最应该注意的是不尊敬老师或对老师无礼。大多数老师都勤勤恳恳、兢兢业业，一生扑在教育事业和学生身上，用自己的知识和汗水培育了一批又一批国家需要的人才，而他们默默无闻、不计得失。他们最高兴的莫过于看到自己培养出来的学生成才进步，如果学生不尊敬老师，在老师面前言谈举止不当，将会给师生关系罩上一层阴影。

另外，学生不能过于苛求老师，一位教师面对的是几十个学生，让每一个学生都感到满意显然是不易做到的。在师生交往中，教师很可能有这样或那样的疏忽与缺点，学生应该予以体谅。良好的师生关系离不开师生在交往中对相互过错的谅解和宽容态度。当然，学生如果真正发现了教师的缺点，并真诚地、以恰当方式为教师指出来，教师一定会很高兴地接受，从而能将师生关系推向更好的发展方向。

第二节　校园生活礼仪

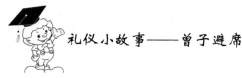

礼仪小故事——曾子避席

"曾子避席"出自《孝经》，是一个非常著名的故事。曾子是孔子的弟子，有一次他在孔子身边侍坐，孔子就问他："以前的圣贤之王有至高无上的德行，精通奥妙的理论，用来教导天下之人，人们就能和睦相处，君王和臣子之间也没有不满，你知道它们是什么吗？"曾子听了，明白老师孔子是要指点他最深刻的道理，于是立刻从坐着的席子上站起来，走到席子外面，恭恭敬敬地回答道："我不够聪明，哪里能知道，还请老师把这些道理教给我。"在这里，"避席"是一种非常礼貌的行为，当曾子听到老师要向他传授时，他站起身来，走到席子外向老师请教，是为了表示他对老师的尊重。曾子懂礼貌的故事被后人传诵，很多人都向他学习。

学生是学校工作的主体，因此，学生应具有的礼仪常识是学校礼仪教育重要的一部分。学生在课堂上、活动中、图书馆、网络上都要遵守一定的礼仪。

一、课堂礼仪

学生应当准时到校上课，上课迟到会影响课堂秩序，相信每个同学也都不愿意迟到。但是，有时候我们也确实会遇到特殊情况，不得已只好在开课后才进入教室。这时候，该怎样做才对呢？因事迟到的同学应先在教室门外喊"报告"，待老师允许后再进入教室，未经允许，不可擅自推门而入。如果门关着，那就应在轻轻敲门的同时喊"报告"，经老师允许后，才能进入教室。如老师问起，应向老师说明迟到的原因，说话态度要诚实。应在老师的谅解和批准后，方可回到座位。回座位时，速度要快，脚步要轻，动作幅度要小。

在课堂上，要认真听老师讲解，注意力集中，独立思考，重要的内容应做好笔记。坐姿要端正，有疑问提出或回答问题时，应先举半臂右手，经老师允许后起立发言，不应边举手边说话或坐在座位上冲口而出。上课主动发问或要求回答老师提出的提问时，应先举手得到老师的允许后，在原位处起立发问或回答提问，态度要严肃认真，姿势、表情要大方。说话声音要清脆，音量大小适中。当遇到自己没把握回答的问题而偏偏被点到名时，切不可有情绪抵触，应该大大方方地站起来，以抱歉的语调向老师解释。在其他同学回答提问时，不要随便插话。别人回答错了，或者回答不出，不可在旁讥讽、嘲笑。

遵守课堂纪律，既是尊重老师的表现，又是尊重同学、集体的表现。对老师讲述的内容有异议时，最好下课后单独找老师交换意见，共同探讨。若非提不可时也要注意场合和方式。态度要诚恳、谦虚、恭敬，不可扰乱课堂秩序、影响授课计划。课堂上没有得到允许时，不能随便讲话，更不能随意下座位和表现出一些粗鲁无礼的行为。

上课时要认真做好笔记，独立完成练习，不看与课本无关的书报或做其他与教学无关的事情。自习课上，同学应认真复习、预习，独立完成作业。不做其他无关事情，更不能随便走出教室，要始终保持教室安静。

二、电话礼仪

（一）如何打电话

打电话时，一定要注意时间的选择，一般在早上7点之后与晚上10点之前打比较合适。打国际长途电话时，还要注意时差。通话前要做好熟悉电话号码、准备通话要点等的准备，并且可以在铃响5声无人接的情况下挂机。通话时要注意礼貌，如首先问一声"你好"等，并自报单位和姓名，防止别人接错电话。通话内容要简明扼要，时间一般最好控制在3分钟左右，通话完毕，让对方先放话筒。

通话后轻放电话

（二）怎样接电话

尽快接听电话，并问好，自报家门，如果正在用餐时要暂停吃喝。如果别人拨错了电话，要帮忙转接，并认真记录。为拨错电话号码者提供一点线索，如"请等一等，你找哪一位？"接电话时，要注意塑造自己美好的"电话形象"，音量适中、语气亲切、语言简明等，给人以良好的印象。

微笑接电话

（三）手机礼仪

现在，手机是越来越流行了，它已经深入我们的生活。了解使用手机的一些礼仪就显得非常必要。例如，在一些场合，我们应该关上手机。在飞机上，不管业务多忙，为了自己和其他乘客的安全，一定要关机。在加油站，为了安全也是不可以使用手机的。在剧院或电影院，接打手机是极其不合适的。如果需要保持联络，应该把手机调到静音状态。在这种场合，一般不要主动打出电话。非得回话时，采用静音的方式发送手机短信是比较适合的。

在餐桌上，特别是在宴会上，关掉手机或是把手机调成震动状态还是必要的。不要在举杯祝酒或正吃得尽兴时，被一阵烦人的铃声打断。在公共场合使用手机，应该把自己的声音尽可能地压低，绝不能大声说话。更不要一边走路一边用手机聊天。那样既不安全也给其他行人造成干扰。开会的时候，就要关掉手机或把手机调成震动状态。

一切公共场合，不用手机时，都要把它放在合乎礼仪的常规位置。存放它的常规位置有：随身携带的包里（这种位置最正规）或者上衣的内袋里。不管怎样，都不要在不用的时候拿在手里或挂在上衣口袋外。有时候，可以将手机暂时挂在腰带上（正式场合不可以），也可以放在不起眼的地方，如背后、手袋里，但不要放在桌上。

如今我们越来越多地使用手机短信来联络关系，在这方面需要注意什么呢？在所有需要将手机调至震动状态或是关机的场合，如果短信的声音此起彼伏，那么和直接接、打手机又有什么区别呢？所以，在上述场合，即使用手机接收短信，也要设成震动状态，并且不要在别人注视到你的时候查看短信。一边和别人说话，一边查看手机短信，那样是相当不礼貌的。

对于短信内容的选择和编辑，应该和通话文明一样重视。因为通过你发出的短信，即使是你转发的，都意味着你赞同或至少不否认短信的内容，它反映了你的品位和水准，所以不要编辑或转发不健康的短信。现在有不少人，特别是年轻人喜欢使用彩铃。有些彩铃很搞笑，或很怪异，与千篇一律的铃声比较起来，确实有独特之处。但是彩铃是给打电话的人听的，如果你需要经常用手机联系业务，最好不要用怪异或格调低下的彩铃，以免给客户留下不好的印象。

三、探视问候礼仪

探视问候由于与生活太密切、太普遍，往往易为人们所忽视。其实必要的、合乎礼仪要求的探视问候有许多学问。探视问候本应是人们传递感情、交换温暖的正常礼仪，如果处理不当，难以达到预想效果，甚至适得其反。下面我们简单介绍一下拜访和探病两方面的礼仪。

（一）拜亲访友

现代社会，生活节奏加快，相互交往增多，为沟通情感，朋友、同学家拜访一下是很自然的。而要成为一个受欢迎的客人，只有讲文明、懂礼仪才能如愿。为此，拜亲访友时须注意做到：拜访时间、仪表服饰等应恰当，同时要略备些小礼品，行为举止不能随便等。

（二）探望病人

探望病人是日常生活中常有的事。抱病在床的人，最需要关怀和安慰；同时，他们心理很敏感。如果重视探病礼仪，能给病人精神上，乃至身体上带来良好的影响，起到协助医生提高病人战胜疾病信心的效果。

探望之前，我们要弄清病人到底得了什么病、病情程度、治疗进展等情况。同时，还应知道，目前病人心态和情绪如何。这样去探病，就可以让自己做些相应准备，包括思想、卫生方面和礼物选购方面的准备。在谈话时，又可以针对性地劝导，避免冒冒失失、乱说一通，从而加重病人心理负担，要么轻描淡写，不疼不痒地说些客套话，使病人感到乏味。看望病人，应当在规定的探望时间内去医院，以免影响医院正常工作秩序和病人的治疗与休息。去医院时，如果是许多人同去，应恪守安静原则，切忌在病房区里大声喧嚣和打闹嬉笑。如果这样，是极其无知、无礼的表现。

进入病房，应先轻轻敲门，让病人作适当的回避，如盖上被子、穿衣遮体等，同时，也让病人享有仍然受人尊重的感受。当看到病室内的医疗器械或医疗用品时，不必大惊小怪，以免增加病人的精神压力。注意与病人像平时一样地握手，不能握手的病除外。在病床前，不可畏首畏尾、愁眉不展，这会让病人误认为自己病情严重，或者认为你在嫌弃他得了病。说话时，应看着病人讲，不要让病人误以为你不忍看他或不愿看他。说话内容，要多些关心、鼓励，语调要亲切、诚恳，要"有所顾忌"地讲话，甚至要防止不良谐音效应，比如，上海人说"苹果"与说"病故"十分相似，如果说话时不注意分清，会导致病人的忌讳。

四、图书馆礼仪

有人说大学里的图书馆就是这个大学的"心脏"。图书馆的重要性无需多言，那么我们大学生朋友应该如何利用这份取之不尽、用之不竭的宝贵资源呢？其实，这不仅仅是一个技巧问题，更是一个礼仪问题。解决这些问题的关键就是遵守图书馆的相关规定，只有这样才能达到图书馆"为我所用""为人所用"的目的。

首先，我们要重视对图书馆的规章制度的学习，进馆的时候按规定行事，在借出图书的时候应该遵循爱护图书、适时、适量的原则。借书要遵循借书程序，如期归还。图书是知识的载体、历史的档案，所以爱护图书十分重要。对图书馆的书千万不要折角，不要在书上画标记，更要禁止把自己需要的图片、资料撕下来或"开天窗"。图书馆的书是为整个学校服务的，损坏图书是无知的行为，将受到批评和严肃处理。如果需要资料，可以与工作人员接洽，到复印部门去复印。

其次，图书馆是一个安静的公共场合，每个人都可以在这里沉浸在知识的海洋。所以，在图书馆中非常重要的一点就是要保持安静，不大声喧哗。如果在图书馆中遇到问题，可以轻声请教图书管理员；如果想和同学分享你阅读的快乐时，不用说话，一个眼神、一张纸条完全可以达到同样的目的，如果真的必须说话时，可以和同学一起走出图书馆的馆库或阅览室，到外边的走廊中交谈，这都是符合礼仪规范的行为。

再次，在电子阅览室中，学生应该严格遵守国家的有关规定。不看有损国家尊严、有悖于四项基本原则、黄色淫秽的网页。同时，我们不能任意删改和安装计算机系统配置和任何文件、软件，以此来确保图书馆的计算机正常运行。在图书馆的电子阅览室中，也不允许擅自运用非图书馆的软盘和光盘。为了确保计算机网络的畅通，防治病毒的入侵，个人的光盘和软盘的使用也应禁止。如果确实需要录用有用的信息时，可以向工作人员申请，得到允许后方可使用。

最后，图书馆是高雅的场所，大学生在图书馆阅览时要注意自己的修养。在学校或公共图书馆的综合阅览室里，读者比较多，早来的人不应该给晚来的人占座位。如果人少也不能利用空座椅躺下休息，那样有失文雅。在图书馆里要学习一天，又自备了午餐的，可以到休息室去吃，不要在阅览室里吃，这样既有利于维护学习气氛，也对其他读者显得有礼貌。

五、宿舍礼仪

良好的宿舍环境是我们学习生活的必要保障，而规范的宿舍礼仪就是我们维护宿舍关系、创造良好生活氛围的工具。下面我们介绍几种规范的宿舍礼仪。

（一）互助、友爱与谦让

"一个好汉三个帮""出门靠朋友"。在学校的生活中，我们往往会遇到这样或那样的问题，有的我们可以解决，但是有的问题我们凭一个人的力量是很难解决的。这个时候，宿舍中间的互助就体现出来了。

我们可以将谦让的精神理解为谦虚礼让的精神。人们常说"人不可有傲气，但不可无傲骨"。在现实生活中，居高自傲的人大有人在。这种人往往话锋刺人，不容易与之结交，特别容易使同学之间的关系变得紧张。其实，每个人都有自己的可取之处，只是有些人的优点更明显而已。所以，大家应该谦虚礼让，善于发现其他同学的优点，并且虚心学习，取长补短。

（二）严于律己，宽以待人

在宿舍礼仪中，很重要的一点就是严于律己，宽以待人。严于律己是一种自律的表现。"己所不欲，勿施于人。"自己做不到的事情就无法说服别人、要求别人。在宿舍中，我们一定要严格要求自己，遵守宿舍的社交礼仪，做一名文明的"舍员"，这是形成一个良好宿舍环境的前提条件。

周恩来总理用于外交的"求同存异"原则，这个原则作为处理国际社会各国关系的基本原则而被人们啧啧称赞。其实，在宿舍这个小社会中，我们也要坚持"求同存异"的原则，其本质就是一种彼此宽容的精神。宽容可以化干戈为玉帛。

（三）善意的批评和建议

我们在处理宿舍关系的时候要友爱、宽容、谦让。如果真的存在某种不利于宿舍团结的行为，那么我们就应该本着善意的原则提出批评和建议。因为只有善意的批评才能让犯错误的学生认识到问题的严重性，只有具有建设性的建议才能让同学知道问题的关键和如何改正。这种做不但可以维护宿舍的团结，而且可以帮助同学改正缺点，对舍友的批评和建议应该谨慎，要注意：三思而后行，动之以情，晓之以理。

（四）创造团结友爱的宿舍氛围

谈到宿舍的礼仪问题，我们就不能不提到卫生值日和公共场地的问题。经常有人把宿舍比喻成为我们几个舍友的小家庭，因此我们每一个宿舍的成员都有责任和义务来维持这个"小家庭"的卫生。最好的办法就是严格按照值日生表的顺序来执行打扫卫生的任务。一定要按时完成自己的工作，同时也应该主动承担保持卫生的责任，培养自己讲卫生的美德。

"有人的地方就有社会。"宿舍其实就是一个小社会。人人都在感慨社会关系的复杂，同样，宿舍的关系想要处理好也不是一件容易的事。同学们应该在宿舍里努力营造一种互助的、团结的、舒心的环境和氛围，在宿舍的小天地里互相学习、共同进步。

六、网络礼仪

网络礼仪是指在网上交流信息时对其他人应有的礼仪。在互联网上人与人之间的交流，由于各种环境因素，对方未必可以完全正确理解你所表达的意思。很容易陷入"言者无意，听者有心"的困境。所以，必须更加注意自己的言行举止。

（一）网络道德

不要有盗用他人的 ID 与密码的行为，更不要有中伤、诽谤他人的行为，也不能够有侵害他人隐私的行为。同时妨碍其他网络系统、触犯法律、网上商业劝诱、宗教与政治方面的劝诱、违反公德等行为都是不应该发生的。

注意不随意公开个人信息。不要随意公开自己的 E-mail、真实姓名、地址、电话号码等个人信息。如果你想大量的结交新朋友，那么你就得在编写个人档案上下一点功夫了。如果你不想公开你的个人信息，那么请在网上编写个人档案时，将个人档案项目设定为"不在检索结果中表示"。

小案例：

"熊猫烧香"病毒事件

一只熊猫，"三炷香"，憨态可掬，却是歹毒至极。2006年年底，这个命名"熊猫烧香"的病毒，在近乎一夜之间使数以百万台计算机遭到感染和破坏，该病毒更一举拿下了"2006十大计算机病毒之首"的"桂冠"。2007年1月中旬，该病毒的制作者李俊被湖北警方逮捕，成为我国破获的国内首例制作计算机病毒大案。但时至今日，"熊猫烧香"病毒的新变种还在不断出现，继续危害着计算机用户。（来源：《扬子晚报》2007.2.28）

（二）电子邮件

电子邮件自从诞生以后，得到了越来越广泛的使用。使用电子邮件进行对外联络，不仅安全保密，节省时间，不受篇幅的限制，清晰度极高，而且还可以大大地降低通信费用。在使用电子邮件对外进行联络时，应当遵守的礼仪规范主要包括以下内容。

1. 电子邮件应当认真撰写

向他人发送的电子邮件，一定要精心构思，认真撰写。若是随想随写，既不尊重对方，也不尊重自己。对写在 E-mail 里的每一个字、每一句话都要注意。现在法律规定 E-mail 也可以作为法律证据。

在撰写电子邮件时，要做到以下几点：

（1）主题明确。一个电子邮件，大都只有一个主题，并且往往需要在前注明。若是将其归纳得当，收件人见到它便对整个电子邮件一目了然了。

（2）语言流畅。电子邮件要便于阅读，就要以语言流畅为要。尽量别写生僻字、异体字。引用数据、资料时，则最好标明出处，以便收件人核对。

（3）内容简洁。网上的时间极为宝贵，所以电子邮件的内容应当简明扼要，越短越好，越清晰越好。

2. 电子邮件应当避免滥用

在信息社会中，任何人的时间都是无比珍贵的。有人说："在交往中要尊重一个人，首先就要懂得替他节省时间。"有鉴于此，若无必要，轻易不要向他人乱发电子邮件。

3. 电子邮件应当注意编码

由于中文文字自身的特点加上一些其他的原因，我国的内地、中国港澳台地区以及世界上其他国家的华人，目前使用着互不相同的中文编码系统。在使用中文向除了中国内地之外的其他国家和地区的华人发出电子邮件时，必须同时用英文注明自己所使用的中文编码系统，以保证对方可以收到自己的邮件。

4. 电子邮件应当慎选功能

现在市场上所提供的先进电子邮件软件，可有多种字体备用，甚至还有各种信纸可供使用者选择。选择合理的话可以强化电子邮件的个人特色，但是此类功能有时需要慎用。

5. 发送附加文件时要考虑对方能否阅读该文件

发第一封文件时你可以先用一般格式发送（对方可以阅读的格式），然后在上面写道：

"请问一下,如果发送压缩格式(或其他格式)的能不能阅读?"如果可以,你就可以发送压缩格式的了。

6. 邮件用语要礼貌规范,以示对对方的尊重

撰写英文邮件时不可全部采用大写字母,邮件的用语要礼貌规范,以示尊重。

(三)网络聊天

随着网络的便捷,人们用 QQ、MSN、E 话等网络工具聊天也愈加普遍。一个有修养的人,他会很在乎对方的存在,聊天的时候注重礼貌用词,而且会掌握回答的分寸。如果确实有事情不能及时回答,也会礼貌地向对方表示歉意。人与人之间应当相互尊重,你不尊重别人,别人也不会尊重你的。网络聊天也一样,不要忘记对方的存在。如今,网络聊天是人们社交的一部分,使用礼貌用语一是尊重对方;二是体现自己的修养和内涵。

第三节 学校仪式礼仪

礼仪小故事——列宁

有一次,列宁下楼,在楼梯狭窄的过道上,正碰见一个女工端着一盆水上楼。那女工一看是列宁,就要退回去给让路。列宁阻止她说:"不必这样,你端着东西已走了半截,而我现在空手,请你先过去吧!"他把"请"字说得很响亮,很亲切。然后自己紧靠着墙,让女工上楼了,他才下楼。这就是良好文明礼仪的体现。

一、学校集会仪式礼仪

学校里召开集体大会,一般规模比较大,参加的人数多、班级多,为了保证大会的顺利进行,客观上便要求每位同学都更为严格地遵守纪律、遵守礼仪,尽力做到会前准时到场。最好能提前几分钟到场,以保证大会准时开始。到场后,快速把队伍整理好,保持良好的精神面貌。与会者要服从会场工作人员的安排,依次序入场,按指定地点入座,切不可一窝蜂争抢好座位。兄弟班级之间要发扬风格,互谅互让。

集会开始后,与会者不可随便走动和发出声响,以免影响报告人的情绪,影响其他人听讲,甚至影响班级的集体荣誉。迟到者,应悄悄入场,坐在后排的座位上,切不可大摇大摆地走到前面。总之,要尽量避免、分散别人的注意力。在开会的过程中,不能打瞌睡,没有特殊的原因,也不能中途退席。

集会结束离开会场时,要服从会场工作人员的指挥,按顺序出场,切忌一哄而散、争先恐后,使门口拥挤堵塞,造成混乱和事故。

二、开学典礼仪式

新学期开学之际,一般都要举行开学典礼。开学典礼一般会宣布新学年或新学期的开始;介绍一下学校的基本情况;报告新学期的教学计划,提出教学要求;动员全体师生员工

努力完成新学期的教学任务；要求各级领导和各有关部门大力支持学校工作，以便为国家，为社会培养更多、更好的社会主义建设人才。开学典礼不能老生常谈，要根据新时期的特点，每期要有新意，要有重点，以达到新的要求和取得良好的效果。

开学典礼

开学典礼要事先做好准备。第一，发请帖邀请当地党政领导和上级有关部门的领导出席，邀请有关单位和有关部门派代表参加。第二，布置好会场。将学校礼堂打扫干净，要张贴标语，标语要庄重新颖，内容要适应新的形势。开学典礼时要制好会标，会标可写"××学院××学年开学典礼"，或只写"开学典礼""新学期开学典礼"，等等。

三、毕业典礼仪式

在一个学期期满或完成某一专业的学期学习任务，经过考试，成绩合格时，就准予毕业，发放毕业证书或结业证书，并举行毕业（或结业）典礼。通过举行毕业典礼这一活动，学校可以简明扼要地总结几年来教学工作所取得的成绩和经验，总结教学工作中出现的先进典型事例和师生员工中的先进人物，总结教学工作中的某些不足、失误和教训。通过举行毕业典礼活动，可以对毕业生表示祝贺并提出希望；还可以加强尊师爱生，增进师生之间、同学之间的友谊，进一步密切师生之间、同学之间的关系。通过举行毕业典礼，邀请上级领导和各有关部门的负责人出席，可以让他们了解学校、熟悉学校、支持学校，达到尊师重教的目的。

四、校庆典礼仪式

校庆对一个学校来说是一种盛大的仪式。一般都很隆重热烈，对学校的发展有着深远的影响。可以通过校庆活动密切加强学校与校友及社会各界的联系，扩大学校的影响力和知名度；可以振奋师生精神，提高爱校意识，增强凝聚力，使广大师生和校友更加了解学校、热爱学校，从而促进学校全面发展。

开展校庆活动，要成立校庆筹备委员会，下设综合、宣传、活动、筹资、外事等小组。

分别具体负责校庆活动的策划和实施。第一，做好宣传工作，发通告邀请有关人士题词并出席校庆大会，设计制作校庆纪念品；第二，做好准备工作，如办学成就介绍，编辑画册，介绍学校历史沿革、概况、成就、规划等，搞好校友通信录等；第三，做好环境布置，美化校园环境，为搞好校庆做好准备；第四，搞好校庆期间的活动，召开庆祝大会、文艺晚会等。

一般程序：大会开始、奏乐；领导就位；全体肃立唱国歌；介绍来宾；校长致词；贵宾致词；表彰特殊贡献的校友、教师和其他人员；参观学校；观看文艺节目、师生成果展。参加校庆更应注意礼仪，在校庆期间邀请了许多贵宾、校友，我们在校学生的一言一行都代表着学校的风貌。所以要语言文明有礼，举止得当热情，积极参与，主动做事，把对母校的爱化为实际行动。

校庆就是学校成立日的纪念庆典。各类学校在它成立10周年、20周年、30周年之际，一般都要举行庆祝活动。校庆活动的方式多种多样，有用开座谈会形式表示祝贺的，有用举办展览活动表示祝贺的，有用表演文艺节目或放映电影表示祝贺的，也有用组织体操表演或体育竞赛表示祝贺的。一些著名的学校和重点学校的校庆规格比较高，规模比较大。校庆活动内容丰富多彩，包括请领导和著名人士题词，筹办图片、文字、实物展览，筹办教学成果展览，组织编写校史，组织校庆座谈会，出校庆专刊，印制校庆纪念册，组织文娱晚会，举办体操表演、体育竞赛、智力竞赛，举行庆祝典礼等。校庆活动应邀请当地党、政、军领导参加，邀请教育行政部门和有关方面负责人参加，邀请曾在本校就读、任教或工作过的校友参加，欢迎他们回校分享庆贺的喜悦。此外，有条件的还可以制作纪念品、校庆徽章，拍摄电视，师生联欢，等等。

五、升旗仪式

升旗在每星期一早晨举行，全体学生应在操场上列队集合，面向国旗，肃立致敬。当主持人宣布"升旗，奏国歌"时，要立正、脱帽、行注目礼，直至升旗完毕。升旗是一种庄严的活动，一定要保持安静，切忌自由走动、嘻嘻哈哈或东张西望。当五星红旗冉冉升起时，所有在场的人都应抬头注视。降旗一般在傍晚静校前进行，不再举行仪式，由旗手和护旗直接将旗降下来，降旗时态度要认真恭敬，将旗仔细卷好，交给负责的老师，不可将国旗弄脏、弄皱。

如果在校外遇见升国旗和奏国歌时，也应立即肃立，行注目礼，待升旗完毕后再继续行走。

六、颁奖

在颁奖举行仪式之前要做好准备工作：首先对受荣誉者进行登记、审查核实，审查核实之后，印制荣誉证书。荣誉证书要精致美观，色泽适宜，以红色、茶色、深咖啡色为宜。封面可以烫金，也可以制作图案，图案以行业的行徽为宜。准备工作就绪后，择定时间、地点进行颁发仪式。

升旗仪式

 想一想 练一练

1. 与朋友交往时要注意哪些方面的问题?
2. 我们平时在使用电话时要注意哪些方面的问题?
3. 在宿舍里和室友相处时要注意哪些方面的问题?
4. 简述开学典礼的大致流程。

第三章 个人礼仪

本章导读

- 了解基本服饰礼仪。
- 掌握服饰礼仪特点。
- 了解语言礼仪特点。
- 了解各种交谈礼仪。

礼仪小故事——邀舞缘何被拒绝

小张喜欢追逐时尚，穿着很讲时髦。一次，他买了一件很漂亮的大衣，正好周末本单位举行舞会，他便来到会场，只见人们都在翩翩起舞。小张兴致也很浓，便邀请一位在座位里休息的女士跳舞，那位女士看了他一眼，很礼貌地拒绝了他，接着小张又邀请了两位女士跳舞，结果均被拒绝。这时，一位朋友来到小张身边，拍拍他说："小张，不能穿着大衣邀请女士跳舞，这是不礼貌的。"小张这才明白刚才为什么被拒绝。

第一节 服饰礼仪

服饰的含义有广义和狭义之分，广义的服饰是指人的服装穿着、饰品佩戴、美容化妆三者的统一，狭义的服饰仅指服装和饰品的穿戴。本节仅就狭义的服饰而言。

一、服饰的功能

在现代社会，服饰不仅仅用来御寒防暑、遮羞护肤，更重要的是它具有重要的社会功能。首先它是透视个人形象的重要窗口，是社会成员用来传递语言无法传递的信息的一个有力工具，是文明社会里人们交流沟通的重要手段，还是一种无声的交际语言。"一个人即使他默默无语，从他的着装就可以了解到他的过去。"（莎士比亚语）从服饰可以判断出一个人的性格、气质、爱好和追求，可以了解其生活的现状、成长的历程和家庭背景，可以反映其文化素质的高低、审美情趣的雅俗。生活中，我们能明显感受到身着得体服装可以积极地调整穿衣者的态度，增加穿衣者的社会成就感，它对体态语及有声语言都有着强烈的暗示作用，在心理上提示穿着者表现得要如同服装一样出色。因此，服装的最大功能是帮助穿衣者沉着自信、优雅得体，增加认同感，提高生活自信心，充分享受生活乐趣。

服饰还是一种文化现象，更是一个民族文化的表征。它能够反映一个国家、一个民族的经济水平、文化素养、精神文明与物质文明发展的程度，也反映一个人的社会地位、文化品位、审美意识和生活态度等。可以说服饰是一个民族最基本的元素。阿拉伯人十分富裕，但他们在国际场合仍然坚持穿民族服装。印度总理辛格访华时，他头上缠着一个类似帽子的布圈，那是他们民族的传统服饰。当年孙中山先生推翻清朝政府后，设计了包含中华文化特点的中山装，四个口袋分别象征礼、义、廉、耻的传统文化。

二、服饰的穿戴原则

（一）搭配得体原则

"美不在部分而在整体（培根语）。"在日常生活中，我们孤立地看一个事物的各个部分可能不觉得美，但整体看起来很美。所以，看服饰是否美观不能把上下装分开来，而要看整体上的装扮搭配。服饰的搭配首先是服装本身在色彩、图案、款式、质料和风格上统一和谐，其次是服装的饰品力求在色彩、风格、款式、图案和质料质感等方面和服装本身相搭配，营造一种整体美。

最简易的搭配方法就是裤和鞋要属于同一个颜色系列。例如，蓝、灰和黑三色是同一系列。穿深蓝色的套装搭配黑袜、黑鞋是穿衣的金科玉律，女士应该多穿黑色的丝袜，其他颜色的丝袜只可偶尔为之，且要注意配搭。只有穿浅色西裤、浅色皮鞋时才可穿浅色袜。白袜是运动时才穿的。

（二）身份与场合相协调原则

在日常交际活动中，从礼仪的角度讲"穿衣要看场合"。不同场合的应酬，要穿不同的服饰加以配合。服饰要符合自己的身份，穿得不能太奢华，也不能过分寒酸。只有与特定场合的气氛相一致、相融洽的服饰，才能产生和谐的审美效果，实现人景相融的最佳效应。换句话说只有服饰穿戴符合其身份、地位，才能被人理解、接受。否则，就会显得与环境不协调，不为人们所接受。

例如，前摩纳哥王妃格雷斯·凯利穿了一件浅米色的长裙前往英国参加安妮公主在英国伦敦西敏寺举行的皇婚大典时，被英国的传媒大肆批评。原因是，在英国的国度里，只有新娘子才有权穿白色的或米白色的衣服，做宾客的一律要穿其他颜色的衣服，以免喧宾夺主。格雷斯·凯利的穿戴不符规格，违背身份与场合相协调原则，受到批评也在所难免。

有些男人不讲究黑漆皮的礼服鞋，有鞋带的皮鞋、无鞋带的皮鞋（我国香港俗称"懒汉鞋"），软底鞋，运动鞋的穿着场合，以致穿着场合和身份不相适应而贻笑大方。例如，我国某特区特首在香港重光纪念日去大会堂英雄纪念碑献花时，穿了双没有鞋带的皮鞋而被人嘲笑。因为在国际上，如此重要场合的主礼嘉宾穿这种鞋不合适，一定要穿有鞋带的皮鞋，否则是失礼的。

衣着要得体

（三）和谐得体原则

常言道，美在和谐。所谓和谐，是指充分地认识与考虑自身条件，从实际出发来进行穿着打扮，以使服饰和自己的年龄、形体、肤色、脸型、职业相协调，真正达到扬长避短、美化自己的目的。

1. 服饰和年龄相协调

年龄是人们成熟程度的标尺，也是选择服饰的重要"参照物"。无论何种年龄层次的人，只有穿着与其年龄相适应的服饰才算得体。例如，年轻人穿着鲜艳、活泼、随意的服饰可以体现年轻人的朝气和蓬勃向上的青春之美。中、老年人宜穿着庄重、雅致、整洁的服饰以体现其稳重的成熟之美。

对于女性来讲，"优雅是年龄的特权"。对年纪稍大的女士来说，过于鲜艳的色彩和标新立异的样式的服饰——太短的裙子是绝对不适合的。对于不太年轻的女士，衣着上最忠实的"朋友"是：各种轻淡优美的色彩，各种饰带、轻柔的绉纱及纯毛制品，长丝巾、披肩以及长围巾。夏天可以穿凉快的短袖衣服，但尽量不要露出胳膊的上半部分，绝不能单独穿吊带类的衣服。

2. 服饰和体型相协调

服饰的选择要与穿戴者的体型相协调，做到扬长避短、隐丑显美。人有高矮胖瘦之分，体型千差万别。有的人肥胖，有的人瘦小；有的人腰细，有的人臀宽；有的人手长，有的人腿短。人们可以根据自己的体型，配以不同的着装。装扮优美的体型，除色彩以外，那就是线条。常言道，"男以刚为强，女以曲为美"，这里的"曲"指的就是线条。例如，垂直线增加高度，水平线增加宽度，斜线显得修长和魁伟，而曲线可以使体型适当加宽，同时，给人一种柔美的感觉。再如，瘦长的女人穿上旗袍，显出一种袅袅婷婷、楚楚动人之美。同时，人们在穿衣时运用色彩、线条、款式还可以修正体型的不足。

3. 服饰和肤色相协调

人体肌肤的颜色与生俱来,难以改变。人们选择服饰时,应使服饰的颜色与自己的肤色相配,以产生良好的着装效果。

白里透红是最理想的肤色,它不但带有一种天然的光泽,而且还显得很健康,富有朝气与活力。该种肤色和任何一种颜色的服装搭配,都较为和谐,且有很大的容纳性。女士穿上暖色调的服装,显得温和、大方,女士如果再配上同类色的耳环和口红更佳;配上冷色调的服装,肤色和服色相互补充,整体形象显得文静、高雅。

东方女性的肤色普遍偏黄,且是那种黄里带红的颜色,属于暖色调。这类肤色不宜穿颜色太鲜艳的服装,如绿色、紫色等,同样玫红色也是不适宜的。黄皮肤可以穿乳白色或浅黄色服装,如果在浅黄色里融进浅灰色,非但不会使肤色显得黄,相反,能恰到好处地体现黄皮肤的清丽、古朴和柔美。

黄里带黑的皮肤忌穿灰色系列。因为灰色系列常常使此类皮肤显得更黑。灰色系列不单指烟灰色,还包括红灰、蓝灰、黄灰等。黄里带黑的皮肤也忌穿花纹图案模糊不清的服装,因为它使肤色显得更暗。黄里带黑的皮肤只有穿花型简洁、明朗,图案边缘比较清晰的服装,才会把肤色衬托得明亮些。

白里透青的肤色忌穿偏灰、偏咖啡色的服装。红色系列服装对该类肤色的人来说最适宜,扇贝红、大红、桃红恰到好处地搭配或单独使用,能生出一种豪华、文雅、热情的感觉。当然,女士口红的颜色应与服装的颜色相协调,这样能使青白的脸色显得柔和、健康。白里透青的皮肤也忌穿蓝、灰色服装,因为这种人的肤色为冷色调,再加上服装也是冷色调,青和蓝两种邻近色的搭配,不但显得不和谐,而且还会使肤色显得病态。

总之,无论选用何种色彩的服饰,都必须首先以自身的肤色为根据,这样才会使肤色和服饰色彩相和谐,显得更健康美丽。

4. 服饰和脸型相协调

人们常说,服装是人的第二张脸。众所周知,面孔是人们视线最集中的部位。服饰审美的选择,首先考虑的是如何有效地衬托人的面孔,而最接近面孔的衣领造型就显得尤其重要。领型适当,可以衬托面孔的匀称,给人以美感。反之,则有损于人的视觉形象。所以,衣领的造型一定要与脸型相配。

(1) 圆脸型应选择马蹄领、V字领、U型领及方领衣服,以改变视觉比例,从而使脸有一种被缩小的感觉,肩膀也不至于太单薄,开领设计还可露出美丽锁骨。圆脸型不宜选用大圆领。

(2) 长脸型应选择船型领、高领、六角领、一字领、方领等,在视觉上有缩短脸部的感觉。

(3) 方脸型应选择细长的V字领、小圆领、西装领或高领,以增加脸部的柔和感。

(4) 三角脸型应选择秀气的小圆领或缀上漂亮花边的小翻领,以使脸部看起来较为丰腴;也可选用细长的尖领或大敞领,以使脸部显得不那么尖削。脖子粗短型忌穿套头衫,忌佩戴饰品,宜选择领口较大(如方领、大圆领)的衣服,将脖子部分完全展现;V字领也是不错的选择。

(5) 小脸型不宜穿领口开得太大的无领衫,否则会使面孔显得更小。

(6) 大脸型通常脖子也比较粗,所以领口不能开得太小,否则会给人勒紧的感觉。这种人穿V字领的服装,会使面部和脖子有一体感,从而产生很好的效果。

第二节 服装面料与类别

 着装小原则——TPO 原则

TPO 原则，即着装要考虑到时间"Time"、地点"Place"、场合"Occasion"。总的来说，着装要规范、得体，就要牢记并严守 TPO 原则。它是有关服饰礼仪的基本原则之一，它的含义是要求人们在选择服装、考虑其具体款式时，首先应当兼顾时间、地点、场合，并应力求使自己的着装及其具体款式与着装的时间、地点、场合协调一致，较为和谐般配。

穿衣看场合，不同交际场合，对服装的选择迥然有别。为使着装得体，就要了解服装的面料与类别。

一、服装面料

面料就是用来制作服装的材料。作为服装三要素之一，面料不仅诠释服装的风格和特征，还直接左右着服装的色彩、造型的表现效果。下面是对常见服装面料特性的简单介绍。

1. 棉布

棉布是各类棉纺织品的总称，多用来制作时装、休闲装、内衣和衬衫。棉布的优点是轻松保暖，柔和贴身，吸湿性、透气性甚佳；缺点是易缩水、易皱。

2. 麻布

麻布是以大麻、亚麻、黄麻、剑麻、蕉麻等各种麻类植物纤维制成的布料，一般用来制作休闲装、工作装、夏装等。麻布的优点是强度极高、吸湿、导热、透气性甚佳；缺点是穿着不舒适，外观较为粗糙、生硬。

3. 丝绸

丝绸是以蚕丝为原料纺织而成的各种丝织物的统称，用来制作各种服装，尤其适合制作女士服装。丝绸的优点是轻薄、合身、柔软、滑爽、透气、色彩绚丽、富有光泽、高贵典雅、穿着舒适；缺点是易生褶皱，容易吸身，不够结实，褪色较快。

4. 呢绒

呢绒是对各类羊毛、羊绒织成的织物的泛称。它常用来制作礼服、西装、大衣等正规、高档的服装。呢绒的优点是防皱耐磨、手感柔软、高雅富贵、富有弹性、保暖性强；缺点是洗涤较为困难，不适于制作夏装。

5. 皮革

皮革是经过鞣制而成的动物毛皮面料，可分为两类：一是革皮，即经过去毛处理的皮革；二是裘皮，即处理过的连皮带毛的皮革。皮革常用来制作时装、冬装。其优点是轻盈保暖、雍容华贵；缺点是价格昂贵，在储藏、护理方面要求较高。

6. 化纤

化纤是化学纤维的简称，分为人工纤维与合成纤维两大类。化纤用以制作各类服装，其优点是色彩鲜艳、质地柔软、悬垂挺括、滑爽舒适；缺点是耐磨性、耐热性、吸湿性、透气性均较差，遇热容易变形，容易产生静电，且总体档次不高。

7. 混纺

混纺是将天然纤维与化学纤维按照一定的比例，混合纺织而成的织物，用来制作各种服装。其优点是既吸收了棉、麻、丝、毛和化纤各自的优点，又避免了它们各自的缺点，而且在价格上相对较为适中；缺点是档次不高。

二、服装类别

（一）正式服装

正式服装是指用于参加婚葬仪式、会客、拜访、社交等场合的服装。其式样一般是根据穿着目的、时间、地点而定。在穿着正式服装时，要注意与自身条件相协调，慎选款式和面料，才能保持它的美感与庄重，给人以雅致的印象。

1. 男士礼服

（1）晨礼服又名常礼服。通常上装为灰色、黑色，后摆为圆尾形，又称为燕子尾。下装为深灰色底、黑条子裤，系灰领带或领巾，不配领花，穿黑皮鞋，戴黑礼帽。这种礼服在白天参加典礼、婚礼等场合穿戴。例如，美国总统、日本首相宣誓就职时台上男嘉宾一般都穿此种礼服。

（2）午后礼服。该礼服一般在下午比较正式或非正式的拜访、宴会场合穿戴。它也有正式和非正式之分。正式的午后礼服用于参加婚礼、宴会等场合，非正式的午后礼服可用于外出或拜访。

（3）晚礼服又名小礼服。为全白色或全黑色西装上衣，衣领镶有缎带，下装为配有锻带或丝腰带的黑裤，衬衫可以是白色马赛罗（凸纹），有软前胸的或前胸打褶的，系黑色领结，穿黑皮鞋。应注意的是，穿晚礼服必须打领花，而且穿黑色晚礼服不能配白裤。晚礼服一般用于参加晚上举行的隆重晚宴、音乐会、剧院演出等活动，在款式上没有固定的模式，但都有格调高和正统感的特点。

（4）燕尾服也称为大礼服、早礼服。一般是黑色或深蓝色上装，前摆齐腰剪平，后摆剪成燕尾状。翻领上镶有缎面。下装为黑色或蓝色并配有缎面、裤腿外侧有黑丝带的长裤。系白领结，穿黑皮鞋、黑丝袜，戴白手套。在隆重场合，就必须有隆重的衣着。例如，穿整套黑色的燕尾服，一般打白领花。

（5）中山服又名"中山装"。这是我国近现代的民族服装，曾被称为中国的"国服"。中山服一般为上下装同色的黑色或深蓝色的毛料制成。内穿白衬衣，穿黑皮鞋。该礼服在国外的礼仪场合也很受尊重。在国内，炎夏季节，正式场合也可穿硬领短袖衬衫加领带或质地较好的短袖敞领衬衫。

穿中山服时，应将上衣的前门襟、风纪扣、袋盖扣全部扣好，裤门上的扣子更应扣好。口袋内不宜放置杂物，以保持平整挺括。在公众场合，不得卷挽衣服的袖管或裤管。着中山装可以穿黑色皮鞋，也可穿洗净的布鞋。

（6）西装。西装是一种国际流行、经久不衰的服装，属于立体型的服装。它样式美观大方，穿着方便简捷，侧面看符合人的体型曲线，显得潇洒精神，是男性服装中最受欢迎的一种，被公认是当今国际上最标准、最通用的礼服。它起源于欧洲，于清朝晚期传入中国，当时的激进青年把它作为接受新思想的象征。20世纪80年代以后，西装在中国重新成为风尚,国家领导人接见外宾,经贸代表团出访国外,职场人士日常上班工作,西装都被作为最佳的着装的选择。现在,在欧美许多国家,男士都身着深蓝色或深灰色西装,穿白衬衣,打深色领带,脚穿光亮的黑皮鞋。这是目前男性"上班一族"的最基本衣着。

2. 女士礼服

(1) 常礼服也称为晨礼服。通常由质料、颜色相近的上衣与裙子搭配而成,有的是以华丽而有光泽的面料缝制成的连衣裙。这种礼服女性通常在白天参加庆典、婚礼时穿用。穿常礼服时,应戴上合适的帽子和薄纱的短手套。

(2) 午后礼服。午后礼服中的女士裙子一般较长,款式不固定,格调高雅、华贵。典型的午后礼服不仅要配帽子、提包,还要佩戴项链。

(3) 晚礼服也叫小礼服。它是一种质地高档、长至脚背而不拖地的露背式单色连衣裙式服装。晚礼服的衣袖有长有短,穿者可根据衣袖长短选配长短适当的手套。穿着晚礼服通常不戴帽子或面纱。欧洲女士晚礼服的特点是适当地露出肩、胸、背。有无袖样式,也有紧领、长袖样式。晚礼服多选用丝绸、软缎、织锦缎、麻丝等面料加工制作。如果装饰物协调,会显得格外漂亮、雅致。晚礼服适合于参加晚上举行的宴会、音乐会穿着。

(4) 大礼服又称为大晚礼服,是一种拖地或不拖地的单色连衣裙式服装,并配以颜色相同的帽子、薄纱手套以及各种头饰和首饰等。大礼服适于女性在晚间举行的正式宴会、交谊舞会、婚礼等场合穿着。

(5) 旗袍是最具有民族特色的女装之一,它最能体现东方女性的朴素典雅,是我国女性传统的高档礼服。据记载,旗袍源于清代,是旗人之袍,是那时贵族的衣饰。当时有人把旗袍比喻成会跳舞的官窑瓷器,无论是大家闺秀还是小家碧玉,只要穿上它,便显出高贵典雅之气。因为它能很好地表现出女性柔美的身体曲线,显得高雅、端庄、仪态万千,因而备受各国女性的喜爱。

在一般社交场合,我国妇女还可以穿连衣裙或穿中式上衣配长裙,也可穿西式套裙。在夏季可穿长袖、短袖衬衫配长裙或过膝裙(在国内可配穿长裤,在国外正式场合一般配穿裙子)。超短裙、牛仔裤均不适合在社交和公关场合穿着。

正式服装中还有晚会服、酒会服、婚礼服等。参加结婚仪式的宾客可以穿正式的酒会礼服,也可以穿丝绸类套装、连衣裙等,以示对主人的尊重,但应注意服饰不要采用过于抢眼的色彩,以免喧宾夺主。

正装

(二)便装

便装是指人们日常穿着的服装,使用范围广泛。根据其用途和环境,便装又分很多种类型,主要包括以下几种类型。

(1) 街市服。街市服比礼服随意,如上街购物、看电影、会见朋友等都可穿着。它在很大程度上受流行趋势影响,是时装的重要组成部分。面料可用毛、丝绸、化纤等制作而成,并可根据季节的变化而变换。

(2) 家居服与家庭的气氛相称。早晚穿着的有晨衣、睡衣等,在家里做家务、休息时穿,讲究随便、舒适,格调轻松活泼。切记不能穿此类服装会客。

(3) 旅游服、运动服依据具体的情况选择不同的款式,重在舒适、实用,便于行动。

(4) 牛仔装。世界上第一条牛仔裤诞生于1850年,由移民美国旧金山市的犹太商人用棕色帆布做成裤子供给矿工穿,成为牛仔裤的鼻祖。由于牛仔装穿着比较随意、舒适,因而受到人们的喜爱。穿牛仔装一定要注意场合,一般出席正式场合时不能穿牛仔装,在休闲、郊游等场合,牛仔装是最佳选择。

(5) 风衣,大衣的一种,通常有两排纽扣和一条腰带。在正式场合不宜穿风衣。在很多活动场合,穿风衣时让领子竖起七分高,腰带随意缚上,最下面的纽扣松开。风衣不穿时,可随意地用一只手臂换搭着,显得潇洒。

舒适着装

(三)补正装

补正装是指贴身服装,起到调整或保护体型、保暖、吸汗、防污垢、保持身体清洁的作用,还能成为外衣的陪衬,使外衣显得更美。补正装包括胸衣、围腰、衬裙、马甲等,补正装可使外衣的形状更加完美。这种服装,应采用伸缩性能好、有弹性的面料制作而成。例如,法国服装设计大师费里,因有着肥胖、厚实、强壮的身躯,穿一件马甲对于他几乎成了一种规范。"我的背部太厚,而且突起呈圆弧状,背后的衣服总容易弄皱,加上一件紧身背心,不仅遮住了背后皱巴的衬衫,穿外衣也有了架子。"可见穿一件小小的马甲也有很多讲究。

（四）职业便装

职业便装也是职业服装的一种，同样能反映职场人士的形象和职业素质，适用于各类会议、公司组织的野餐、高尔夫球赛，或者办公室"非正式着装日"等场合。它和其他传统职业服装一样，要求干净合体、熨烫平整、形象优美。

女性的职业便装包括：衬衫、裙子；套裙；长裤、衬衫配夹克衫等。一般应穿平底鞋，不穿凉鞋；除参加体育活动外，也不要穿运动鞋。男性的职业便装包括：长裤配衬衫；有领的棉T恤衫或毛衣、牛仔裤。可穿平底便鞋和无带扣便鞋。

第三节 个人礼仪规范

礼仪格言

国尚礼则国昌，家尚礼则家大，身尚礼则身正，心尚礼则心泰。

——颜元（明代著名思想家）

一、个人礼仪规范的意义

礼仪对大学生来说是非常重要的。做到讲礼仪、有修养，就能找到好工作吗？就能立足于社会吗？就能拥有和谐美好的人生吗？下面是礼仪对于当今大学生的一些重要意义。

1. 学习礼仪是适应对外开放的需要

对外开放的国策打破了长期封闭的环境，使得人们深刻地意识到"坐井观天"已难以适应形势，唯有从井底跳出，走向社会，走向世界，方是当代大学生应有的意识。要从狭小封闭的环境中走出来，除了应具备一些必备的专业技能外，还必须了解如何与他人相处的法则和规范，这些规范就是社交礼仪。礼仪的学习能够帮助学习者顺利地走向社会，走向世界，能够更好地树立起自身的形象，在与他人交往中给人留下彬彬有礼、温文尔雅的美好形象。

2. 学习礼仪是适应社会主义市场经济发展的需要

市场经济的发展带来了大范围的分工协作关系和商品流通关系，促进了人与人之间、组织与组织之间、地域与地域之间的相互依赖和相互合作。同时，更带来了激烈的市场竞争，"皇帝女儿不愁嫁""酒香不怕巷子深"的局面已一去不复返。这对于企业和服务行业而言，就更需要积极适应这种由"卖方市场"向"买方市场"的转变，而这种转变总是需要具体的人去实施、操作的，这些实践者如不懂得现代的社交礼仪，那么就很难在市场上站稳脚跟。

比如说，一个供销员上门推销产品时，如事先不敲门就径直而入，那是不礼貌的，甚至会被人误解。所谓"礼多人不怪"，在市场经济条件下，人们不仅为自己也为组织均应更多地了解社交礼仪的知识，帮助自己顺利走向市场、立足市场。作为明天的建设者和接班人，大学生理应在此方面走在前列。

3. 学习礼仪是适应现代信息社会的需要

现代信息社会飞速发展的传播沟通技术和手段，正日益改变着人们传统的交往观念和交往行为。尤其是人们交往的范围已逐步从人际沟通扩展为大范围的公众沟通，从面对面的近距离沟通发展到了不见面的远程沟通，从慢节奏、低频率的沟通变为快节奏、高频率的沟通。

这种现代信息社会的人际沟通的变化，给人类社交礼仪的内容和方式均提出了更高的要求，在这种沟通的条件下，实现有礼有节的交往，去实现创造"人和"的境界，就必须学习和运用礼仪。而从某种意义上说，交际实质上就是一种信息交流，而信息乃是现代社会中最为宝贵的资源。由此可见，具有较强的交际能力是现代人立足于社会并求得发展的重要条件。

4. 学习礼仪是争做"四有"新人的需要

党和国家号召每个大学生均应争做"四有"新人，即做一个有理想、有道德、有文化、有纪律的人。要争做"四有"新人，那么学会必要的礼仪知识也是其中一个方面，我们经常会对擦肩而过的一位教师或同学行注目礼，这是因为他们高雅的气质或潇洒的风度深深吸引了我们。

那么如何在与人交往中给人留下好印象呢？起码的一点就是多学一点社交礼仪，它可以尽量避免你交际场上的胆怯与害羞，它可以指点交际场中的迷津，它可以给你平添更多的从容与淡定。

二、谈判的礼仪规范

职场礼仪规定，职员在参加谈判时，首先需要更新意识，树立正确的指导思想，并且以此来知道自己的谈判表现，这就是所谓的谈判方针。谈判方针的核心，是一如既往地要求谈判者在庄严肃穆、"剑拔弩张"的谈判桌前，以礼待人，尊重他人的同时也是在尊重自己。

1. 礼敬对手

礼敬对手就是要求谈判者在谈判的过程中，要排除一切干扰，始终如一地对自己的谈判对手讲礼貌，时时、处处、事事表现出对对方不失真诚的敬意。

2. 依法办事

在谈判中，利益始终是各方关注的核心。虽然如此，但职员在谈判中追求己方利益时必须有一定的限度，即必须依法办事。

3. 平等协商

一是要求谈判各方在地位上要平等一致、相互尊重；二是要求谈判各方在谈判过程中通过相互商量，求得谅解，而不是通过强制、欺骗等手段来达成一致。

4. 求同存异

在谈判过程中，妥协是通过有关各方的相互让步来实现的。只有公平、合理、自愿，只有尽最大限度维护或争取了各自的利益，才能谈判成功，才是可以接受的。

5. 互利互惠

最理想的谈判结局，是有关各方达成了彼此都能够接受的一致意见，说到底就是要使有关各方面通过谈判都能够互惠互利，都能够满足。

6. 人事分开

在谈判中，谈判者在处理己方与对手之间的相互关系时，必须做到人、事分离，各自分别而论。

三、社交的礼仪规范

参加社交活动，尤其是参加在公共场所进行的社交活动时，对下述礼仪规则，必须认真恪守。

1. 遵守公德

在社交活动中，每一名职员除了要遵守某项具体活动的具体规则之外，更要自觉地严格遵守现行的社会公德。在外地或外国参加活动时，还需要遵守当地主流社会的规范。

2. 律己慎独

不论集体活动，还是只身一人，职员在参与社交活动时，均应严于律己。当自己独处时，尤需始终如一地严格要求自己。

3. 和睦共处

社交活动，重在参与、意在交流。要使自己从中有所收获，与他人和睦相处便显得至关重要。

第四节 日常礼仪

 礼仪格言

面必净，发必理，衣必整，纽必结；
头容正，肩容平，胸容宽，背容直；
气象：勿傲、勿怠、勿暴；
颜色：宜和、宜静、宜庄。

——南开中学镜铭

一、衣的礼仪

在与外国人打交道时，对于每一个涉外人员衣着的基本礼仪要求是：得体而应景。主要注意以下两个方面的问题。

1. 涉外人员应当懂得依照自己所处的具体场合而选择与其所相适应的服装

根据涉外礼仪的规范，在国际交往中，涉外人员所接触的各种具体场合，大体可以分为三类，即公务场合、社交场合和休闲场合。

（1）公务场合。

所谓公务场合，指的就是涉外人员上班处理公务的时间场合。在公务场合，涉外人员的

着装应当重点突出"庄重、保守"的风格。

不同场合着装

我国的涉外人员目前在公务场合，最为标准的着装主要是深色毛料的套装、套裙或制服。具体而言，男士最喜欢的是身着藏蓝色、灰色的西装套装或中山装，内穿白色衬衫，脚穿深色袜子、黑色皮鞋。穿西装套装时，务必打领带。

女士的最佳衣着是：身着单一色彩的西服套裙，内穿白色衬衫，脚穿肉色长筒丝袜和黑色高跟皮鞋。有时，穿着单一色彩的连衣裙亦可，但是尽量不要选择以长裤为下装的套装。

（2）社交场合。

在社交场合，涉外人员的着装应当重点突出"时尚个性"的风格。既不必过于保守从众，也不宜过分地随便邋遢。

目前的做法是，在需要穿着礼服的场合，男士穿着黑色的中山套装或西装套装，女士则穿着单色的旗袍或下摆长于膝部的连衣裙。其中，尤其以黑色中山套装或单色旗袍最具有中国特色，并且应用最为广泛。

在社交场合，最好不要穿制服或便装。

（3）休闲场合。

涉外人员的着装应当重点突出"舒适自然"的风格。没有必要衣着过于正式，尤其应当注意，不要穿套装或套裙，也不必穿制服。那样做，既没有任何必要，也与所处的具体环境不符。

2. 涉外人员应当使自己的衣着得体

（1）要了解并遵守着装的正确方法。

穿西装时，要注意的问题有：在穿西装之前，务必将位于上衣左袖袖口之上的商标、纯羊毛标志等，先另行拆除，它们并非与西装的档次、身价有关。一般情况下，坐着的时候，可将西装上衣的衣扣解开；站起来之后，尤其是需要面对他人时，则应当将西装上衣的衣扣系上。

西装上衣的衣扣有一定的系法：双排扣西装上衣的衣扣，应当全部系上；单排两粒扣西装上衣的衣扣，应当只系上边的那粒衣扣；单排三粒扣西装上衣的衣扣，则应当系上边的两粒衣扣或单系中间的那粒衣扣。穿西装背心时，最下边的那粒衣扣，一般可以不系。

穿西装时，最好不要内穿。万一非穿不可时，则只允许穿一件单色薄型的"V"领羊毛衫。不要在西装里面穿开领的、花哨的羊毛衫，特别是不要一下子同时穿上了多件羊毛衫。

穿长袖衬衫时，需要注意的问题有：下摆在正式场合一定要束在裤腰或裙腰之内。袖管不仅不可以挽起来，而且袖扣还一定要系上。不穿西装上衣，或是穿上衣未打领带时，领扣则通常可以不系。

(2) 要了解并遵守着装的搭配技巧。

在国外，对于男士在正式场合的着装，都必须遵守"三色原则"的要求。所谓"三色原则"，是指全身上下的衣着，应当保持在三种色彩之内。对于女士在正式场合着装的评价，人们往往关注一个细节，即她是否了解不应该使自己的袜口暴露在外。不仅在站立之时袜口外露不合适，而且在行走或就座时袜口外露也是不合适的。穿裙装的女士，最好穿连裤袜或长筒袜。

二、食的礼仪

(一) 以东道主身份涉外宴请

以东道主的身份设宴款待外国人时，需要注意的问题主要有菜单的选定、就餐的方式、宴会的位次、用餐的环境等。

1. 要确定宴请的菜单

不宜宴请外国人的菜肴主要有以下几类。

(1) 触犯个人禁忌的菜肴。对此一定要在宴请外宾之前有所了解。在宴请多名外宾时，对每个人的个人禁忌都要有所了解。

(2) 触犯民族禁忌的菜肴。比如说，美国人不吃羊肉和大蒜；俄罗斯人不吃海参、海蜇、墨鱼、木耳；英国人不吃狗肉和动物的头、爪；法国人不吃无鳞鱼；德国人不吃核桃；日本人不吃皮蛋。

(3) 触犯宗教禁忌的菜肴。在所有的饮食禁忌之中，宗教方面的饮食禁忌最为严格，而且绝对不容许有丝毫触犯。

按照一般规律，可用以宴请外国人的菜肴基本上可以分为以下四类。

(1) 具有民族特色的菜肴。通常，春卷、元宵、水饺、龙须面、扬州炒饭、清炒豆芽、鱼香肉丝、宫保鸡丁、麻婆豆腐、咕老肉、酸辣汤，等等。具备中华民族特色的菜肴，往往受外国友人的欢迎。

(2) 具有本地风味的菜肴。在饮食方面讲究的是"南甜、北咸、东辣、西酸"。各地的菜肴，风味不同。上海的"小绍兴三黄鸡"，天津的"狗不理包子"，西安的"老孙家羊肉泡馍"，成都的"龙抄手""赖汤圆"，开封的"灌汤包子"，滇南蒙自的"过桥米线"，西双版纳的"菠萝饭"，都在国内久负盛名，这些均可用以款待外国友人。

(3) 自己比较拿手的菜肴。餐馆有餐馆的"特色菜"，各家有各家的"看家菜"。主人还须细说其有关的典故，并且郑重其事地向客人们推荐。

(4) 外宾本人喜欢的菜肴。在宴请外宾时，在有条件的时候，在以中国菜为主的同时，外加一些对方所中意的家乡菜。

2. 选择就餐的方式

世界上主要存在三种就餐方式：一是用筷子就餐；二是用刀叉就餐；三是用右手直接就餐。使用筷子就餐时，可细分为以下四种具体形式。

（1）"混餐式"就餐方式。它也叫"合餐式"就餐方式。

（2）"分餐式"就餐方式。人们也称之为"中餐西吃"。

（3）"自助式"就餐方式。通常也叫自助餐。

（4）"公筷式"就餐方式。

3. 排定宾主的座次

对于宴会的组织者来讲，宴会的座次问题，又可以进一步地分为座次的排列与座次的通知两个方面的具体问题。国内所通行的宴会座次排列方法具体如下。

（1）"居中为上"。

（2）"以右为上"。

（3）"以远为上"。

（4）"临台为上"。

在排列每张桌子上的具体位次时，主要有"面门为主""右高左低""各桌同向"三个基本的礼仪惯例。

所谓"面门为主"，是指在每张餐桌上，以面对宴会厅正门的正中座位为主位，通常应请主人在此就座。

所谓"右高左低"，是指在每张餐桌上，除主位之外，其余座位位次的高低，应以面对宴会厅正门为准，右侧的位次高于左侧的位次。

所谓"各桌同向"，则是指在举行大型宴会时，其他各桌的主陪之位，均应与主桌主位保持同一方向。

4. 通告宴会的座次

在排定宴会的座次之后，应及时地采用一切行之有效的方法向全体应邀赴宴者通告，通告宴会的座次有下列四种常规方法。

（1）在请柬上注明每一位赴宴者所在的桌次。

（2）在宴会厅入口处附近悬挂宴会桌次示意图。

（3）在现场安排引位员，负责来宾，尤其是贵宾的引导。

（4）在每张餐桌上放置桌次牌以及每一位用餐者的姓名卡，以便大家"对号入座"。

人们在安排宴会时，通常被要求恪守"四M原则"。所谓"四M原则"，是指准备宴会时，必须对环境、菜单、举止、音乐四个最重要的环节加以认真准备。

安排涉外宴请的用餐环境主要需要注意以下四点。

（1）环境要幽静。

（2）环境要雅致。

（3）环境要整洁。

（4）环境要卫生。

（二）以来宾身份涉外宴请

以来宾的身份涉外宴请时，需要注意的主要问题，大致上包括宴请的类型、付费的方法、点菜的规矩、用餐的餐序及就餐的举止等。

1. 宴请的类型

宴请的类型主要分为以下三种。

（1）宴会。它是一种最正式、最隆重的宴请，可在早、中、晚举行，并以晚宴档次最高。举办宴会时，要提前发出请柬，届时，不仅宾主要发表讲话，乐队也要演奏音乐，就连餐具、酒水、菜肴道数、餐厅陈设、用餐者的装束、侍者的仪态等，都要详尽规定。一般情况下，宴会分为国宴、正式宴会、便宴、家宴四种具体形式。

（2）招待会。

（3）工作餐。

2. 付费的方法

付费方法主要有三种：一是不必付费；二是定额付费；三是各自付费。需要付小费时，应注意以下两点。

（1）应该付多少。

（2）应该如何给付。

3. 点菜的规矩

（1）告诉对方，自己完全"客随主便"。

（2）"恭敬不如从命"，但是，只点一道即可。

4. 用餐的餐序

需要大家掌握正规的餐序主要体现在以下几个方面。

（1）西餐正餐的常规菜序。一顿正规的西餐正餐，大体上应当依次包括开胃菜、汤、海鲜、主菜、甜品、水果、红茶或咖啡等几道菜式。

（2）西餐便餐的常规菜序。一顿正规的西餐便餐，大体上应当依次包括"头盆"（开胃菜）、汤、主菜和甜品等几道菜式。

（3）西式自助餐的常规菜序。享用自助餐时，其正规的用餐顺序应当依次包括冷菜、汤、热菜、点心、甜品和水果。

（4）酒水与菜肴的常规搭配方式。在国外，西式宴会上的"主角"是酒水。

5. 就餐的举止

就餐时应举止文明、礼貌和规范。

就餐举止"十忌"：

（1）在用餐时口中或体内发出巨大的声响。

（2）在用餐时整理自己的衣饰，或是化妆、补妆。

（3）在用餐期间吸烟。

（4）再三劝说别人饮酒，甚至起身向别人灌酒。

（5）用自己的餐具为别人夹菜、舀汤或选取其他食物。

（6）乱挑、翻拣菜肴或其他食物。

（7）用餐具对着别人指指点点，或者用餐具相互敲打，搞得铿锵作响。

（8）直接以手取用不宜用手取用的菜肴或其他食物。

（9）毫无遮掩地当众剔牙。

(10) 随口乱吐嘴里的不宜下咽之物。

三、住的礼仪

在涉外交往中,有关住宿方面的礼仪主要包括两个方面的基本内容:一是安排来宾的住宿;二是出访外国时自己的住宿。

安排住宿问题主要有两种方法:一是由来宾自行解决住宿;二是由接待方以主人的身份为来宾安排住宿。

入住宾馆

在为外国来宾安排住宿的具体过程中,一般应当注意以下三个方面的问题。

1. 必须充分了解外宾的生活习惯

不同的国家有不同的风俗,每一个人也有自己独特的生活习惯。一般而言,外宾对于个人卫生大都十分重视。对于他们而言,随时可以洗热水澡的浴室,单独使用的干净、清洁的卫生间,都是自己的临时居所应具备的基本条件。

2. 必须慎重选择外宾的住宿地点

通常外国来宾会被安排在条件优越、设施完备的涉外饭店里住宿。一般情况下,因公正式接待的外国来宾,不应被安排到住宿条件较涉外饭店稍逊一筹的旅馆、招待所里住宿。除了需要照顾外宾的个人生活习惯、尊重其特有的风俗、满足其特殊的要求之外,尚有以下几点应当注意。

(1) 为外宾安排住宿所需的经费预算状况。

(2) 拟住宿地点的实际接待能力。

(3) 拟住宿地点的口碑与服务质量。

(4) 拟住宿地点的周边环境。

(5) 拟住宿地点的交通条件。

(6) 拟住宿地点距接待方及有关工作地点的距离的远近。

3. 必须热情照顾外宾的生活需要

宾至如归、体贴入微、善解人意理当在接待人员的身上得以发扬光大。应当注意的是,对外宾的关心、照顾,应以不妨碍对方私生活为准,并应以不限制对方个人自由为限。

前往国外进行参观、访问、工作或学习的人大都会住宿在宾馆、饭店之内。也有人可能直接在外国人家里住宿。先介绍一下在国外住宿饭店时的礼仪须知。国外的饭店虽说差别很大，但大都设施完备，条件较好。特别是那些上了星级的饭店，可以为每一位住店客人提供优质的服务。

一般而言，通行于世界的住宿礼仪主要包括以下四点。

（1）应当讲究礼貌。

在饭店里住宿，对于自己所遇到的一切人，都应当以礼相待。在通过走廊、进入电梯或是接受饭店所提供的各项服务时，都要懂得礼让他人。对于为自己服务的各类饭店工作人员，也要充分地予以尊重和体谅。

（2）应当保持肃静。

饭店是专供住宿者进行休息的处所，因此，保持肃静被视为饭店的基本规矩。在饭店内部的公共场所，一定要注意调低自己说话的音量，走路轻手轻脚。即使是在自己住宿的客房里，也应当保持安静，不制造与周围环境不和谐的噪声。

（3）应当注意卫生。

在饭店里住宿时，有无良好的个人卫生习惯，通常会显得十分重要。具体来讲，在卫生方面，住宿饭店时注意的问题主要有：在饭店之内，包括在本人住宿的客房之内，最好不要吸烟。在饭店内部明文规定禁止吸烟的公共场所活动进出时，更是要自觉地遵守这项规定。不要在本人住宿的客房之内开火做饭，或是任意点火焚毁个人物品。不要在本人住宿的客房之内洗涤、晾晒个人衣服，尤其是不要将其悬挂在公用的走廊里，或是临街窗子之外、阳台之上。不要在本人住宿的客房内乱丢私人物品，或是将废弃之物扔到地上和窗外。

（4）应当严守规定。

在国外的饭店下榻时，首先要对有关的规定有所了解，然后需要对此严格遵守。

国外的饭店，尤其是高档的星级饭店，通常都有下述规定。

① 不允许两名已经成年的同性共居于一室之内。唯有一家之人方可例外。

② 不允许客人在自己住宿的客房之内随意留宿其他外来人员。

③ 不提倡客人在自己住宿的客房之内会晤来访的人士，特别是不提倡客人在自己的客房内会晤异性来访者。一般情况下，饭店的前厅或咖啡厅都被视为住店客人会客的理想去处。

④ 不提倡互不相识的住店客人相互登门拜访。随意去素不相识的住处串门，或是邀其一起进行娱乐，这都是十分冒昧的行为。

⑤ 不允许住店客人身着内衣、睡裙、背心及裤衩之类的"卧室装"在饭店内部的公共场所活动。打赤膊，或是衣冠不整，同样也不允许。

⑥ 不允许将客房或饭店之内的公用物品随意带走，占为己有。

住宿国外的饭店时，还有几点需要注意。

一是多人一同出访时，切勿分散住宿。不仅最好要住在同一家饭店之内，而且最好要住在同一楼层。这样大家可以互相关照，也有利于集体活动。

二是要尽量多了解一些国外饭店的特殊规矩。

接下来，再简要地介绍一下在外国人家里住宿时，所应当遵守的基本礼仪。

在通常情况下，住宿外国人家里应注意以下三点。

第一，应当两厢情愿。在国外直接住宿在外国人的家里，一般在私人出访时才会出现这种情况。因公出访时,通常不允许这样做。在外国人家里住宿时,住宿者与房东两者之间往往不是私交,就是租赁关系。在这两种情况下,最重要的是双方要完全情愿,并且最好有约在先。由于外国人强调个人隐私,忌讳他人妨碍自己的私生活,所以不大喜欢让外人在自己家里留宿。如果外国朋友没有主动提议,则最好不要自己首先提出来,甚至赖着不走。当然,即使对方盛情相邀,自己不愿意的话,也不必勉强。

第二,应当支付费用。对一般人来说,不论是在什么状况下在外国朋友家里住宿,均应自觉地为此而支付一定数额的费用。与房东之间若是存在租赁关系的,则需要履约付费。即使与房东是关系密切的私交,也应支付一定的费用,如果住宿时间较长的话,则对于这一点更加应当注意。哪怕是房东不要自己付房租,平日自己所用的电视费、电话费、传真费等,至少还是应当自掏腰包。

第三,应当好自为之。在外国人家里住宿,不管时间长短,不管本人与房东是熟人还是素昧平生,均应注意自己的表现,处处好自为之,不要由于自己的不自觉而制造矛盾、惹是生非,更不要因为自己的行为不慎而招致非议。在这个方面,最重要的是注意下列三点。

其一,要遵守约定。对于住客与房东之间的约定,不管是书面的还是口头的,大到交付房租的日期,小到对于住客生活习惯的具体要求,都要严格遵守。

其二,要尊重房东。要尊重房东,除了要对其以礼相待之外,还要注意不要有碍其私生活。不要擅自闯入其室内,或是乱拿、乱动、乱用其私人物品。

其三,要爱惜物品。在国外,房屋在出租时,往往会连同家具一同出租。借住在外国人家中时,不论交付房租与否,都要对属于房东的物品自觉地加以爱护。

四、行的礼仪

与外国人进行交往应酬时,不能不涉及有关行的礼仪。

走路姿势

在涉外场合,目前有关行的礼仪,大致可以分为步行的礼仪、乘车的礼仪和乘机的礼仪三个主要方面。

（一）涉外人员要遵守步行的礼仪

有关步行的礼仪，是行的礼仪的核心内容之所在。具体而言，它涉及了一个人行走之时的各个环节。就重点而论，涉外人员特别应当关注以下几点。

1. 要注意步行时的仪态

人们常言："站有站相，坐有坐相。"在行走之时，每个人也应注意自己的仪态与风度。一个人在行走时要做到仪态优雅、风度不凡，重要的是要做到稳健、自如、轻盈、敏捷。要保持的基本姿态是：脊背与腰部要伸展放松，脚跟要首先着地。具体而言，若要做到正确而优美地行走，就应当注意下列几个步骤。

（1）走动时应当是上体前驱，以腰动带动腿动和脚动。
（2）行进时应当将腿伸直，而要做到这一点，就要使膝盖伸直。
（3）行走时应当上身挺直，并且始终目视自己的正前方。
（4）走路时应当将注意力集中于后脚，并且使脚跟首先触地。
（5）步行时应当保持一定的、相对稳定的节奏，不论是步幅、步速还是双臂摆动的幅度，均须注意这点。
（6）前进时应当保持一定的方向。从理论上讲，行走的最佳轨迹应当是双脚后跟落地之后恰如一条直线。

在行走之时，不雅的仪态主要有以下七种：一是上看下看、左顾右盼；二是东跑西颠、方向叵测；三是驼背弯腰、缩脖摆胯；四是连蹦带跳、手舞足蹈；五是摇摇晃晃、东倒西歪；六是跑来跑去、虚张声势；七是走路带响、震耳欲聋。

2. 要注意步行时的方位

任何人走路时，都会碰上一个前、后、左、右的方位问题。在涉外交往中，需要注意步行时的方位问题主要包括以下两个方面。

（1）与交通规则有关的方位问题。在任何国家里，每个人都有遵守交通规则的义务。要遵守交通规则，首先就必须对其有一定程度的了解。在世界各国里，与步行方位有关的交通规则主要有两类。一类是具有普遍性的交通规则。它们在世界各国广为通行，并无二致。比如，横穿马路时，必须依照规定，要走过街天桥、地下通道，或是走人行横道。不允许随意穿行马路，或是跨越护栏。在通过人行横道时，要注意交通指示灯，并且严格地遵守"红灯停、绿灯行"的惯例。在街道上行走时，一定要走人行道。在机动车道上走来走去，是违规的行为。另一类则是具有特殊性的交通规则。它们往往适用于某些国家，而在另外一些国家则不一定适用。例如，就行进方向而言，目前世界上存在两种模式：一是"英式"，以英国为代表，行进时要求居左而行；另一种称为"美式"，以美国为代表，行进时要求居右而行。再者，有的国家往往会划出一些道路作为专用通道，如仅供盲人专用的"盲道"。还有一些国家，则对外国人划出了一些禁区。

（2）与礼仪惯例有关的方位问题。与他人同时行进时，居前还是居后，居左还是居右，是同礼仪直接相关的。一般情况下，尤其是在人多之处，往往需要单行行进。通常讲究的是"以前为尊，以后为卑"为行进原则。

前面行走的人，位次高于后面行走的人。因此，一般应当请客人、女士、尊长行走在前，主人、男士、晚辈及职位较低者则应随后而行。不过有两点务必注意：一是行进时应自觉走在道路的内侧，以便于他人通过。二是在客人、女士、尊长对行进方向不了解或是道路较为坎坷时，主人、男士、晚辈及职位较低者则须主动上前带路或开路。倘若道路状况允许两人或两个以上的人并排行走时，一般讲究"以内为尊，以外为卑"原则。

倘若当时所经过的道路并无明显内侧、外侧之分时，则可采取"以右为尊"的国际惯例。当三个人一起并排行进时，有时也可以居于中间的位置为尊贵之位。以前进方向为准，并行的三个人的具体位次由尊而卑依次应为：居中者，居右者，居左者。

3. 要避免步行时的禁忌

（1）忌行走之时与他人相距过近，尤其是避免与对方发生身体碰撞。万一发生，务必及时向对方道歉。

（2）忌行走之时尾随于其他人身后，甚至对其窥视、围观或指指点点。在不少国家里，此举会被视为"侵犯人权"或是"人身侮辱"。

（3）忌行走之时速度过快或过慢，以至于对周围的人造成一定的不良影响。

（4）忌在私人居所附近进行观望，甚至擅自进入私宅或私有的草坪、森林、花园等。此举在一些国家被定为违法之举。

（5）忌一边行走，一边连吃带喝，或是吸烟不止。那样不仅自身举止不雅，而且还会有碍于人。

（6）忌与早已成年的同性在行走时勾肩搭背、搂搂抱抱。

（二）涉外人员要遵守乘车的礼仪

有关乘车的礼仪，主要包括乘车时的座次和礼待他人两个方面的内容。乘坐轿车与乘坐公共汽车、火车、地铁时的座次，各有不同的讲究。而轿车类型的不同，乘车时座次的排列也大为不同。

乘坐吉普车时，前排驾驶员身旁的副驾驶座为上座。车上其他的座次由尊而卑依次应为：后排右座，后排左座。乘坐四排座或四排座以上的中型或大型轿车时，通常应以距离前门的远近来确定座次，离前门越近，座次越高；而在各排座位之上，则又讲究"右高左低"。简单地讲，可以归纳为"由前而后，自右而左"。

乘坐双排座或三排座轿车时，座次的具体排列则又因驾驶员的身份不同，而具体分为以下两种情况。

第一种情况，是由所乘轿车的车主亲自驾驶轿车。在这种情况下，双排五座轿车上其他的四个座位的座次，由尊而卑依次应为：副驾驶座，后排右座，后排左座，后排中座。三排七座轿车上其他的六个座位的座次，由尊而卑依次应为：副驾驶座，中排右座，中排中座，中排左座，后排右座，后排中座，后排左座。当主人亲自驾车时，若一个人乘车，则必须坐在副驾驶座上，若多人乘车，必须推举一个人在副驾驶座上就座，不然就是对主人的失敬。

第二种情况，是由专职司机驾驶轿车。在这种情况下，双排五座轿车上其他的四个座位的座次，由尊而卑依次应为：后排右座，后排左座，后排中座，副驾驶座。三排七座轿车上其他的六个座位的座次，由尊而卑依次应为：后排右座，后排左座，后排中座，中排右座，中排左座，副驾驶座。三排九座轿车上其他的八个座位的座次，由尊而卑依次应为（假定驾驶座居左）：中排右座，中排中座，中排左座，后排右座，后排中座，后排左座，前排右座，前排中座。

乘坐公共汽车、火车或地铁时，往往需要对号入座，座位可供选择的余地并不太大。比较而言，有关座次的规矩也相对较少。基本规矩：临窗的座位为上座，临近通道的座位为下座。与车辆行驶方向相同的座位为上座，与车辆行驶方向相反的座位为下座。在有些车辆上，乘客的座位分列于车厢两侧，而使乘客对面而坐。应以面对车门一侧的座位为上座，以背对车门一侧的座位为下座。

在乘坐车辆时以礼待人的问题，应注意下列三个方面的问题。

（1）上下车的先后顺序。乘坐轿车时，按照惯例应当请位尊者首先上车，最后下车。位卑者则应当最后上车，最先下车。在轿车抵达目的地时，若有专人恭候在此，并负责拉开轿车的车门，则位尊者也可率先下车。乘坐公共汽车、火车或地铁时，通常由位卑者先上车，先下车。其目的是便于位卑者寻找座位，从而照顾位尊者。

（2）就座时的相互谦让。在相互谦让座位时，除对位尊者要给予特殊礼遇之外，对待同行之人中的地位身份相同者，也要以礼相让。倘若座位有尊有卑，座位所处的具体位置有好有坏，或者座位不够时，应当请妇女、儿童、老年人、残疾人或身体欠佳者优先就座。即便对方不认识自己，在必要的时候，也应当自觉地让座于人。在让座时，应当表现得大大方方、光明磊落，不要虚情假意。倘若对方让座于自己，不论是否认识，均须立即向对方致谢。

（3）乘车时的律己敬人。在乘坐车辆时，必须自觉地讲究社会公德、遵守公共秩序。对于自己，理应处处严格要求。对于他人，时时要友好相待。具体而言，要做到律己，在乘坐车辆时，切勿携带违禁物品。上下车时，与乘客要相互礼让，排队依次而行。乘车期间，不要多占座位或在不属于自己的座位上就座。在放置私人物品时，应当不对他人构成影响。在车上切勿当众更衣、脱鞋，或是吸烟、吐痰。不要乱扔废弃物，不要让小孩随地大小便或骚扰其他人。

不要在车上吃气味刺鼻的食品。要做到敬人，需要注意的问题有：上下车时，如需别人让道，应当先说一声"对不起，请让一下"。之后，还需说一声"谢谢"。万一碰撞、踩踏了别人，要立即向对方道歉。寻找座位时，如打算坐在他人身旁，应当先问一下对方"这里有没有人"，或是"可以坐在这里吗？"在放置私人物品时，如有必要挪动他人之物，务必首先征得对方的同意。在自己的座位上就座后，应主动向周围不认识的人问一声好。当别人这样做时，应当予以呼应。对于车上专职的服务人员，既要尊重，又不宜要求过高。

（三）涉外人员要遵守乘机的礼仪

在所有正规的交通工具中，飞机最为舒适，其档次也最高。在乘坐飞机时，必须认真遵守乘机礼仪。具体来讲，主要应当在维护乘机安全、从严要求自己等方面多加注意。

（1）乘坐飞机时不得违规携带有碍飞行安全的物品。通常规定：任何乘客均不得携带枪支、弹药、刀具以及其他武器，不得携带易燃、易爆、剧毒及放射性物质等危险物品。

（2）登机时应当认真配合例行的安全检查。在进行安全检查时，每位乘客都要通过安全门，而其随身携带的行李则需要通过监测器进行检测。如有必要，对乘客或行李使用探测仪进行检查或手工检查。不应当拒绝合作或无端对工作人员进行指责。

（3）飞行时务必遵守有关安全乘机的各项规定。当飞机飞行期间，一定要熟知并遵守各项有关安全乘机的规定。当起飞或降落时，一定要自觉地系好自己的安全带，并且收好自己面前所使用的小桌板，同时将自己的座椅调直。当飞机受到高空气流的影响而发生颠簸、抖动时，也要将安全带系好，切勿自行站立、走动。在飞行期间，移动电话、手提电脑、激光唱机、微型电视机、调频收音机、电子式玩具及电子游戏机等设备均严禁使用。

（4）乘机时需要对安全设备有一定程度的了解。在飞机起飞前，所有的客机均会由客舱乘务员或通过播放电视录像片向全体乘客介绍氧气面罩、救生衣的位置及使用方法，以及机上紧急出口所在的位置及疏散、撤离飞机的办法。在每位乘客身前的物品袋内，通常还会备有相关上述内容的专门图示。对此一定要仔细倾听、认真阅读，并且牢记在心。切勿乱摸、乱动机上的安全用品。偷拿安全用品或私开安全门，不仅有可能犯法，而且还有可能危及自己和机上其他乘客的生命安全。在从严要求自己方面，则应当注意处处以礼律己，处处以礼待人，时刻表现得彬彬有礼。上下飞机时，要注意依次而行。在机上放置自己随身携带的行李时，与其他乘客要互谅互让。在自己的座位上就座时，要维护自尊。不要当众脱衣、脱鞋，尤其是不要把腿、脚乱伸乱放。当自己休息时，不要使身体触及他人，或是将座椅调得过低，从而有碍于人。

与他人交谈时，说笑声切勿过高。不要在飞机上吸烟，或者乱吐东西。呕吐时，务必使用专用的清洁袋。对待客舱服务员和机场工作人员，要表示理解与尊重。不要蓄意滋事或向其提出过高要求。与身边的乘客可以打招呼或是稍作交谈，但应不影响到对方的休息。不要盯视、窥视素不相识的乘客，也不要与其谈论令人不安的劫机、撞机、坠机事件。

五、访的礼仪

有关拜访的涉外礼仪，大体上包括两个部分，即从宏观上来进行规范的出访要则和从微观上来进行规范的走访须知。所谓出访要则，指的主要是有关正式出国访问时，特别是在进行具体的准备工作时，所应遵守的惯例和规定。

访问参观

进行出国访问时，通常必须做好下列八项工作。

1. 要确定出访国与出访日期

在国际交往中，重要的出访活动，按惯例均须由有关双方通过外交渠道商定。一般性的出访，则既可以通过外交渠道联系，又可以由有关单位直接进行联系、商定。至于出访的具体日期与天数,通常应由访问方提出,并在与东道主协商后确定。一般情况下,出访的具体日期,最好应当避开东道主一方重要的节假日或重要活动的时间。

2. 要经过报批并通报给东道主

目前,在我国凡正式因公组团出国访问,必须依照有关方面的规定,报请上级主管部门审核、批准。

在正式出访之前,还需要以传真或电子邮件的形式,将我方的出访通报给东道主。其内容应当包括:访问的性质与目的,访问的日期与停留的天数,抵离目的地的航班或车次及全部出访者的名单。按照国际惯例,出访者的正式名单,必须按礼宾序列进行排定。

3. 要办妥护照与签证

护照,是一国公民进入本国国境和境外进行旅行时必须持有的国籍证明和合法身份证件。我国护照目前分为外交护照、公务护照、普通护照等三种,对其使用对象与发照单位国家具有严格的规定。在领取护照后,要认真查验其有无误差。在使用期间要注意其有效期,并严防丢失。

签证,指的是一个主权国家的主管部门,为同意持有合法护照的外国人出入或过境本国领土,而正式颁发的签注式证明。当前,世界各国的签证主要分为礼遇签证、外交签证、公务签证和普通签证四种。有些国家之间,根据外交协定,还可按照护照的不同种类而免于办理签证。除互免签证的国家之外,出国访问者在办理护照后,只有获得了前往国的签证后方可访问。在办理签证时,要提交必要的文件、资料。必要时,还须交纳一定数额的"签证费"。

4. 要制订具体而详尽的访问日程

具体而详尽的访问日程应由宾主双方经过协商之后,由东道主根据来访者的意愿制定。其内容大致应当包括:举行迎送仪式,安排宴会,进行会见、会谈,出席签字仪式,外出观光游览,召开记者招待会,举办晚会,会见东道国领导人或各界贤达,等等。

一般情况下,出访之前,出访者可就某些重要的访问日程提出自己的建议或要求。

5. 要确定出访时乘坐的交通工具

在国际交往中,出访时来回乘坐的交通工具均应由出访者自行负责解决。在选择何种交通工具时,最重要的是,要以安全、省时、经济为要旨,并且选择合理而方便的具体时间、地点与路线。一般情况下,要尽量避免在晚间,特别是凌晨抵达目的地。并且尽可能减少过界停留的次数,以乘坐直达目的地的交通工具为佳。

6. 要准备必要的卫生检验证明

目前,为严防疾病的侵害,世界上多数国家都对入境本国的人员,实施鼠疫、霍乱、黄热病、艾滋病等恶性传染病的卫生检疫。因出访人员在出国之前,除按规定注射疫苗、携带预防药品之外,还应办理"健康证明书""预防接种证明书""艾滋病检验证明书",并且随身携带,以备入境他国时查验之用。

7. 要认真做好安全保密工作

通常,出访期间,特别是重要代表团出访期间,有关其安全、保卫方面的一切事项,均由东道国方面全权负责。出访者所要注意的主要是在这一方面给予东道国有关人员以协助、配合。尽管如此，每一位出访者对于自己与其他同行人员的人身安全问题，还是不可掉以轻心。

在国外期间，尽量不要个人单独活动，尤其是不要前往不安全区域或夜晚外出活动。在出访期间，应对保密问题给予高度重视，严防泄密。出访时不准私自携带涉密的文件、资料以及一切与此相关的笔记、图表、录音、录像、软件。确有必要携带时，应经本单位或上级有关领导批准，并妥善保管。在一切可能泄密的场所，切勿阅读涉密文件或谈论涉密事宜。在使用公用通信工具时，也应注意这点，严防他人窃密。

8. 要充分了解出访国的风土人情和主要交往对象的个人状况

在出国访问之前，应集中一段时间专门系统而认真地学习有关出访国的国情、习俗等方面的知识。此外还须进行必要的外事纪律和对外政策的教育。

在走访外国人时，需要严格遵守的礼仪规范，主要涉及以下六点。

（1）要有约在先。

拜访外国人时，切勿未经约定便不邀而至。尽量避免前往其私人居所进行拜访。在约定的具体时间通常应当避开节日、假日、用餐时间、过早或过晚的时间以及其他一切对对方不方便的时间。

（2）要守时践约。

守时践约不只是为了讲究个人信用、提高办事效率，而且也是对交往对象尊重友好的表现。万一因故不能准时抵达，务必及时通知对方，必要的话，还可将拜访另行改期。在这种情况下，一定要记住向对方郑重其事地道歉。

（3）要进行通报。

人们在拜访时，倘若抵达约定的地点之后，未与拜访对象直接见面，或是对方没有派员在此迎候，则在进入对方的办公室或私人居所的正门之前，有必要先向对方进行通报。

（4）要登门有礼。

切忌不拘小节、失礼失仪。当主人开门迎客时，务必主动向对方问好，互行见面礼节。倘若主人一方不止一人之时，则对对方的问候与行礼要在先后顺序上合乎礼仪惯例。标准的做法有二：其一，是先尊后卑；其二，是由近而远。在此之后，在主人的引导下，进入指定的房间，切勿擅自闯入。在就座之时，要与主人同时入座。倘若自己到达后，主人住处尚有其他客人在座，应当先问一下主人，自己的到来会不会影响对方。为了不失礼仪，在拜访外国友人之前，就随身携带一些备用的物品，主要是纸巾、擦鞋器、袜子与爽口液等，简称为"涉外拜访四必备"。"入室后的四除去"是指帽子、墨镜、手套和外套。

（5）要举止有方。

在拜访外国友人时要注意自尊自爱，并且时刻以礼待人。与主人或其家人进行交谈时，要慎择话题。切勿信口开河，出言无忌。与异性交谈时，要讲究分寸。对于主人家里遇到的其他客人要表示尊重，友好相待。不要有意无意间冷落对方，置之不理。若遇到其他客人较多，既要以礼相待，也要一视同仁。切勿明显地表现出厚此薄彼，而本末倒置地将主人抛在一旁。在主人家里，不要随意脱衣、脱鞋、脱袜，也不要大手大脚，动作嚣张而放肆。未经主人允许，不要在主人家中四处乱闯，随意乱翻、乱动、乱拿主人家中的物品。

（6）要适可而止。

在拜访他人时，一定要注意在对方的办公室或私人居所里进行停留的时间长度。从总体上讲，应当具有良好的时间观念。不要因为自己停留的时间过长，从而打乱对方既定的其他日程。一般情况下，礼节性拜访，尤其是初次登门拜访，应控制在一刻钟至半小时之内。最长的拜访，通常也不宜超过两个小时。有些重要的拜访，往往需由宾主双方提前议定拜访的时间和长度。在这种情况下，务必严守约定，绝不单方面延长拜访时间。自己提出告辞时，虽主人表示挽留，仍须执意离去，但要向对方道谢，并请主人留步，不必远送。在拜访期间，若遇到其他重要的客人来访，或主人一方表现出厌客之意，应当机立断，知趣地告退。

1. 简述学校礼仪禁忌。
2. 常见的民族习俗有哪些？
3. 电话、图书馆、宿舍等礼仪有哪些注意事项？
4. 注意开学典礼、毕业典礼、颁发荣誉证书等礼仪，并积极掌握。
5. 活动的开幕式、闭幕式礼仪有哪些？

第四章 社交礼仪

- ➢ 了解常见的社交礼仪。
- ➢ 掌握接待礼仪的原则。
- ➢ 了解公共场所礼仪的类型。

礼仪小故事——"女士优先"

在一个秋高气爽的日子里，迎宾员小贺，着一身剪裁得体的新制服，第一次独立地走上了迎宾员的岗位。一辆白色高级轿车向饭店驶来，司机熟练而准确地将车停靠在饭店豪华大转门的雨棚下。小贺看到后排坐着两位男士，前排副驾驶座上坐着一位身材较高的外国女宾。小贺一步上前，以优雅姿态和职业性动作，先为后排客人打开车门，做好护顶姿势，并目视客人，礼貌亲切地问候，动作麻利而规范、一气呵成。

关好车门后，小贺迅速走向前门，准备以同样的礼仪迎接那位女宾下车，但那位女宾满脸不悦，使小贺茫然不知所措。

后来经验丰富的经理告诉了他原因：在社交场合或公共场所，男子应经常为女士着想，照顾、帮助女士。例如，人们在上车时，总要让妇女先行；下车时，则先要为妇女打开车门，进出大门时，主动帮助她们开门、关门等。西方人有一种形象的说法除女士的小手提包外，男士可帮助女士做任何事情。你未能按照国际上通行的做法先打开女宾的车门，致使那位外国女宾不悦。

第一节　拜访礼仪

所谓拜访，是指亲自或派人到朋友家或与业务有关系的单位去拜访某人的一种活动。人与人之间、社会组织之间、个人与企事业单位之间都少不了拜访活动。通常拜访可分为事务性拜访、礼节性拜访和私人拜访三种,而事务性拜访又有社会活动洽谈性拜访和专题交涉性拜访之分。但不管哪种拜访,都应遵循一定的礼仪规范。

经济互访

(一)有约在先,适可而止

任何一个有教养的人,不应该因为自己而给别人的生活和工作造成麻烦。现代文明社会人人要养成习惯,登门拜访之前要有预约。拜访友人,务必事先约定,这是进行拜访活动的首要原则。拜访时间需以对方方便为原则,预约拜访时间以不浪费客户的时间、利用客户方便的时间为原则。用电话或是电子邮件确认拜访时间时,在说出"不好意思,不知可否请您腾出一些时间"后,需再加上"您什么时候比较方便呢?"由对方来决定时间。

如果要与客户洽商,自己心里也应有一个预定的日期,诸如"希望在××之前拜访"。此外客户有时也不会特别指定日期,这时可采用"下个礼拜不知您方便吗?"等建议某个日子的方法,如此就能轻松获得预约。

对方也是需要准备的,所以在预约拜访时间时,不仅要确认时间,还要简洁、明确地表达此行的目的和拜访的场所。

此外,因为接待室等场所需事先做些准备,所以要明确说明拜访者人数,如"与谁一同前往"。为便于对方调整行程,也需告知对方此次拜访需要的时间。

倘若去拜访那些不太熟悉的客人,在有约在先的前提下也要注意以下两点。

第一,要提前确认。从预约到拜访日,如果间隔时间太长,则被取消的概率相当高,而且对方也有可能忘记此事。因此,在拜访前一天或是当天上午以电话或电子邮件的方式再次确认。

第二,要适可而止。因为具体的内容是在拜访时商讨的,所以联络要简短,重点是不要浪费对方的时间。

如果无法在预约的时间内前往拜访的话,也要尽可能提早与对方联系告知。

生活中,一般人到别人家里做客,不管是逢年过节还是平时串门,都应有较强的时间观念。一般情况下,比如,单位老干部处的同志或办公室的同志去拜访离退休老职工属于礼节性拜访,去拜访老前辈或有工作关系的客人,逢年过节停留的时间越短越好,因为你去别人也会去,房子空间小,客厅位子少,客人太多不方便。礼节性拜访在客人家里停留的时间一般以十分钟为宜,不要太长。问候之后,意思到、心意到即可。

亲朋好友拜访,一般情况下也是宜短不宜长,半小时左右为宜。不是极其特殊的情况,不宜停留一小时以上。一般情况下,不是至亲、故交,或者被对方再三挽留的话,最好不要留下来吃饭。若是推销洽谈的话,访问时间平均为30~40分钟。因此请事先考虑好在30分钟以内可以结束拜访的谈话内容。

大型的商谈或会议,有时会有1~2小时长时间的会谈情形。即使在这种情况下,也必须注意控制时间,以免超出原先预定的时间。不过所花时间比预定时间短是没有关系的,因为不能占用对方太多时间。

(二)认真准备,考虑周全

取得拜访的预约只是构筑与对方商业关系的第一步。如果准备不周,一旦让对方认为"连这种基本的事也不懂,能做好什么?"别说交易成功,就连后续工作都很难进行下去。所以,在拜访之前请先准备好所需的相关资料。

首先,在公司召开行前会议中充分了解此次拜访的目的及要件,相关资料的汇整是不必说的,还要先向前辈或上司请教关于客户与自家公司的关系以及负责人员等情况。接着将了解拜访公司的营业内容、业绩等公司情况或将客户公司的网页事先浏览一遍,以掌握对方公司的基本情况。

其次,还应准备以往的交易资料。组织中,负责人员是经常变动的,所以前往洽谈时,还要准备以往的交易情形等资料,以便提供给客户参考。

(三)按时守约,如期而至

交际时间对交往的影响表现在双方对约定时间是否守信。因为这不仅是个人是否守信的品质问题,而且表现在是否尊重对方,并直接影响到交往时人们的情绪和交易气氛。例如,有一次美国前总统华盛顿邀请一些嘉宾参加他的正式宴会,一位议员迟到了,其他被邀请者都已坐在餐桌旁,"我们这里的人必须准时出席",华盛顿说,"我的厨师从来不问客人到齐了没有,只问时间到了没有。"华盛顿的话流露出他对该议员的这次交际的印象不佳。该议员的迟到无疑给这次宴会的开头带来一丝不愉快的阴影——哪怕是短暂的一会儿。

这种不遵守时间的人,大脑中实际上就没有"效率"的观念。而懂得时间并遵守时间的人,会被认为可靠和值得信任。曾在美林公司工作的比尔这样谈论自己的德国下属:"他像一辆可靠的宝马车。交给他的工作,我只管放心等待结果。他准时完成而且结果极其可靠,他的效率让我非常敬佩。"

准时赴会是初次相识者判断对方可信度的最基本的原则。通常在约会中,刚好在约定的时间出现是不容易做到的,基本上应提前5~10分钟赶到。但是太早到也很失礼,所以请在拜访时调整好到达的时间。如果由于某种原因,不能如期赴会,一般应提前24小时通知对方。在对外交往中,更应严格遵守时间,有的国家安排拜访时间常以分为计算单位,如果拜访迟到10分钟,对方就会谢绝拜访。准时赴约是国际交往的基本要求。

准时赴约方面,德国人和奥地利人表现最佳。每当与德国人或奥地利人相约时,"我会比约会时间早到5分钟,但是他们也按标准早到5分钟,我们彼此建立起良好的第一印象。"

在西方的戏院，到了开场的时间后，迟到者须等到休息时间或节目间隙时，才准许入场。因为迟到者在场中寻找座位时，会影响到每一个观众，从而扰乱演出者的情绪。准时入场是对别的观众和演员的基本尊重。

（四）仪表端庄，衣冠整洁

为了对主人表示敬重，维护自身形象，拜访做客要仪表端庄，衣冠整洁。在拜访他人之前，要对自己进行必要的几点修饰。

第一，要慎重选择自己的服饰，最好选择特定的服装，至少要干干净净、整整齐齐，不要不修边幅。

第二，要注意修饰仪表。如果是正式拜访，男士应着西装、打领带、理发、剃须；女士应略化淡妆，衣冠整齐，在可能的情况下做一个正式的发型。头发的修饰、胡须的剔除非常重要。切记无论关系多么融洽，都不可穿着背心、短裤或拖鞋登门拜访，那样是对主人的最大不敬。

第三，要做到体无异味。及时洗头、洗澡、洗手。最好不要吃带刺激性气味的食物到别人家里做客，如不吃葱，少吃蒜，更不吃韭菜。

第四，要注意鞋袜的卫生。有些家庭有铺地毯之类的习惯，客人进了门是要脱鞋的。一个有经验的人到别人家里登门拜访的话，除了整洁服饰和修饰仪表之外，讲究鞋袜的卫生也非常重要。

（五）活动有度，举止文雅

不管是拜访单位、个人还是企业，一定要注意在对方指定的活动范围之内活动。在家庭中，指定的范围就是客厅。到别人家里做客，活动有度就是指在指定的范围内活动。

古人云："入其国者从其俗，入其家者避其讳。"人们也常说"主雅客来勤"；反之，也可以说客雅方受主人欢迎。在举止上要落落大方，主人倒茶时，应从座位上欠身，双手接过，并说声"谢谢"；主人端上小吃、水果等食物，应等到其他客人或年长者动手之后再取用。

坐姿要端庄、文雅，不要晃脚、跷腿，也不可双手抱膝，更不可头枕在沙发背上或在沙发上东倒西歪。即使在朋友家里，衣服也不能乱脱、乱扔。即便与主人是至交，除了翻阅书刊杂志外，也不可看主人的书信或笔记，乱摆弄主人的工艺品。未经主人允许，不得擅入主卧室、书屋，随便拉开人家的抽屉或衣柜，更不可在桌上乱翻，床上乱躺。

（六）惜时如金，适时告辞

"串门无久坐，闲话宜少说。"准备商量什么事，拜访要达到什么目的，事先要有打算，以免拜访时跑"马拉松"，若无要事相商，停留时间不要过长、过晚，以不超过半小时左右为宜。拜访目的已达到，如果发现主人心不在焉，或时有长吁短叹，偷看表的动作，说明他心有不满或有急事想办又不好意思下逐客令，这时来访者应及时寻求收尾的话题并告辞。如果主人家另有新的朋友来访定是有事而来，这时即使主人谈兴正浓，也应在同新来者简单地打过招呼之后，尽快地告辞，以免妨碍他人。在这种情况下，主人即使挽留，也往往出于客套。再者因为在兴趣甚浓时分手，双方都会留下一种下次再见面的愿望；如果在索然无味时分手，那么双方的友谊就很难再发展下去了。

第二节　接待礼仪

礼仪小故事——姜仕明开红旗轿车

姜仕明是一位国宾车司机，专门为领导人开车。尼克松访华期间，姜仕明负责接送访华团成员。有一天，他要送一个访华团成员去台基厂与乔冠华部长谈判。姜仕明开着车从访华团下榻的北京饭店往台基厂那边开，一路掐算好时间，因为关系到外交礼仪，因此不能早一分钟，也不能晚一分钟，那天在路口，正要拐进去，迎面看见开过来一辆红旗车，他立马明白，这是乔部长的车。"我脑子飞速转了一下，想咱们是主人，要接待客人呀，所以得要让乔部长的车先走，于是我就赶紧给翻译使眼色，让他给那位客人介绍外面的景色，分散注意力，不要让他注意到我在减速。等我看到乔部长的车进去之后，我才拐进去。"姜仕明说。

到了指定的地点，乔部长已经站在门口等待迎接客人，他的红旗车刚刚开走。事后，单位为此通报表扬了姜仕明，虽然只是减速让行这一个小事，可是在外交上一点疏忽就能酿成大错。"开红旗车的人，都有一种责任感、使命感，会觉得自己代表着国家，在外交礼仪上很注意细节。"

一、接待礼仪的原则

对于职场人士而言，在接待工作中，仅仅说上一句"有朋自远方来，不亦乐乎？"是远远不够的。接待人员对来宾的尊重、友善、关心等，都需要落实在接待工作的各个具体环节上。初次来访的客人，对组织的第一印象是从他首先看到的人和物上得到的；经常来往的客人，在一次次的业务交往中建立起对组织的印象。因此，作为组织的会客室、办公室就成为公司的"窗口"，接待人员的形象就成为公司的活"广告"。接待人员应该掌握接待礼仪的原则，圆满地完成接待任务。

（一）节俭务实

在接待工作中，以务实为本，不搞形式主义，不铺张浪费，不摆阔，不务虚，简化接待礼仪。

（二）与人方便

接待礼仪中的与人方便的原则就是要求接待人员在接待工作中时刻牢记"主随客便"这一根本要求，要想对方之所想，急对方之所急，尽自己的一切可能满足对方合乎情理的需求。

二、迎接礼仪

迎来送往，是社会交往接待活动中最基本的形式和重要环节，是表达主人情谊、体现礼貌素养的重要方面。在工作往来中，对于如约而来的客人，特别是贵宾或远道而来的客人，表示热情、友好的最佳方式，就是指派专人出面，提前到达双方约定的或者是适当的地点，恭候客人的到来。对前来访问、洽谈业务、参加会议的外国、外地客人，应首先了解对方到达的车次、航班，安排与客人身份、职务相当的人员前去迎接。

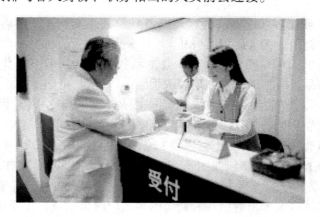

接待场景

（一）迎候礼仪

在人声嘈杂的迎候地点迎接素不相识的客人时，务必确认客人的身份，通常有以下四种方法可行。

1. 使用接站牌

可事先准备好一块牌子，上面写着"热烈欢迎××同志"或"××单位接待处"字样，尽量不要用白纸黑字，让人看起来不舒服。

2. 悬挂欢迎横幅

在迎接重要客人或众多客人时，这种方法最适用。通常，欢迎横幅应以黑色毛笔字书写于红纸上，并端庄地悬挂于醒目处。

3. 佩带身份胸卡

这种方式指的是迎宾人员在迎宾现场所采用的，以供客人确认本人身份的一种标志性胸卡。其内容主要为本人姓名、工作单位、所在部门及现任职务等。可别在左胸前或戴在脖子上。

4. 自我介绍

客户对公司的印象，是由最初接待他的人员的态度决定的。让客户满意的态度可以提升公司的形象；反之，如果态度太差，就会让公司的形象大打折扣。接到客人后，应向客人施礼、致意，进一步介绍自己。同时也要做到以下四点。

（1）热情握手。接待人员应带着亲切的笑容问候客人，并看着对方的眼睛微微行礼。例如，问候道："您好，欢迎光临！"

（2）主动寒暄。首先问候客人"一路辛苦了""欢迎您来到我们这个美丽的城市""欢迎您来到我们公司"等。

（3）主动介绍。接待人员应向对方主动作简单的自我介绍。如果宾主早已认识，则一般由礼宾人员或迎候人员中身份最高者，率先将迎候人员按一定顺序一一介绍给客人，然后再由客人中身份最高者，将客人按一定顺序一一介绍给主人。如果有名片，可送予对方。

（4）有问必答。对客人提出的问题，接待人员应耐心、热情地回答。

（二）乘车礼仪

（1）准备工作。迎接客人应提前为客人准备好交通工具，不要等客人到了才匆匆忙忙准备交通工具，那样会因让客人久等而失礼。

（2）服务周到。客人所带箱包、行李，要主动代为提拎，但不要代背女客随身的小提包。客人有托运的物品，应主动代为办理领取手续。

（3）座次排列。以轿车为例，座次的常规一般是右座高于左座，后排高于前排。目前在国内公务接待中最为常见的是双排五人座轿车。在公务活动中，尤其是在公务接待中，轿车上的前排副驾驶座通常被称为"随员座"。按惯例，此座应由陪同、秘书、译员或助手就座，而不宜请客人在此就座。唯独在主人亲自驾驶轿车时，客人坐在副驾驶座上与主人"平起平坐"才是合乎礼仪的。当主人亲自驾车，坐客只有一人时，应坐在主人旁边。若同坐多人，中途坐前座的客人下车后，在后面坐的客人应改坐前座，此项礼节最易疏忽。一般情况下，双排五人座轿车上的后排中座左右"挨夹"，坐在那里很不舒服，因此不宜请客人就座于此。

（4）乘车姿势。上车时最好让客人从右侧门上车，主人从左侧门上车，避免从客人座前穿过。女士登车时不要一只脚先踏入车内，也不要爬进车里。女士则需先站在座位边上，把身体降低，让臀部坐到位子上，再将双腿要收进车里，双膝要保持合并的姿势。

三、引导礼仪

（一）引导者的身份

一般情况下，负责引导来宾的人，多为客人接待单位的接待人员、礼宾人员、专门负责此事者，或是接待方与来宾对口单位的办公室人员、秘书人员。

（二）引导中的顺序

在引导来宾时，具体到顺序的问题上，主要会遇到下列五种情况。

（1）主客并排行进。在主客双方并排行进时，引导者应主动在外侧行走，而请客人行走于内侧。若三人并行时，通常中间的位次最重要，内侧的位次居次，外侧的位次最低。

（2）主客单行行进。在主客不宜并行时，一定要自觉遵守交通规则，单行行进。在单行行进时，循例应由引导者行走在前，而使客人行走于其后，以便由前者为后者带路。

（3）出入房门。在出入房门时，引导者须主动替来宾开门或关门。此刻，引导者可先行一步，推开或拉开房门，待客人首先通过。随之再轻掩房门，赶上来宾。

（4）出入电梯。出入无人控制的电梯时，引导者须先入后出，以操纵电梯；出入有人控制的电梯时，引导者则应后入后出，这样做主要是为了表示对客人的尊重。

（5）出入轿车。如果主客不同车时，一般应为引导者座车在前，客人座车居后；主客同车时，则大都讲究引导者后登车、先下车，客人先登车、后下车。

引导礼仪

（三）引导时的提示

在引导客人时，引导者除了与客人进行正常的交谈之外，往往还会就某些必要的情况对客人进行介绍或提醒，它就是所谓引导时的提示。它主要涉及以下五种情况。

（1）提示其前往何处。引导客人进入大院、大楼、写字间、会客室及休息室前，应向对方主动说明此系何处。

（2）提示其会晤何人。引导客人前去会晤某人，而主客双方此前并未见过面的话，须提前告知客人，如"我们现在前去张院长的办公室"，或者"李副局长正在会客室恭候各位"，以便让对方思想上有所准备。

（3）提示其注意方向。要走在客户斜前方 2～3 步的地方。至于位置，则是主人走在走廊的边上，请客人走在走廊的正中央。若要带领客人前往接待室时，要先说声"请往这里"，手心向上，手指朝向指引方向，并配合其走路的步伐。走路时要常回头，确认客户是否跟上。引导客人上下楼梯、出入电梯、进出房间、通过人行横道或需要拐弯时，须提醒客人"请各位这边走"。

（4）提示其所乘车辆。引导客人乘坐车辆时，务必告知对方"请各位上××号车"。

（5）提示其关注安全。引导客人经过拥挤、坎坷或危险路径时，主人必须叮嘱对方"请各位留神""请注意某处"等。

第三节　公共场所礼仪

一、办公室礼仪

（1）保持办公桌的清洁是一种礼貌。凌乱的办公桌往往使人联想到它的主人是个做事缺乏条理、不求甚解的人。

（2）在办公室里用餐，如果使用的是一次性餐具，那么最好吃完立刻扔掉。同时，饮料罐、食品袋等都不宜长时间摆在办公桌上，这样有损办公室的雅观。

（3）吃起来乱溅以及声音很响的食物最好不要吃，会影响办公室其他人。食物掉在地上，要马上捡起来扔掉。餐后要将桌面和地面清扫干净。

（4）有强烈刺激气味的食品，不要带到办公室来，会损害办公环境和公司的形象。

（5）准备好餐巾纸，不要用手擦拭油腻的嘴。嘴里含有食物时，不要讲话。他人嘴含食物时，最好等他咽完后再跟他讲话。

（6）最好别滥用公司的电话长时间聊天，或者打私人长途电话。

办公室礼仪

二、电梯间礼仪

电梯虽然很小，但是在里面的学问很大。

（1）伴随客人或长辈来到电梯门前时，要先按电梯按钮。电梯到达，门打开后，可先行进入电梯，一只手按开门按钮，另一只手按住电梯侧门，请客人们后进。

（2）进入电梯后，按下客人要去的楼层按钮。行进中有其他人员进入时，可主动询问要去的楼层，帮忙按下即可。

（3）电梯内尽可能不寒暄。电梯内尽量侧身面对客人。

（4）到达目的楼层后，一只手按住开门按钮，另一只手做出请出的动作，可说："到了，您先请！"

（5）客人走出电梯后，自己应立刻步出电梯，并热情地引导行进的方向。

电梯间礼仪

三、拜访客户的礼仪

（1）拜访客户务必准时。如果临时有紧急的事情，或者遇到了交通堵塞，一定要立刻告知对方你会晚到一会儿，并告知对方你预计到达的时间。

（2）当你到达时，要先告诉接待员或助理你的名字和约见的时间，递上你的名片以便助理能通知对方。如果助理没有主动帮你脱下外套，你要询问外套放在哪里比较适宜。

（3）在等待时要安静，不要通过谈话来消磨时间，这样会打扰别人工作。即使你已经等了很久，也不要不耐烦地总看手表，可以询问助理他的上司什么时候有时间。如果等不及，可以向助理解释一下，并另约时间。

（4）当你被引荐到客户的办公室时，如果是第一次见面时应作自我介绍，如果已经认识了，只需互相问候并握手即可。

（5）要尽可能快地将谈话进入正题。清楚直接地表达你要说的事情。说完后，让对方发表意见，并认真地听，不要辩解或不停地打断对方讲话。你若有其他意见的话，可以在对方讲完之后再说。

四、握手的礼仪

握手是一种沟通思想、交流感情、增进友谊的重要方式。

（1）握手时要温柔地注视对方的眼睛。
（2）脊背要挺直，不要弯腰低头，要大方热情、不卑不亢。
（3）长辈或职位高者要先向职位低者伸手。
（4）女士要先向男士伸手。
（5）作为男士，看见漂亮的女孩，就算是再对人家有好感，也不能死握着人家手不放。
（6）不要用湿湿的手去握对方的手。
（7）握手的力道要适中，轻描淡写或紧紧抓住不放都是不礼貌的。

握手礼仪

1. 常见的社交礼仪有哪几种？
2. 拜访礼仪的礼仪规范有哪些？
3. 接待礼仪的原则是什么？
4. 简述公共场所礼仪。

第五章 求职礼仪

本章导读

- 了解求职礼仪的含义和准备。
- 掌握求职前、中、后的注意事项。
- 学习面试过程中的穿着和基本礼仪。

第一节 求职礼仪概述

礼仪小故事——修养比学问更重要

有一批22个人的应届毕业生，实习时被导师带到北京的国家某部委实验室里参观。全体学生坐在会议室里等待部长的到来，这时有秘书给大家倒水，同学们表情木然地看着她忙活，其中一个还问了句："有绿茶吗？天太热了。"秘书回答说："抱歉，刚刚用完了。"林晖看着有点别扭，心里嘀咕："人家给你倒水还挑三拣四。"轮到他时，他轻声说："谢谢，大热天的，辛苦了。"秘书抬头看了他一眼，满含着惊奇，虽然这是很普通的客气话，却是她今天唯一听到的一句。

门开了，部长走进来和大家打招呼，不知怎么回事，静悄悄的，没有一个人回应。林晖左右看了看，犹犹豫豫地鼓了几下掌，同学们这才稀稀落落地跟着拍手，由于不齐，越发显得零乱起来。部长挥了挥手："欢迎同学们到这里来参观。平时这些事一般都是由办公室负责接待，因为我和你们的导师是老同学，非常要好，所以这次我亲自来给大家讲一些有关情况。我看同学们好像没有带笔记本，这样吧，王秘书，请你去拿一些我们部里印的纪念册，送给同学们作纪念。"接下来，更尴尬的事情发生了，大家都坐在那里，很随意地用一只手接过部长双手递过来的手册。部长脸色越来越难看，来到林晖面前时，已经快要没有耐心了。就在这时，林晖礼貌地站起来，身体微倾，双手握住手册，恭敬地说了一声："谢谢您！"部长闻听此言，不觉眼前一亮，伸手拍了拍林晖的肩膀："你叫什么名字？"林晖照实作答，部长微笑点头，回到自己的座位上。早已汗颜的导师看到此景，微微松了口气。

两个月后，毕业分配表上，林晖的去向栏里赫然写着国家某部委实验室。有几位颇感不满的同学找到导师："林晖的学习成绩最多算是中等，凭什么选他而没有选我们？"导师看了看这几张尚属稚嫩的脸，回答道："是人家点名来要的。其实，你们的机会是完全一样的，你们的成绩甚至比林晖还要好，但是除了学习之外，你们需要学的东西太多了，修养是第一课。"

何谓求职礼仪呢？我们试着给它下一个定义。求职礼仪是公共礼仪的一种，它是求职者在求职过程中与招聘单位接待者接触时应具备的礼貌行为和仪表形态规范。它通过求职者的应聘资料、语言、仪态举止、仪表及着装打扮等方面体现其内在素质，古人云："见微而知著。"它说的就是这个道理。

一、求职准备之一：思想准备

1. 了解市场就业信息

就业信息是指有关求职就业方面的信息和情况。一般内容包括国家政治和经济状况、就业指导计划、社会各部门需求情况以及未来各产业、职业的发展趋势等宏观情况。

2. 了解自己

（1）了解自己的气质。

（2）了解自己的个性。

（3）了解自己的兴趣。

3. 了解用人单位

了解用人单位的基本情况，包括用人单位的规章制度、职业前景等。

4. 了解招聘者

（1）了解谁是主考官。

（2）了解招聘者的类型。

（3）了解受欢迎人才的要求。

5. 了解面试的一般题型

可通过间接性地或网络来熟悉、了解面试的题型。

6. 了解求职方法

（1）借助职业中介机构。

（2）参加招聘洽谈会。

（3）刊登求职广告。

（4）亲自上门，毛遂自荐。

（5）打求职电话。

（6）利用社会关系。

（7）上网求职。

(8) 集体应聘。

二、求职准备之二：物质准备

1. 求职信

写求职信的礼仪要求：
(1) 外观漂亮，富有创意。
(2) 格式正确，布局合理。
(3) 书写正确，字迹清楚。
(4) 长短适当，表述准确。
(5) 内容深刻，针对性强。
(6) 表明愿望，说明能力。
(7) 不卑不亢，用词得当。
(8) 只问职务，不讲价钱。
(9) 开头有礼，一鸣惊人。
(10) 结尾有礼，署名正确。

2. 自荐书及个人履历

写自荐书的礼仪要求：
(1) 真实表达，自我宣传。
(2) 概括介绍，重点突出。
(3) 重视文理，言辞优美。
(4) 字迹工整，材料整洁。

写个人履历的礼仪要求：
(1) 外观整洁，款式大方。
(2) 卷面工整，字迹清楚。
(3) 表述真诚，词句精练。
(4) 精心设计，精心编排。
(5) 注意细节，小心谨慎。

三、求职准备之三：心理准备

(1) 明确目标。
(2) 正确评价自己。
(3) 克服恐惧心理。
(4) 充满信息。
(5) 有胆识，有魄力。
(6) 凡事积极争取。
(7) 不轻易表示放弃。
(8) 不要害怕失败。
(9) 不要怕放弃专业。
(10) 培养耐心和韧性。

（11）培养热忱。
（12）勇敢推销自己。
（13）调整就业心态。
（14）培养良好的竞争心态。
（15）培养健康的心态。

第二节 求职准备阶段

礼仪小故事——求职（技巧篇）

广告公司招聘。参加面试的人已排了长长的一队，有位年轻人排在第37位。面对众多的竞争者，他在考虑对策。过了一会儿，他拿出一张纸，认认真真地写了一行字，并找到秘书小姐，恭敬地对她说："小姐，我有一条好建议，请马上把它交给你的老板，这非常重要！"秘书小姐尽职地交给了老板。老板展开纸条看后微笑了一下。当他与老板面试交谈后，他得到了这份工作。他的纸条上写着："先生，我排第37位，在你看到我之前，请不要做决定。"

他成功地展示了自己的独创精神，从而赢得了老板的青睐。

求职者分为三类情况：一是刚走出校门的毕业生；二是由于工作所在企业破产等原因重新求职者；三是对现有的工作不满意而想另谋高就的求职者。掌握求职礼仪，能使我们最大限度地把握成功的机会。

一、求职前的准备工作

1. 尽早动手，多渠道提供就业机会

每年春季，许多用人单位都会到学校与学生进行接洽面谈，这是寻求就业的大好时机，不可放弃；也可以通过报纸、电视、网络上的招聘广告或人才交流市场来寻求就业机会，但要提防假冒者和骗子；请亲戚、朋友、家人利用各种社会关系广泛寻找就业机会。这些都是就业活动中至关重要的第一步。

2. 全面了解自己，选择就业目标

了解自己的性格、兴趣、特长、人生目标、专业特点、就业倾向以及自身的优势等，对自己进行分析之后，定好位，再相应寻找适合自己的职业。

3. 写求职信

现场应聘或离聘人单位较远、应聘单位要求来函介绍情况的，可以写求职信。

（1）求职信的内容。

① 个人情况和用人单位消息来源。

② 申请的工作岗位。

③ 胜任工作的条件。

④ 表示面谈的愿望。

⑤ 精心选择自己满意的照片附上。

（2）写求职信应注意的事项。

① 全面、真实地介绍情况。

② 斟酌字句，不写错别字。

③ 简明扼要，突出重点。

④ 不要过分强调学习成绩，应多强调自己完成工作的能力。

⑤ 介绍特长时应真实、具体，不要泛泛而谈。

⑥ 书写纸张应用质地好的信纸，用钢笔书写或用电脑打印均可。

⑦ 书写篇幅在两页以内。太长了，对方没时间看，太短了也不行，自己情况介绍不详细，不易吸引人。

⑧ 打印时应用漂亮的字体，且格式规范。

⑨ 附有关证件的复印件。

（3）求职信。

求职信包括自荐信、个人资料、简历、主要专业课程及分类、获奖情况及证书、社会工作经验及能力、发表作品及科研成果等。

【例如】 自荐信

尊敬的领导：

您好！

你们的招聘启事为一个刚刚离校门的年轻人提供了诱人的机会。我是××师范大学商学院市场营销专业的一名毕业生，毕业在即，渴望加盟贵单位以展平生所学。

今年24岁，相貌端正，与人关系融洽。

我好询问、好分析——喜欢将事情搞个水落石出。我机敏、俏皮——有让人说真话的本事。

这些品质加上热情、恒心和吃苦耐劳的精神，能够使我——一个初学者的工作得到您的满意。

我主修市场营销学，四年的大学学习使我取得了优异成绩，我的教师给我写了一份评语较高的推荐信。我希望能有机会把这封信给您看看。四年大学生活拥有的不仅仅是寒窗苦读，更有丰富多彩的课余生活，我深知21世纪的中国，需要的是高素质、复合型、富有创造力和竞争力的高层次人才。因此，我积极投身于各种社会工作中去，将所学专业知识与社会实践结合起来。我曾经研究过您公司的消费过程，理解统计上所标出的购买习惯和趋势的意义。如果能到贵公司就职的话，我会成为一名称职的市场营销专业人才。

随信附上我的专业课程及分数、成果、作品、奖励及考核证书等资料，上面有我的通信地址。希望能用它通知我和您会晤的时间，我的电话号码是××××。

此致

敬礼

×××谨启

××××年×月×日

4. 准备求职材料

求职材料包括求职信、本人所受教育学历证书、技术证书以及曾经获得的荣誉和奖励、成果、应聘职位、工作经历或社会实践。准备求职资料要充分翔实，但编写简历要简洁、易懂并能突出应聘职位要求。

5. 了解应聘单位情况，帮助求职成功

在大面试前设法了解你将去就职单位的情况。例如，单位名称、人数、创业的时间、单位所在地、单位规模、主要产品、单位声誉、工作条件、单位集体收入水平及近期的成长概况等情况均要了解。可以在面试回答问题时能切中核心，显现专业与深度，为你的求职面试带来成功的可能性增大。

二、面试的注意事项

1. 面试时的仪表着装

求职者去面试时在着装上应做一些细致的打理，有一个好的形象能给招聘者留下好的印象。

男士：

（1）男士的头发应修剪、洗净；面部修饰清洁，最好刮清胡子，给人一种精力旺盛、精明强干的感觉；注意口腔卫生，及时清除异味。

（2）服装以稳重、正式、整洁、得体为宜。可穿着西服。

女士：

（1）女士面试时化一点淡妆，显得对人尊重，并有积极向上的生活态度。切不可浓妆艳抹；头发要梳理整齐，另类、前卫的发型不宜。

（2）穿着要得体、整洁、大方。不宜穿着极透明或紧绷在身的衣服，服饰颜色以淡雅或同色搭配为宜，不可戴过大的首饰，不可穿拖鞋，给人以懒散感。

求职者的仪表包装要尊重社会规范，要符合社会大众的审美观点，着装打扮要表现出有教养、职业化的面貌。

2. 面试时仪态要规范

好的形象不仅是外表美，你的谈吐、举止、气质优雅得体、文明礼貌，都能让招聘者对你"一见钟情"，获得用人单位良好的第一印象。因此你的一举手、一投足、一颦一笑都要符合礼仪规范，如站有站姿，坐有坐相，待人接物彬彬有礼、温文尔雅。

面试礼仪

3. 面试时的语言要求

（1）讲话时要充满信心。流畅清晰地讲述自己的求职简历，回答提问要尽量详细，要照接见者的提问进行交谈。

（2）应聘者都应对语言和措词慎重考虑，谈话中不要使用那些带有感情色彩的词，如厌恶、不想要等，也不可用亵渎的语言。面试时应尽量使用对方的姓氏，即便是熟人也不可省略，因为这样会给人一种你在套近乎的感觉。

例如，面试时进行简要的自我介绍。发问者："小姐，你好！不知怎样称呼你？"自我介绍者："你好！我叫王丽，今年24岁，祖籍江西。今年7月毕业于××大学法学院，获得了民法硕士学位，同时取得了律师从业资格证书。曾经在北京学艺律师事务所担任过律师，处理过九桩民事诉讼案，五胜四败。我曾经在《北京法制报》上发表过三篇文章，讨论有关民事赔偿的责任问题。"在进行自我介绍，注意介绍内容的剪裁，凡是毫无价值的情况，一律不说。

4. 面试时应注意的问题

（1）准时赴约，切不可让接见你的人等候。

（2）进办公室之前先敲门。敲门声音不能太大，会给人家一种不文明、不礼貌的感觉。也不可太小，会显得你紧张、胆怯。

（3）要等接见者请你就座时才能按指定位置入座，一般以对面为佳，并注意端正坐姿。

（4）接见者没有握手之意，不可贸然伸手，对方主动与你握手时，你应积极响应。

（5）适时告辞。面试时间以30～50分钟为宜。结束面谈时，应询问下次见面或通知的时间。

三、试后应有的基本礼仪预想

许多求职者只留意应聘面试时的礼仪，而忽略了应聘后的善后工作，而这些步骤也能加深别人对你的印象。

1. 感谢对方

为了加深招聘人员对你的印象，增加求职成功的可能性，面试后两天内，你最好给招聘人员打个电话或写封信表示谢意。

2. 打听结果

一般情况下，考官组每天面试结束后，都要进行讨论和投票，然后送人事部门汇总，最后确定录用人选，可能要等3～5天。求职者在这段时间内一定要耐心等候消息，不要过早打听面试结果。

3. 查询结果

一般来说，在面试两周后，主考官向你许诺的通知时间到了，但你还没有收到对方的答复时，就应该写信或打电话给招聘单位或主考官，询问是否已做出决定。

4. 总结失误

（1）全才录取。

事实上，许多单位不会追求人才的完美，特别是对那些应届毕业生，更是不会期望太高，只要具备了一定的专业知识，有进一步发展的潜力，是可造之才、可用之才就行了，能力可以在以后的工作中逐步提高。

（2）架子和面子。

有些求职者心高气傲，放不下架子和面子，不愿从事苦、累、脏的工作，而这正是时下部分下岗者的择业心态，若长期下去，最终就要走入误区，永远陷入困境。走出择业误区，面对现实、认清形势，正确对待自己，端正择业态度，这才是求职者应有的明智选择。

（3）好高骛远。

调整自己的求职观念，白领层人士的高薪是凭本事干出来的，"万丈高楼平地起"。

（4）"近视眼"。

找工作自然考虑薪酬，高收入的工作肯定格外受人青睐，这不足为奇。如果眼睛只盯着钱，把钱看得太重，则患上了求职"近视眼"的通病。

（5）"皇帝女不愁嫁"。

人们常把大学生喻作"天之骄子"。部分大学毕业生也对自己估计过高，自认为很了不起，是"皇帝女不愁嫁"，在找单位时往往"高不成、低不就"，提出的条件既高又多。求职者要脚踏实地，准备工作要做早、做足、做好。

（6）"挑肥拣瘦"。

俗话说："你拣人，人拣你。"所以求职者求职时切莫过于"挑肥拣瘦"，应根据自身的特点和实际情况去择业，先稳定再求发展，不要老是"高不成、低不就"，否则只会蹉跎岁月，难成事业。

总而言之，如果求职者能注重求职中所应该遵循的礼仪规范，就有可能获得社会的初步认可。否则，连这种可能都不存在。

第三节　求职面试概况

礼仪小故事——求职（应变篇）

不久前，加拿大设在我国的一家公司招聘销售经理，有100多人应聘，只录取了3人，小王是其中的一个。他在回顾这次面试时说："考官是公司的副总裁，一位在国外生活多年的加籍华人。他问得比较直接，因此我也就实话实说，优点多渲染一点，缺点淡化一点；薪水也可以说得高一些，他不会在乎。如果我遇到的考官是国内人，我肯定会含蓄一些，谦虚一些。"

到什么山，唱什么歌；运用之妙，存乎一心。小王正是以他的随机应变和"见什么人说什么话"的机敏叩开了成功的大门。

一、面试的含义

面试是用人单位在规定的时间和空间内通过当面交流来考核应试者的一种招聘测试。通过面试，用人单位不仅可以直接了解应试者的面貌、举止，而且可以了解应试者的总体素质和各方面的才能。同样，对于毕业生来讲，面试是一种综合性强、集多种知识、能力于一体的考核方式，是对自己多年的学习、实践成果的一次检验。面试时的表现往往影响到应试者和用人单位是否"情投意合"，并直接影响到双方能否成功地建立聘用关系。面试越来越成为毕业生重点关注的问题。然而，在高校毕业生求职面试的实践中，往往有一些素质不错的毕业生，由于缺乏面试技巧和必要的准备，过不了面试这一关。因此，学习和掌握面试技巧，做好充分准备，对于应对面试这一难关是非常重要的。

二、面试测评的内容

1. 仪表修养

这里是指面试者的衣着是否干净、整齐；举止是否文明、礼貌；打扮是否符合学生特点；行为是否规范等。研究表明，仪表端庄、衣着整洁、举止文明的人，一般做事有规律、注意自我约束和责任心强。

2. 专业水平

对专业要求较强的岗位，在面试中，主考官对应试者往往会提一些专业方面的问题，以了解应试者掌握专业知识的深度和广度，其专业知识和能力是否符合录用职位的要求。

3. 工作态度

用人单位特别注重了解应试者过去的学习、工作情况和求职应聘的动机及态度。一般认为，在过去学习或工作中态度不认真，做什么、做好做坏无所谓，或者很难静下下心来做好一件事的人，在新的工作岗位上是很难做到勤勤恳恳、认真负责的。

4. 待人态度

待人坦诚是沟通的基础。只有待人以诚，才能获得他人的好感。待人宽厚诚恳，是良好人品的体现，同时也是将来工作中维系良好人际关系的前提条件。因此，待人态度也是用人单位面试重点考察的内容之一。

5. 兴趣爱好

根据应试者个人简历或求职登记表，了解应试者的实践经历，考察求职应试者的职业兴趣与爱好、特长等。

6. 分析、反应和口头表达能力

该方面主要看应试者对主考官的提问是否能够迅速反应、全面考虑、综合分析、回答恰当；对于突发问题的反应是否机智敏捷，在交流过程中能否将自己的思想、观点、意见和建议顺畅地用语言表达出来。

三、面试的种类

面试的种类很多，概括为以下几种。

1. 主试式面试

一般是由多位招聘者组成的评委会，其中一位任主试官。主试人根据事先拟定的面试提纲，对应试者进行提问。

2. 情景式面试

主试人设定一个情景，如提出一项工程计划，请应试者设法完成，其目的在于考核应试者处理特别情况或解决客观问题的能力。如应聘教师岗位则需要试讲一节课；应聘办公室工作人员，则需要接几个电话，接待一个"来访者"等，这些均属于情景面试。

3. 群体式面试

一般是由一名或多名"考官"对一批应试者同时进行测试。通过提问、对话等方式进行优劣比较，并从中进行选择的方式。

4. 交谈式面试

主试人与应试者自由发表言论，在闲聊中观察应试者的能力、谈吐、气质和风度。主试人通过交谈考查应试者的能力和素质，如用外语会话，以考查其外语水平等。

面试过程

四、面试的特点

1. 面试以谈话和交流为主要手段

谈话是面试过程中的一项非常重要的手段。在面试过程中，主考官精心设计谈话题目，应试者应当恰当、顺畅地回答主考官提出的问题。在面试过程中，主考官会运用自己的感官，特别是视觉和听觉，观察应试者的非语言行为，进而通过人的表象推断其深层心理。

2. 面试交流具有直接互动性

面试中主考官和应试者的交流是面对面进行的，面试中主考官和应试者的接触、交流、观察直接互动；主考官和应试者的信息交流和反馈也是相互作用的；由此，应试者的语言及行为表现与主考官的评判直接相连。面试的这种直接互动性提高了主考官与应试者之间相互沟通的效果与面试的真实性。

3. 面试内容具有灵活多样性

面试的内容具有较大的灵活性。一方面，由于不同的职位对人有不同的要求，面试可以根据不同职位的特点，灵活地采用不同的方式去考查应试者；另一方面，面试内容因应试者在面试过程中的表现而灵活把握。虽然面试内容需经主考官事先拟定，但在面试过程中又要因具体情况而异，灵活调整；既能让应试者充分展示自己的才华，又要达到用人单位自己的意图，应试者最好是收放自如地灵活应对面试内容。

4. 面试是一个双向沟通的过程

面试是主考官和应试者之间的一个双向沟通过程。在面试过程中，应试者不是一个完全被动的角色。主考官可以通过谈话来观察、评价应试者，应试者也应通过主考官的行为来判断其价值标准、态度偏好、对自己表现的满意度等，来调节自己在面试行为中的表现。同时，应试者也可以借此机会了解自己想要知道的事情，如应聘单位、岗位的相关情况等，以此决定是否可以接受这一工作。

当今，我国实行"双向选择""自主择业"的大学生就业制度，高校毕业生要认识到自己在就业市场中的主体地位，在求职面试过程中抓住机会展现自己的才能，获取相关信息。

第四节　求职面试礼仪

礼仪小故事——个人经历（于怡缤）

我做秘书已经好几年了，很想换一个行业，最近参加了一次面试，职位是业务经理。我记得面试时考官问了一些常规性问题我都对答如流，当时面试已近尾声，双方都谈得很愉快，记得这时考官又多问了一个问题："你认为对你来说现在找一份工作是不是不太容易，或者说你很需要这份工作？"按常理，如果我回答"是的"，一切便大功告成。但当时我为了表现得不卑不亢，便回答说："我看不见得。"这一下子使在场的用人单位的人事经理顿时打消了录用的念头，理由是"此人比较傲"。一句话，断送了一次较好的就业机会。事后我很后悔，却无济于事了。因此，建议所有的求职者牢记，现今的就业市场毕竟供大于求，属于典型的买方市场，就业形势如此严峻，何不学乖一点，何必为了虚无缥缈的"不卑不亢"而痛失良机，说得再体面一点，谦虚一点又何妨？

穿着和举止打扮可反映出一个人的修养和生活风格，仪表往往能决定招聘者对应聘者的第一印象。

一、面试仪表

（一）服装服饰

服装服饰能够反映出一个人的文化水平、修养和气质，它是一种重要的体态语言。从某种程度上来讲，外表装束更能反映一个人的心态。

应试者参加面试时应做到着装整洁、大方，符合职业形象。服饰搭配协调，比较适合大学毕业生的面试需要。在应聘不同岗位时，衣着要与之适应。根据所应聘的工作性质和类型确定自己的穿着，这是一个较稳妥的做法。不同的职业对人的要求是有差异的，而这种差异同样体现在穿着上。尽管没有成文的规定来划定对某种职业的穿着标准，但人们的心理上确实存在着各种各样的模式化思维。观察一下，就可发现，从事不同职业的人一般都有着不同的穿着特点。例如，应聘车间里搞安装之类的具体操作岗位，应穿着朴素一点；去广告公司应聘，则不应穿古板落俗的衣服。若从事比较活泼的行业，如营销，则上衣与搭配的裙子或长裤未必要同色，也可以有些图案。应试者的衣着服饰要注意以下几个方面。

（1）女同学忌讳上衣与裙子都花花绿绿的，避开大红、橙色或粉红、紫色等颜色。

（2）男生穿深色西装，领带、衬衣袖口要注意清洁。

（3）首饰尽量减少佩戴，要突出大学毕业生年轻有朝气的一面，以清新的形象示人。皮鞋要刷亮，擦去灰尘和污痕，鞋带要系牢。男同学的袜子颜色一般不要比裤子颜色淡。女同学不要穿鞋跟过高的鞋子。

（二）化妆与发型

化妆与发型也很重要。面试前，应整理仪容，头发清洗干净，梳理整齐。不要染怪色头发。男同学不要留小胡子，不要留长发。女同学不要浓妆艳抹，不要用浓烈的香水。

女性如果应聘公务员、国企，面试时可不化妆；如果去外企，适宜化淡妆。

二、面试举止

举止是无声的语言，主要通过人的表情、姿势、动作等表现出来。它是一个人是否具有修养的表现。面试时应注意以下几方面。

简单面试

1. 敲门进入面试室

轮到你面试时，应在面试室外轻轻敲门（面试室的门一般是关着的），得到许可后方可进入面试室。注意敲门不可用力太大，也不可未进门先将头伸进来张望一下再进门，更不可大大咧咧地直接推门而入。进门后，应轻轻地转过身去关上门。

2. 主动与主考官打招呼

可点头微笑，也可问候，如"上午好""下午好"或"各位领导好"。若主考人员没有主动伸手与你握手，你可千万别"自作多情"；若与主考人员握手，要有礼貌地告诉主考官自己是谁，做到举止大方，谈吐高雅，态度热情。

3. 回答问题时精神集中

面试时回答问题要集中精神，力求给对方以诚恳、沉稳自信的印象。老老实实地讲出自己能做什么，不能做什么，切忌含糊其词。根据听者的反应适时调整自己的语言表达方式，冷静地保持不卑不亢的风度。在语言方面，毕业生谈话的内容和说话的方式同等重要。只有讲话条理清楚，并通过表情、语调、声音等诸方面的配合，传达出自己真诚、乐观、热情、大方的态度，才会收到良好的效果。

4. 微笑待人

微笑是一个无言的答语，它表示欣赏对方的盛情，表示领略，表示歉意，也表示赞同。微笑待人是礼貌之花，是友谊之桥。初次见面，微微一笑可以解除精神和肉体的紧张，给人以亲切自然的感觉。面对消极防御和排斥他人的主试者，微微一笑可以使他解除戒备心理，使双方的心理距离迅速缩短。微笑是自信的象征，是心理健康的表现或标志，所以，求职时面带微笑会提高求职的成功率。

5. 面试时的姿势

进入面试室落座后的姿势最为重要，坐有坐姿，站有站相。正确的坐姿是：全身放松，两腿自然并拢，手放在膝上，挺直腰板，身体微向前倾，坐时既不可坐得太浅，也不能坐得太深。坐浅了容易使自己紧张，导致注意力不集中，坐深了斜倚在靠背上给人以懒散感。正确的坐姿，让人看见后会感觉到应试者精神振奋、朝气蓬勃。注意不要有小动作，如下意识地看手表（让主考人觉得你对面试或提问有些不耐烦）；或坐着时双腿叉开，摇晃不停；或大腿跷二腿，不停地抖动；或讲话时摇头晃脑；或用手掩口；或用手不停地挠后脑勺；或不停地玩弄随身携带的小物件等。这些小动作会使主试人分神，并很有可能引起他们的反感。

6. 认真地倾听并注意目光的交流

面试时与主考人员保持视线的接触，是交流的需要，也是起码的礼貌，更是应试人自信的一个表现。面试时若回避对方目光，会被主考人认为你或许太胆怯，心中无底；或许太傲气，不将主考人放在眼中。正常状态下，应试者应将大部分时间望着向自己发问的那位主考人，但不要一直将目光盯着对方的眼睛，这会让人觉得你太咄咄逼人，会被认为向主考人挑战。正确的方法是把目光放在对方额头或鼻梁上方，保持目光的自然轻松、柔和，传达出你的真实思想，这样会让对方觉得你是在聚精会神地和他交流。

7. 语言方面注意事项

（1）谈话时若无特殊情况不可随便打断别人的讲话，即使有某种原因，也要以适当的方式插话。

（2）讲话时不可有太多的手势语或口头禅，让人看了或听了不舒服。

（3）讲话时普通话应力求标准，不可讲错字或念错音，方言最好不用。若是涉外单位，还应做好用英语面试交谈的准备。

（4）讲话时声音适中，不能以自负的方式和语气说话，即话不能说得太满，当然也不必过于谦虚。

8. 礼貌告辞

当主考人示意面试结束时，应微笑起立，感谢用人单位给予你面试的机会，然后说"再见"，没有必要握手（除非主考人员主动伸出手来）。如果你进入面试室时有人接待或引导你，离开时也应一并向其致谢、告辞。

三、面试禁忌

1. 迟到

没有什么比迟到更让用人单位反感的了。最好是提前几分钟到，给用人单位留下好印象。

2. 完全被动

这主要表现为默不作声，主考官再三诱导也只回答"是"或"不是"，这样的求职者必然让用人单位失望。

3. 傲慢自大

有些求职者三番五次质询用人单位的规模、升级制度、在职培训情况，问他们能让自己担当什么职务或准备给多少薪水等，而对用人单位提出的问题不屑一顾，或是无礼打断主考官的问话，未经同意就吸烟、大声说话，甚至反问主考官，让其下不了台。

4. 不当反问

例如，主考官问："关于工资，你的期望值是多少？"应聘者反问："你们打算出多少？"这样的反问很不礼貌，好像是在谈判，很容易引起主考官的不快。

5. 急于套近乎

面试中，不顾场合地说"我认识你们单位的××""我和你们单位的××是同学，关系很不错"等，这种话主考官听了会反感。

6. 超出范围

在面试快要结束时，主考官问求职者："请问你有什么问题要问我吗？"若应聘者"反客为主"地询问："请问你们公司的规模有多大？中外方的比例各是多少？请问你们董事会成员里中外方各有几位？你们未来5年的发展规划如何？"连珠炮似的问题让主考官几乎哑口无言，结局自然不妙。

7. 盲目应试

应试者择业意向不明确或对用人单位及招聘岗位的要求不清楚，"有病乱投医"，盲目应试赶场，结果自然以失败告终。

四、面试的后续礼仪

面试结束一两天之内，最好向面试人员和其他人员写封感谢信，内容应该包括：简短重申你的优点和你对应聘职位仍十分感兴趣，你能为用人单位做出的具体贡献以及希望早日能听到用人单位的回音。感谢信最好在面试结束后24小时内发出。哪怕你预感可能落选了，寄一封短信说明你即使没有成功但也很高兴有面试机会。这样做不仅仅是出于礼貌，而且还能使接见者在其用人单位出现另一个职位空缺时想到你，为自己创造一个潜在的求职机会。

例如，面试后的感谢信可以这样写：

尊敬的××先生：

感谢您昨天为我的面试花费了时间和精力。我觉得和您的谈话很愉快，并且了解到很多关于贵公司的情况，包括公司的历史、管理形式以及公司宗旨。

正像我已经谈到过的那样，我的专业知识、经验和成绩对公司是很有用的，尤其是我的刻苦钻研能力。我还在公司、您本人和我之间发现了有关思想方法和价值取向上的许多共同点。我对贵公司的前途十分有信心，希望有机会和你们一起为公司的发展努力工作。

再一次感谢您，并希望有机会与您再谈。

您的学生：×××
年　月　日

想一想，练一练

1. 简述求职礼仪的含义。
2. 介绍一下求职的准备工作有哪些？
3. 面试中需注意的礼仪细节有哪些？请列举两三个。
4. 为自己设计一份求职范本。

第六章
商务礼仪

  本章导读

➢ 了解商务礼仪常见的类型。
➢ 了解介绍的种类和特点。
➢ 掌握称呼的种类及不同国家的称呼。
➢ 学习馈赠的形式和原则。
➢ 了解赠花礼仪和花语。

人际交往是通过人与人之间的联系表现出来的，要使联系得以正常进行，就需要用一定的行为规范来调节和增进彼此间的关系。得体的行礼，传达出了友善，传递了尊重。恰当地运用商务礼仪，将有助于建立和谐的人际关系，广交朋友，铸就辉煌的事业，开启美好的生活。

第一节　介绍礼仪

 礼仪小常识

国际公认的介绍顺序：
　　　　　　　将男性介绍给女性；
　　　　　　　将年轻者介绍给年长者；
　　　　　　　将职位低者介绍给职位高者；
　　　　　　　将客人介绍给主人；
　　　　　　　将晚到者介绍给早到者。

介绍是人们开始交往的第一步，是人与人之间相识的桥梁，还是人际交往中与他人沟通、建立联系、增进了解的一种最基本、最常见的形式。在社交活动中，通过介绍可迅速缩短人们之间的距离，扩大社交范围，广交朋友，加快、加深彼此之间的了解，显示良好的交际风度。

一、介绍的种类

目前，社交场合的介绍基本上有三种：自我介绍、为他人做介绍、集体介绍。三者在具体做法上各有其特点。

（一）自我介绍

1. 自我介绍的场合与时间

首先，应当考虑当时的特定场合是否适宜自我介绍。显然，若是对方正忙于工作，或是正与他人交谈，不适合自我介绍。在餐桌上、洗手间里把自己介绍给他人，往往也有些不合适。此外，若发现对方心情欠佳或疲乏不堪时，也不宜上前打扰。

如果对方独处或心情较好时，可适时自我介绍，推销自己。进行自我介绍的时间宜短不宜长，通常半分钟即可。特殊情况下最多3分钟。

2. 自我介绍的要素

自我介绍的具体内容，在社交场合大体上由三个要素构成。

要素一，是本人姓名的全称。这体现着对他人的尊重与信任。

要素二，是本人供职的单位与具体所在的部门。

要素三，是本人的职务，或是正在从事的工作。它也是对方最关心之处。例如"我叫马援，在焦煤集团做财务工作"。

在社交场合，身边难免会有不相识的人，但做自我介绍时，一定要注意态度，懂得具体情况具体对待。有时三要素并不一定面面俱到，报出姓名即可。而在另外一些情况下，如果自己很想认识对方，还可以简略地介绍一下自己的籍贯、出生地、毕业学校、专长兴趣及与某人的关系等。

3. 自我介绍的方式

做自我介绍时，表情要自然大方，切忌矫揉造作。介绍自己时，不必报上自己的学位、头衔，如博士、人大代表等。可采取主动的自我介绍方式，例如，"你好！我叫何建华，很高兴见到您！"也可以采取被动的自我介绍方式："先生您好！请问我该怎么来称呼您呢？"采用后一种方式，措词要得体，尽可能用一些适用的谦词或敬语。

在自我介绍中，要表现出友好、自信和善解人意，还应力戒虚伪与媚俗。进行自我介绍时，以礼待人的态度应当始终如一，说者应严肃认真，听者则应专心致志。

（二）为他人做介绍

为他人做介绍的介绍人，在不同场合通常是由不同的人员来担任。应注意介绍人选、介绍的顺序、介绍的基本用语、介绍人的陈述和介绍时的神态等方面的具体礼仪。

1. 介绍人选公私有别

家里来客，女主人一般是介绍人。

在公务活动中，单位来客，专职人员、公关、文秘、办公室主任、外办或接待办的领导和同志是最适当的介绍人人选。若接待贵宾，则介绍人往往是本单位职位最高的人士。例如，当一位外国总统前往一所大学参观访问时，则该校校长应是介绍人。

社交场合中，介绍来宾互相认识，是主人义不容辞的责任。此外，如果想认识一个人，主动要求另外一个与双方都比较熟悉的人来为自己人引见一下，根据礼仪来讲也是允许的。介绍人在为不相识的人彼此做介绍之前，首先要了解双方的意愿，充分考虑到双方有无彼此相识的必要或愿望。例如，"我"是一个公关销售人员，参加一个酒会发现一个潜在的客户在场，很想跟他认识，这时自己贸然自报家门，显得比较唐突，不利于下一步关系的建立。最简捷有效的办法是找一个跟双方都认识的人，比如男主人。

2. 介绍的顺序

宾主介绍是工作场合最常见的介绍。遵照客人有优先知情权的原则，标准的做法是先介绍主人。先介绍自己人，后介绍外人，是介绍的常识，体现了对客人的尊重。通常在社交活动中，为他人做介绍的先后顺序，大体有以下六种。

（1）把男士介绍给女士。唯有在女士面对尊贵人物之际，才允许有所例外。

（2）把晚辈介绍给长辈，它通常适用于同性之间。

（3）把客人介绍给主人，它适用于来宾众多的场合，尤其是主人未必与客人都认识的情况下。

（4）把未婚者介绍给已婚者。它仅仅适用于介绍人对被介绍人非常知根知底的前提之下。要是不了解具体情况，还是不要冒昧行事。例如，当面对一位年近八旬、尚未结婚的男士和一位年方30岁的已婚女士时，就不能呆板地去照搬"把男士介绍给女士"，或"把未婚者介绍给已婚者"。在这种情况下，得体的做法，应是依照"把晚辈介绍给长辈"这一条具体行事。

（5）把职位低者介绍给职位高者。它适用于比较正式的场合，特别适用于职业相同的人士之间。例如，客户A主管与己方公司B经理，应先介绍哪一个呢？自然是将己方公司B经理介绍给客户A主管。

当自己居于中间，介绍初次见面的两个人认识时，原则上先从职位低的人开始介绍。请记住，从己方公司、亲近、职位低、年纪小的开始介绍。

当介绍人数为复数时，需从职位高的人开始依序介绍。人数一多会变得很难记住，可将必须介绍的人区分开来，简单易行。首先是己方公司跟客户，要思考必须先从哪方开始介绍。接着从先介绍的一方高职位较高的人开始依序介绍。同样地，后介绍的一方也是从职位较高的人开始依序介绍。

（6）把个人介绍给团体。当新加入一个团体，例如，记者联谊会或高尔夫俱乐部，负责人要是介绍与众人一一相识太费时间，此时他往往会采取这种方式来避免麻烦。

以上六种方式，其基本原则是"尊者居后"，即应把身份、地位较低的一方介绍给相对而言身份、地位较高的一方。在社交场合，究竟应当采用哪种方式为宜，应具体问题具体分析。

例如，需要介绍两位地位不相上下的经理先生或是两位经理夫人相识。对前者，不能比照"把职位低者介绍给职位高者"的惯例行事，因为两位经理先生"职位"的高低是难分伯仲的。对后者，恐怕也不能依照"把晚辈介绍给长辈"的规矩去做，因为女士的年龄属于个人秘密。在这种职位难分高下、年龄大小不便明说的情况下，只有采取"先温后火"或"先亲后疏"的办法，才显得恰当。所谓"先温后火"，意即把脾气好的一方介绍给脾气欠佳的一方；所谓"先亲后疏"，意即把与自己关系密切的一方介绍给自己较为生疏的一方。

当需要把一个人介绍给其他众多的在场者时，最好按照一定的次序依次进行，例如顺时针方向或逆时针方向。若没有地位非常尊贵的人士在场，就不必破例，不可以挑三拣四地"跳跃式"进行介绍。

3. 介绍的基本用语

（1）开场白。例如"容我为您介绍"。

（2）介绍本公司的人原则上以"职位＋姓名"的形式。例如"这位是我们公司的经理××"。

（3）介绍客户。例如"这位是××案子中帮了我们很多忙的××公司的××"。

在介绍用语中常看到的错误是在姓名前加上职称。职称加在姓名后面就变成敬称，但职称加在姓名前并不是敬称，而只是职位的意思。介绍己方公司的人给别人认识时，对于己方公司的人不要加上敬称。即使是介绍总经理也要用"我们公司的总经理××"。己方公司的上司称为"总经理××"，客户的上司则称"××总经理"。

介绍人注视双方交换名片也是介绍的礼仪。介绍双方之后，应提示双方彼此进行名片交换。在己方公司的人交换名片时，自己也要站在他身旁一起行礼，这是基本的礼仪。

介绍人的陈述简单清楚的介绍，就是大方得体的介绍。介绍人的陈述，时间宜短，内容宜简。介绍人不用多费唇舌替宾客（或朋友）吹嘘，因为这样做，介绍人便把自己贬低为"跟班"。唯一例外是商业应酬的宴会或官式酬酢，在这些场合介绍过姓名之后，可加上一两句简单的话介绍宾客的身份。例如，中国国务院总理温家宝到白金汉宫拜会英国女皇时，介绍的旁白，只是简简单单地说：Premier of the State Council（国务院总理）。

介绍人陈述通常的做法，是需要连姓带名，然后再加上尊称、敬语。在介绍自己的家人与他人相识时，一般不加头衔，但应当说明他与自己的关系，例如"这是我表兄赵岩"。只有对"出嫁女"才需要加上"××太太""夫人"之类的称呼，以免他人发生误会。如果介绍人感到时间宽裕、气氛融洽，在为被介绍人进行介绍时，除说明双方姓甚名谁之外，还可以简介一些其他情况，诸如工作单位、现任职务、专长兴趣、个人学历、原籍与出生地，等等。

介绍时的神态很有讲究。为他人做介绍时，态度要热情友好，语气要认真自然，不要敷衍了事或油腔滑调。

具体进行介绍时，介绍人应当起立，行至被介绍人之间。在介绍一方时，应微笑着用自己的视线把另一方的注意力引导过来。手的正确姿态，应为手指并拢，掌心向上，胳膊略向外伸，指向被介绍者。但此时此刻绝对不要用手指对被介绍者指指点点，或是舞动手臂上下晃动。

被介绍者，应表现出自己希望结识对方的诚意。一旦介绍人张嘴说话，除贵宾与长者之外，被介绍者一律应起立，并以正面面向对方，目光柔和且专心致志地看着对方的眼睛。

当介绍人为双方介绍完毕后，被介绍人应向对方点头致意或握手为礼，并以"您好""很高兴认识您"等态度友善的语句问候对方。如果在会谈或宴会的进行中被介绍给他人，可不必起立，但仍然应面向对方，微笑着点点头，或者欠身致意。

自己在被介绍时的神态直接关系到自己留在他人心目中的第一印象，须慎重对待。

（三）集体介绍

集体介绍是指为一个以上的人所做的介绍。在需要做集体介绍时，原则上应参照他人介绍的顺序进行。进行集体介绍时，应主要关注其时机、顺序与内容三方面的问题。

1. **集体介绍的时机** 遇到如下情况，应当进行集体介绍

（1）大型的公务活动，参加者不止一方，而且各方不止一人。

（2）涉外交往活动，参加活动的宾主双方皆不止一人。

（3）规模较大的社交聚会，有多方参加，各方均可能不止一人。

（4）家庭性私人交往，主人的家人与来访者双方均可能不止一人。

（5）正式的大型宴会，主持人的己方人员与来宾均不止一人。

（6）婚礼、生日晚会，当事人与来宾双方均不止一人。

（7）举行会议，应邀前来的与会者往往不止一人。

（8）演讲、报告、比赛，参加者不止一人。

（9）会见、会谈，各方参加者不止一人。

（10）接待参观、访问者，来宾不止一人。

2. **集体介绍的顺序**

进行集体介绍的顺序，若有可能，应比照他人介绍的顺序进行。若实难参照，则可酌情参考下述顺序。应当强调的一点是，越是正式、大型的交际活动，集体介绍的顺序就越是不可马虎。

（1）"少数服从多数"。集体介绍时，若被介绍者双方地位、身份大致相似或难以确定时，应遵循"少数服从多数"的原则，即先介绍人数较少的一方或个人，后介绍人数较多的一方。在介绍人数较多一方时，仍应由尊而卑逐一介绍。有时，只介绍前者，而不必再向前者一一介绍人数较多的一方。

（2）强调地位、身份。若被介绍者双方地位、身份之间存在明显差异，特别是当这些差异表现为年龄、性别、婚否、师生以及职务有别时，则地位、身份为尊的一方，即使人数较少，甚至仅为一人，仍然应被置于尊贵的位置，最后加以介绍，而先介绍另一方人员。

（3）单向介绍。在演讲、报告、比赛、会议、会见时，往往只需要将主角介绍给广大参加者，而没有必要一一介绍所有参加者。

（4）人数较多一方的介绍。若需要介绍的一方人数不止一人，可采取笼统的方法进行介绍。例如，可以说"这是我的家人""他们都是我的同学"等，但是最好还是要对其一一进行介绍。进行此种介绍时，可比照他人介绍时位次尊卑的顺序，由尊而卑，如先长后幼、先女后男等。不过，这一顺序的标尺一定要正规、单一，且为众人所认可。

（5）人数较多双方的介绍。若被介绍双方皆不止一人，则可依照礼规，先介绍位卑的一方，后介绍位尊的一方。在介绍各方人员时，均须由尊而卑，依次进行。

（6）人数较多各方的介绍。有时被介绍的会不止两方，此时需要对被介绍的各方进行位次排列。排列的具体方法：一是以其负责人身份为准；二是以其单位规模为准；三是以单位名称的英文字母顺序为准；四是以抵达的时间的先后顺序为准；五是以座次顺序为准；六

是以距介绍者的远近为准。进行多方介绍时也应由尊而卑。如时间允许，应在介绍各方时，以由尊而卑的顺序一一介绍其各个成员。若时间不允许，则不必介绍其具体成员。

3. 集体介绍的内容要求

集体介绍的内容，基本上与他人介绍的内容无异，不过要求更认真、更准确、更清晰。以下两点，应特别注意。

（1）不要使用易生歧义的简称。比如，不要讲"人大""消协"，而应道明是"中国人民大学""消费者协会"，或是"市人大常委会""消防协会"。又如，将范局长简称为"范局"，就会使人听上去好似"饭局"。至少，要在首次介绍时使用准确的全称，以后方可采用简称。不论是介绍单位还是介绍个人，只有在不产生歧义时才可使用简称，否则很容易造成误会。

（2）不要过于随意进行介绍时，要庄重、亲切，切勿随意拿被介绍者开玩笑，或是成心出对方的洋相。比如，在介绍时这样讲"这位是大名鼎鼎的王华先生，大家看，王华先生肥不肥？"这样就很不文明。

二、介绍人的神态与规范动作

（一）介绍人的神态

作为介绍人在为他人做介绍时，不能背对任何一方，应面带微笑，态度热情友好，语言清晰明快，以便让双方记住对方的姓名及简单资料。介绍时要目视对方，举止端庄得体。在介绍一方时，应微笑着用自己的视线把另一方的注意力引导过来。

（二）介绍人的规范动作

介绍时，介绍人的手势动作应文雅、规范。无论介绍哪一方，都应胳膊略向外伸，手心朝上，手背朝下，四指并拢，拇指张开，指向被介绍的一方，并向另一方点头微笑，切忌伸出手指指来指去。必要时可以说明被介绍一方与自己的关系，以便新结识的朋友之间相互了解和信任。

介绍人切记不能用手拍被介绍人的肩膀、胳膊和背等部位，更不能用食指或拇指指向被介绍的任何一方。

第二节 称呼礼仪

礼仪小故事——称呼礼仪

一个赶路青年向一老者问路："喂！老头儿，到乡政府还有多远？"老者翻了翻眼皮，半天才用拐杖点点地面，没好气地说："还有500拐杖！"青年笑道："路只有论里的，哪有论拐杖的？"老人说："论礼（里），你该叫我一声老大爷。"一句话说得青年人满面通红。

人际交往，礼貌当先；与人交谈，称谓当先。称呼也叫称谓，是指人们在交往应酬时，以表明彼此关系的名称。称呼礼仪是在对亲属、朋友、同志或其他有关人员称呼时所使用的一种规范性礼貌用语,它能恰当地体现出当事人之间的隶属关系。得体的称呼,不仅体现出一个人待人礼貌、诚恳的美德,而且表现出了尊敬、亲切和文雅,使对方感到愉快、亲切,易于双方心灵沟通、交融情感,缩短彼此距离,为深层交际打下基础。

一、汉语常用称呼的种类

在我国,一般可以将称呼分为以下八类。

1. 职务称谓

职务称谓就是用所担任的职务作为称呼。具体主要有以下三种形式。

(1) 在公务活动中,可以对方的职务相称。例如"部长""经理""处长""校长"等。

(2) 职务性称呼还可以同泛尊称谓、姓名、姓氏分别组合在一起使用。例如"王经理""李校长""部长先生"等。

(3) 对职务高的官方人士,如部长以上的高级官员,不少国家可称为"阁下",如"总统阁下""大使先生阁下"等。对有高级官衔的妇女,也可称为"阁下"。但在美国和德国等国家没有称"阁下"的习惯,对这些国家的相应人员,应该称"先生"。

2. 泛尊称谓

这种称呼几乎适合于所有社交场合,对男子一般称为"先生",对女子称为"夫人""小姐""女士"。应当注意的是,在称呼女子时,要根据其婚姻状况,已婚的女子称为"夫人",未婚的女子称为"小姐",对不知婚否和难以判断的,可以称为"女士"。在一些国家"阁下"一词也可以作为泛尊称谓使用。

泛尊称谓可以同姓名、姓氏和行业性称呼分别组合在一起,并可在正式场合使用。比如"克林顿先生""玛格丽特·撒切尔夫人""上校先生""秘书小姐"等。

3. 职衔称谓

交往对象拥有社会上受尊重的学位、学术性职称、专业技术职称、军衔和爵位的,可以用"博士""教授""律师""法官""将军""公爵"等称呼相称。

这些职衔性称呼还可以同姓名、姓氏和泛尊称谓分别组合在一起使用。例如"乔治·马歌尔教授""卡特博士""法官先生"等。

4. 职业称谓

对不同行业的人士,可以被称呼者的职业作为称呼。比如"老师""教练""警官""医生"等。对商界和服务业从业人员,一般约定俗成地按性别不同分别称为"小姐""先生"等。在这些职业称呼前后,还可以同姓名、姓氏分别组合在一起使用。

5. 姓名称谓

以姓或姓名加"同志""先生""夫人""小姐",即姓名称谓。用法大致有以下几种情况。

(1) 全姓名称谓,即直呼其姓和名。全姓名称谓有一种庄严感、严肃感,一般用于学校、部队或其他等较为郑重场合。

(2) 名字称谓,即省去姓氏,只呼其名字,如"大伟""建华"等。这样的称呼显得既礼貌又亲切,运用场合比较广泛。

(3) 姓氏加修饰称谓,即在姓之前加一修饰字,如"老李""小刘""大陈"等。这种称呼亲切、真挚，一般用于在一起工作、劳动和生活中相互比较熟悉的同志之间。

6. 特殊性的称呼

对于君主制国家的王室成员和神职人员，应该使用专门的称呼。例如，在君主国家，应称国王或王后为"陛下"；称王子、公主、亲王等为"殿下"；有爵位的应称"爵位"或"阁下"。对神职人员应根据其身份称为"教皇""主教""神父""牧师"等。

除以上常用的称呼外，在交往时，还有以"你""您"相称的"代词称"和亲属之间的"亲属称"。在社会主义国家之间和兄弟政党之间，人们还以"同志"相称。

7. 代词称谓

如您、你等。其中"您"为尊称，显得尊敬。

8. 亲属称谓

即对亲属之间的关系的称谓，如哥哥、叔叔等称呼。亲属称谓是对有亲缘关系的人的称呼，我国古人在亲属称谓上尤为讲究。对亲属的长辈、平辈绝不称呼姓名、字号，而按与自己的关系称呼，如祖父、父亲、母亲、胞兄、胞妹等。有姻缘关系的，前面加"姻"字，如姻伯、姻兄、姻妹等。称别人的亲属时，加"令"或"尊"，如尊翁、令堂、令郎、令爱、令侄等。对别人称自己的亲属时，前面加"家"，如家父、家母、家叔、家兄、家妹等。

对别人称自己的平辈、晚辈亲属，前面加"敝""舍"或"小"，如敝兄、敝弟，或舍弟、舍侄，小儿、小婿等。对自己亲属谦称，可加"愚"字，如愚伯、愚岳、愚兄、愚甥、愚侄等。

二、外国人的姓名和称呼

（一）外国人的姓名

姓名是一个人用以区别于他人称谓的符号，是社会辨别身份的标签。但各个国家由于历史条件、文化习俗的不同，因而出现了在姓名上使用文字、姓与名的排列顺序等多样化的特点。这些特点包括姓前名后、名前姓后、有名无姓、妻随夫姓和父子（祖孙）同名等。

1. 姓前名后

姓前名后的国家多在亚洲，除中国外，有日本、朝鲜、韩国、柬埔寨、越南等国。欧洲的匈牙利也采用这种形式。日本人姓名的顺序与我国相同，但姓名字数常常比我国汉族姓名字数多，而且姓氏也比中国多。日本人的姓氏，有人估计已达到37万种。我国人口虽世界第一，但据《中华姓符》记载，姓氏也只有6 363种，世界英语系国家的姓氏加起来，也不过6万种左右。可见日本人的姓的数量堪称世界之最。日本人的姓有一个字的，如"乙""一"；大多是两个字的，如福田、铃木、田中、吉田、山口、冈村，多与地名有关；有三个字的，如"二阶堂""一二三"；还有四个字的，如"八月一日""四月一日"等。故日本人的姓名多为四字组成，如伊藤博文、大平正芳；也有多至12字的，如"藤木太郎喜佑之卫门将四能"。由于姓与名的字数不定，所以有时姓与名不易区别，在交往中一定要了解清楚。如能交换名片，就可一目了然。日本人名片中的姓与名在书写时是空一格的，例如"山村　富士""田中　角荣""山口　百惠"等。显然，姓名中空格前为姓，后为名。对日本人一般可只称姓，对男士为表示尊敬文雅，可在姓后加上"君"，如冈村君、福田君等。在正式场合则用姓名全称。朝鲜和韩国人姓名的组成、排列顺序与我国汉族相似，一般由三字组成，姓氏在前，名字在后。而且以金、李、朴、崔、郑为姓的人数最多，如李希贤、朴正熙、崔庸健、郑在彦等。越南人也是如此，姓名多数由三字组成，阮、范、陈、黄、潘、武、吴，都是越南人中的大姓。越南人起名时，中间多用一个"垫字"，男的常用的垫字是"文"，女的常用的垫字是"氏"，如范文同、阮氏萍等。越南有一些少数民族，有名无姓。为了表示亲切，在称呼对方时，最好只称其名，并在名后加上兄、弟、姐、妹、叔、伯一类的称呼，如称"阮文才"只称其为"才兄"或"才弟"，而不要以"你"相称。

欧洲人一般是名前姓后，但匈牙利人例外，他们是姓前名后，由两部分组成。姓以两字为多，简称时称姓不称名，如纳吉·山多尔，简称纳吉，库恩·贝拉，简称库恩。

2. 名前姓后

欧美人（匈牙利人除外）和澳大利亚、新西兰等英语国家的人、阿拉伯人及泰国人，都是名在前，姓在后。英语国家人的姓名一般由两部分组成：名加姓。如汉弗莱·贝克，前者为名，后者为姓。也有三四节构成的，即第一节是本人的名字（教名），最后一节为姓，中间一节是母亲的姓或与家庭关系密切者的名字，也有的是尊敬的好友或名人的名字，如约翰·斯图尔特·史密斯即姓史密斯，名约翰。法国人的姓名也是名在前，姓在后，一般由二节或三节组成，前面为名，最后一节为姓，有的姓名长达四五节，都是教名或长辈起的名字，如亨利·勒内·阿贝尔·居伊·德·莫泊桑，简称居伊·德·莫泊桑。俄罗斯人的姓名一般由三节组成，其排列顺序是本人名、父名、家族姓，如弗拉基米尔·伊里奇·乌里扬诺夫（列宁），第一节是本人名，第二节是父名，第三节是姓。在与这些国家的人士交往中，最主要的是记住第一节本人的名字和最后一节的姓。西班牙人、葡萄牙人的姓名常有三四节，第一、第二节是本人名，倒数第二节为父姓，最后一节为母姓，简称时，多用第一节本人名和倒数第二节的父姓。阿拉伯人的姓名一般由三四节组成，也有长达八九节的。阿拉伯人极为重视男系血统，他们的姓名中有父亲、祖父的名字，其姓名的排列顺序是：本名—父名—祖父名—姓。阿拉伯人在正式场合使用全名，简称时只称本人名字，但是，事实上很多阿拉伯人，尤其是有地位的上层人士都简称其姓，如穆罕默德·阿贝德·阿鲁夫·阿拉法特，简称阿拉法特。泰国人的姓名排列顺序与欧洲人相同，也是名在前，姓在后，如巴颂·乍伦蓬，巴颂是名，乍伦蓬是姓。泰国人口头尊称对方，无论男女，一般只叫名字不叫姓，并在名字前面加上一个冠词"坤"（即您的意思），如尊称巴颂·乍伦蓬为坤巴颂。泰国人的姓名前面按习惯都有冠称。平民的冠称有：成年男子为"乃"（相当于先生），如乃威猜·沙旺素西。已婚女子为"娘"（女士），如娘颂西·沙旺素西。未婚女子为"娘少"（小姐），男孩为"德猜"（男童），女孩为"德英"（女童）等。尼泊尔人也是名前姓后，其姓名一般由三部分组成：第一部分是名，第二部分是本人的爱好或信仰，第三部分才是姓氏。

3. 有名无姓

有名而无姓的国家比较少，仅缅甸、马来西亚、坦桑尼亚等有这种情况。

从严格意义上讲，缅甸人是有名而无姓的，在他们的名字之前，常冠以表示性别、长幼、社会地位的词，但不属于姓氏。如"吴"意为先生或叔伯，"杜"意为女士，"哥"意为兄长，"貌"意为弟弟，"玛"意为姐妹，"波"意为军官，"塞耶"意为老师，"道达"意为博士，"德钦"意为主人，"耶博"意为同志，这些都是缅甸人常用的称呼。如一男子名"巴"，长辈称他为"貌巴"，同辈称他为"哥巴"，他如有一定的社会地位，别人称他为"吴巴";如他是军官或教师,则又称他为"波巴"或"塞耶巴"。又如一位女子名"丹",有一定的社会地位,被称为"杜丹",如是青年女子,则又可被称为"玛丹"。

马来西亚人通常只有自己的名字,而没有固定的姓。他们往往是儿子以父名为姓,父亲又以祖父的名为姓,一家几代人的姓氏往往各不相同。坦桑尼亚人也是有名无姓,而且他们起的名字十分有趣,如有人名叫"今天""明天""打火机""坏工作""大象""鸵鸟""麻烦""打搅""部长""少校""没关系""再见吧""你好"等。他们对尊敬的长者,往往以"老人家"或"爸爸""妈妈"相称,对于年龄相近、彼此熟悉的人往往互称"朋友""兄弟"。

4. 妻随夫姓

英语国家的女子在婚前都随父姓,婚后随夫姓,而保留自己的原名。如一个叫玛丽·琼斯的姑娘,嫁给了约翰·史密斯,那么,婚后她就被称作玛丽·史密斯太太了。但近年来女子婚后仍保留原姓的情况有所增加,有的则在原姓之前或之后加上夫姓,形成了复姓。

法国女子的姓名与英语国家相似,婚前用父姓,婚后以自己的名加上丈夫的姓。如雅克林·布尔热瓦小姐与弗朗索尼·马丹结婚后,就改称为雅克林·马丹。

俄罗斯女子的名多以"娃""娅""娜""莎"结尾。她们也是婚前用父名、父姓,婚后多用夫姓,但本名、父名不变。如尼娜·伊万诺夫娜·伊万诺娃,其中尼娜是名,伊万诺夫娜是父名,伊万诺娃是父姓。她与罗果夫结婚后就改姓罗果娃,其姓名全称是尼娜·伊万诺夫娜·罗果娃。

日本、泰国等国的女子也是婚后随夫姓。匈牙利女子结婚后有保留自己原先姓名的,也有改用丈夫姓名的,只是在丈夫姓名后加上"妮"(即夫人的意思),姓名全用时加在名字后面,只用姓时加在姓后面。如瓦什·伊斯特万的夫人,用全名时称瓦什·伊斯特万妮,只用姓时称瓦什妮。

5. 父子(祖孙)同名

英美人常有父子、祖孙同名。如英国前首相丘吉尔,其父名伦道夫,丘吉尔的一个儿子也叫伦道夫,祖孙同名。美国前总统富兰克林·罗斯福,他的儿子也叫富兰克林·罗斯福。石油大王洛克菲勒也为儿子取了与自己相同的名字。人们为了区别,在称呼他们的后辈时冠一个"小"字,称小罗斯福、小洛克菲勒。美国第五十一届总统乔治·布什与第五十四届总统小乔治·布什也是父子同名。在中国,先人的名字叫名讳,后代子孙起名要避开父、祖和先人的名字,皇族就更讲究这些。英国王室则相反,给子女起父亲和其他前辈的名字,是对王子的珍爱,也是对父王、先王的尊敬。英王自威廉一世(第一位诺曼人英王,1066年登基)以来,共有41个国王,其中叫伊丽莎白的2个(即伊丽莎白一世与当今英王伊丽莎白二世,前后相隔300多年),叫乔治的6个,叫爱德华的8个,叫威廉的4个,叫玛丽的2个,叫詹姆斯的2个,叫查理的2个,叫亨利的8个,叫理查德的3个,只有斯蒂芬、约翰、安妮和维多利亚4人不重名。

在英语国家,人们有用圣贤或名人的名字起名的习惯,反映了人们崇拜英雄的社会心理。在美国以华盛顿、林肯、罗斯福的名字命名的人很多。美国已故总统尼克松的母亲有5个儿子,除了一个以父名命名外,其余4人都以早期的英国国王哈达罗德、查理德、阿瑟和爱德华的名字命名。

（二）外国人的称呼

1. 外国人的泛尊称谓

在西方人的日常交往中，对男子一般称为先生，对女子称为小姐、太太。对未婚女子，无论其年龄大小，都称为小姐，对已婚女子称为太太，对不了解其婚姻情况的女子称为女士。对地位较高、年龄稍长者的已婚女子称为夫人。近年来，女士已逐渐成为对女子最常用的称呼。

阿拉伯人对称呼不太计较，一般称为先生和女士即可。如对方是知识分子，可称他为"乌斯泰兹"（教授、师长），他会乐于接受；对熟悉的阿拉伯朋友，称他为"艾霍都"（兄弟）"艾尼"（我的眼珠），他们会觉得十分亲切友好。同阿拉伯妇女见面时，不宜主动打招呼，可以微笑或点头示意。

美国人的称呼比较随意，相互习惯于以名字相称，但在正式场合，还是按流行的先生、小姐、女士、夫人相称。在这些称呼前面可冠以姓名、职称、衔称等，如"史密斯先生""布朗夫人""史蒂娜女士""丽达小姐""护士小姐"等。

2. 对有社会地位人士的荣誉性称呼

对于有学衔、军衔、技术职称的人士，可以称呼他们的头衔。例如，××教授、××博士、××将军、××工程师等。对于参议员、律师、医生、主教等，也可以在称呼时，在他们的姓名前冠以职衔，如克拉克参议员、布朗律师、格林医生、怀特主教等。但是，外国人一般不用行政职务称呼别人，不称呼"××局长""××校长""××经理"等，而可以在介绍时说明被介绍者的职务。称呼日本人可称之为先生、小姐、夫人，也可在其姓氏之后加上一个"君"。对有身份的女子也可称为先生。

3. 对外国官方人士的公务性称呼

对外国部长以上的高级官员，可称"阁下"，如"总统阁下""部长阁下"。或官衔加先生，如"部长先生""议员先生""市长先生"。或官衔加先生阁下，如"总理先生阁下""大使先生阁下"等。"阁下"是对地位高的官方人士的尊称，对高级官员中的女子也称为"阁下"。但在美国、德国、墨西哥等国不称"阁下"，可称之为"先生"。

4. 对王室、贵族、军官的特殊性称呼

对国王、王后可称为"陛下"，对王子、公主、亲王等可称为"殿下"。对有公、侯、伯、子、男等爵位者可称为"爵位"。对公爵和侯爵的儿子，伯爵的长子均可称"某某勋爵"，对他们的夫人和公、侯、伯爵的女儿以及新封的女伯爵、子爵、男爵，则可称"某某贵夫人、小姐或女勋爵"。

对军官一般称为军衔，或军衔加先生，或再加上其姓与名。如"上校先生""哈森中校""莫利中校先生"等。有些国家对将军、元帅等高级将领也称为"阁下"。

5. 对社会主义国家和兄弟党人士的称呼

对社会主义国家和各国共产党的人士，均可称呼为"同志"。有职衔的，可在"同志"前面加上职衔，如"主席同志""总书记同志""部长同志""大使同志""上校同志""司机同志""服务员同志"等。

三、称呼的原则

在社会交际活动中，称呼很有讲究，须慎重对待。人际称呼不仅反映人的身份、性别、社会地位和婚姻状况，而且反映对对方的态度及其亲疏关系。不同的称呼内容可以使人产生不同的感受。在交际开始时，只有使用格调高雅的称呼，才会使交际对象产生同你交往的欲望。因此，使用称呼语时要遵循以下三个原则。

（一）礼貌原则

这是人际交往的基本原则。每个人都希望被他人尊重。合乎礼节的称呼，正是表达对他人尊重和表现自己有礼貌、有修养的一种方式。交际时，称呼对方要用尊称。现在常用的有"您"——您好，请您……；"贵"——贵姓、贵公司、贵方、贵校；"大"——尊姓大名、大作（文章、著作）；"老"——张老、郭老、您老辛苦了；"高"——高寿、高见；"芳"——芳名、芳龄等。在交际场合，切忌对任何交际对象用诨号、绰号。

（二）尊崇原则

按照中国的传统习惯，如对同龄人，可称呼对方为哥、姐；对既可称"叔叔"又可称"伯伯"的长者，以称"伯伯"为宜；对副科长、副处长、副厂长等官员，也可在姓后直接以职务相称，省略"副"字。

（三）适度原则

要视交际对象、场合、双方关系等选择恰当的称呼。在与众多的人打招呼时，还要注意亲疏、远近、主次关系，一般以先长后幼、先高后低、先女后男、先亲后疏为宜。

（四）称呼的禁忌

交往中如称呼不当就会失敬于人、失礼于人，有时还会导致严重的后果。所以一定要注意称呼的禁忌。

1. 错误的称呼

称呼对方时，记不起对方的姓名或张冠李戴、叫错对方的姓名，都是极不礼貌的行为，是社交中的大忌。尤其是外国人的姓名，在发音和排列顺序上同中国人的姓名有很大差别，如果没有听清楚或没有把握，宁可多问对方几次，也不要贸然叫错。对被称呼者的年龄、辈分、婚否以及同其他人的关系做出错误判断，也会出现错误的称呼，如将未婚妇女称为"夫人"等。

2. 易产生误会的称呼

不论是自称还是称呼他人，注意不要使用让对方产生误会的称呼，如中国人爱把自己的配偶称为"爱人"，而外国人则将"爱人"理解为"婚外恋"的"第三者"；还有"同志""老人家"等易让外国人产生误会的称呼，不要使用。另外，也不要使用过时的称呼或不通用的称呼，让对方不知如何理解。

3. 带有庸俗、歧视、侮辱性的称呼

在正式场合，不要使用低级、庸俗的称呼，如"哥们儿""姐们儿""死党"等。不论在任何情况下，绝不能使用歧视性、侮辱性的称呼。

第三节 馈赠礼仪

 礼仪小故事——送礼有讲究

一个月前，76岁的刘婆婆和儿子刘先生搬进汉口古田四路的新房。一天上午，与刘婆婆结拜53年的姊妹黄婆婆得知此事，买来一个方形电子挂钟，送到刘先生手中，祝贺乔迁之喜。

刘先生回家后，高兴地连鞋都忘了换，把钟递给他妈（刘婆婆）后说："老娘，这钟是黄姨妈送来的，你看看。"刘婆婆当即沉下脸。"你真是糊涂啊！送钟就是送终，别人送这个东西你怎么能要呢？"刘婆婆咬牙切齿地说完这些话，要求儿子把钟退给黄婆婆。

刘先生从没见过母亲发这么大脾气。怎么办呢？退的话，伤了两位老人的情谊；不退嘛，恐怕会气坏老娘。

整个上午，刘先生都在琢磨这事。午饭后，他直奔钟表店。向店老板说明情况后，补了15元，换了一只稍大的圆钟。

回家后，刘先生对老娘撒谎说："今天真巧，刚好有个朋友要买钟，我就把黄姨妈送的钟卖给他了。但我们家里确实需要一个挂钟，我就买了这个圆钟，希望它让我们家圆圆满满。"

刘婆婆听完，脸上终于露出了笑容。接着对儿子说："你出门后，我又担心起来。我和你黄姨妈认识53年了，真要把钟退给她，我们这么多年的感情恐怕就要断了，多亏了你哦。"

中国人一向崇尚礼尚往来。"礼尚往来。往而不来，非礼也；来而不往，亦非礼也。"（《礼记·曲礼上》）在现代交往中，馈赠礼品是沟通人际关系的润滑剂。无论好友，还是合作伙伴，甚至国家领导人之间，相互馈赠礼品都能增进彼此的感情，表明双方私交的深浅。国礼在一定程度上昭示出两国关系，更见证了两国间的友谊。

一、馈赠的原则

在人际交往中，正当的礼品馈赠是礼仪的体现、感情的物化，它能在赠受双方架起一座心心相通的桥梁。馈赠礼品的方式多样，目的也不尽相同，但均要遵循下列原则。

（一）赠物含情，礼品要突出纪念性

送礼是表示尊敬、友好的一种方式，礼品重纪念、重情谊，不重价值。唐代诗人李白有诗云："人生贵相知，何必金与钱。"这句诗道出了礼轻情义重的哲理。人们礼尚往来，目的是联络感情，礼品不过是感情的传递物，因而"礼不在多，达意则灵；礼不在重，传情则行。"纪念性是指礼品要与一定的人、事、环境有关系，让受礼人见物思人、忆事，所以选择礼品应和送礼时的事件、人物有关，要有一定的寓意。例如，2002年2月美国总统布什访华，时值中国农历马年，国家主席江泽民把一个与原物同样大小、青铜镀金的"马踏飞燕"仿制品作为礼物送给了布什总统。马年送"马"是中国人表示吉祥的做法；"马踏飞

燕"是中国东汉时期的一件精美的工艺品,有1 800多年的历史,它表达的是快捷的意思。通过这件礼品表达出了中国希望更快地发展中美关系的美好愿望。

馈赠礼物

(二)彰显独特文化传统,礼品要体现民族性

有句话说:"越是民族的东西,就越是世界的。"每个民族、国家都有自己独特的文化传统和特点。"物以稀为贵",在送礼时这个"贵"是指珍贵,不是价值贵的意思。选择礼物不是件容易事,对于经常需要出国访问的国家领导人来说,选择国礼就更加费心费神。因此,多数国家都设有专门的礼物管理部门,由礼宾官员和艺术家一同协助领导人确定送礼清单。

据国际友谊博物馆馆长张健总结,各国领导人送礼时会优先考虑民族特色。比如,泰国和印度等佛教盛行的国家,经常赠送以佛教为题材的礼品;澳大利亚喜欢送以袋鼠、鸭嘴兽为题材的礼物;非洲国家的经典国礼是象牙、木雕。其次,国家领导人也十分乐意对外赠送工艺美术品,以彰显本国的艺术成就。意大利领导人就经常对外赠送米开朗琪罗作品的银质复制品;瓷器、丝绸则是常用的中国国礼。韩国总统李明博走马上任之后在2008年5月访华时,中国国家主席胡锦涛赠送他的就是丝绸扇子。

(三)知己知彼,礼品要有针对性

在现代交往中,许多人从主观愿望出发,不分对象或"以己之所好推及人之好",不了解对方的喜好,想当然恐怕是"物不达意"的主要原因。其实礼品不在价值高,而在受礼人喜爱。人有不同的品性和喜好,送礼要让受礼人喜爱、乐于接受,就要针对不同人的品性和喜好。在选择礼品时,要尽可能了解受礼人的性格、爱好、修养与品位,尽量把礼品送到受礼人心坎上。送礼主要不是考虑金钱问题,而是尽量让礼品起到增进友好关系的作用。例如,送给法国总统希拉克的礼物体现了普京的细心。考虑到法国领导人对北极情有独钟,普京特意让礼宾司为希拉克订制了一个纯银的白熊雕像,这个小东西让希拉克喜形于色、爱不释手。

针对性的另一方面是礼品要因事而异,即在不同情况下,向受礼人赠送不同的礼品。比如,出席家宴时,宜向女主人赠送鲜花、土特产和工艺品,或向主人的孩子赠送糖果、玩具。探视病人时,向对方赠送水果、书刊、CD为好。对旅游者而言,赠送有本国文化或民族地方特色的物品等。例如,2004年年底普京访问德国。一天的工作日程结束后,他应邀到德国总理施罗德家中做客,他特意为施罗德的两个小女儿送上新年礼物——装点松树的挂球，上面精心描绘了俄罗斯风格的花饰。施罗德不到4岁的养女也没有被遗忘，普京送给她一个毛绒玩具切布拉什卡，那是著名的俄罗斯动画片里的主角，很受孩子们喜爱。

（四）了解文化禁忌，重视礼品的文化差异性

"礼，从宜、从俗。"（《礼记·曲礼上》）赠礼都要适合当时、当地、当事人的心态和风俗。不同民族的国家有着不同的文化传统，也就有着不同的文化禁忌，选择礼品时必须考虑。例如，老人忌讳送钟，因为其谐音是"送终"；恋人之间忌送梨，因为有"离"之嫌；友人之间忌送伞，因为有"散"之嫌，也不送刀、剑或其他带有尖、刃的物品，这些有"一刀两断"之嫌，象征友谊的终结。除情人之间可互赠领带、手帕外，对一般亲友也不送手帕，因为手帕是与眼泪连在一起的。在我国台湾还有"送巾断根""送扇无相见"之说。在颜色上，一些国家的人民喜欢绿色，以绿毛龟为宠物，而在中国人看来，被送了"戴绿帽的乌龟"是极大的侮辱。在中国红色代表喜庆，黄色代表高贵，白色代表哀丧。可在北非红色代表死亡，在巴西和埃塞俄比亚黄色代表凶丧，黑色是西方人表示哀悼的色彩。在数字上，我国有"好事成双"的说法，认为偶数表示圆满、吉祥，一般喜礼忌"单"，丧礼忌"双"。广东人及港澳同胞对"8"则情有独钟。他们对"5"和"9"也颇感兴趣，因为"5"具有完全、圆满的意思，如"五湖四海""五彩缤纷"等；"9"则是皇室专用数，象征至高无上的意思，如"九五之尊"等。但我国广东人和韩国人、日本人忌讳"4"，因为"4"和"死"读起来相近。

对外宾还要坚持"五不送"。一忌送触犯外宾习俗的礼品，如欧洲人忌讳菊，阿拉伯人不喜欢熊猫和忌酒，在法国和东南亚一些国家则视"仙鹤"为"淫鸟"。二忌送过于昂贵和过于廉价的物品。三忌送印有广告的物品。四忌送药品与补品。五忌送使异性产生误会的物品，如向欧美少女赠送红玫瑰和香水、化妆品等。总之，对于不同国家和同一国家的不同地区的风俗习惯都应加以尊重。

（五）礼品的包装

目前，送给他人的礼品包装正备受重视。它如同礼品的外衣一样"买得起马，配得起鞍"，既要送人以礼品，其包装往往就必不可少。精心包装后的礼品无疑可以使受赠者感受到自己所受到的重视，就是包装本身也可以使礼品相得益彰。

在国外，人们用于礼品包装的花费往往要占送礼总支出的1/3，甚至1/2。由此可见礼品的包装在人们心目中所占的位置。过去，人们片面地认为送礼应当"重在内容，不重形式"，即使价格昂贵的工艺品，也拿张破报纸一裹了事。其实这种廉价的外包装往往会使受赠者对高档的礼品"低估"，因此，不重视礼品包装无论从哪一个方面来讲都是缺乏远见的。

如今，人们在选择礼品的时候，文化的色彩越来越浓，情感的交流显得越来越重，在此情况下依然不重视礼品的包装肯定失大于得。

在日常交往中，礼品的包装不必过分奢侈。但不论礼品本身是否装在盒子里，都应选择专用的花色、彩色的礼品纸在其外面进行一番精心的包装。然后，再用彩色的丝带在外面系上漂亮雅致的梅花结或蝴蝶结。

如果是托人转送礼品或是邮寄礼品，应专门亲笔撰写一份致词，或以自己的名片加上赠语来代替。将致词或名片备好后，应装入大小相当的小信封之中。信封上只写受赠者的姓名，不写其地址。这枚信封应置于礼品的包装上方，它不同于邮包的外套。

二、礼品的分类

礼品并不是人际交往中时时刻刻存在的东西，也不是什么时候都得送、见谁都得送。众所周知，送礼要讲究场合。依据送礼具体场合的不同，礼品可以分为以下几类。

（1）喜礼。亲友结婚、生子、乔迁、升学、晋级、出国深造，均为恭喜的场合。此时送上礼品，聊表寸心，称为喜礼。

（2）贺礼。当企业开张、大厦落成、周年庆典、个人做寿、演出成功，逢元旦、春节、中秋、国庆等良辰吉日，都值得庆贺一番。逢此场合赠送的礼品均称为贺礼。

（3）见面礼。此处所谓的见面礼与同他人会面时所行的见面礼有所不同，它是指与人初次见面时赠送的纪念性礼品，或是和久未谋面的亲友会面时互赠的礼品。

（4）慰问性礼品。亲朋好友生病了，理当前去探望。至交过世，也应前去慰问其亲属。在这两种场合所赠送的礼品均称为慰问性礼品。

（5）鼓励性礼品。对于先进模范，应当表彰、奖励；对于遇到困难、挫折的同事，应当表示理解、支持；对于取得了一定成就的晚辈，应当勉励其再接再厉。为此送给他们的礼品都称为鼓励性礼品。

三、馈赠的艺术

（一）考虑馈赠的对象

馈赠的对象，即受礼人是家属、亲戚、朋友、同事，还是领导或下级，同时考虑收礼对象的年龄、信仰、职业和爱好等。不分对象甚至会引起受礼方的不快。在国际礼仪中曾经发生过这样一件事：联邦德国前总统卡斯滕斯访问尼日尔时，东道主赠送给他一匹骆驼，而骆驼在德国是表示蠢笨的动物。虽然这位总统微笑着接收了礼物，但他心情是可想而知的。这件事说明，赠送礼品时若不考虑对象，就会适得其反，甚至闹出笑话。

一般情况下，给贫困者的礼物以实惠为好；给富裕者的礼物以精巧为佳；给结婚者的礼物具有纪念性且受欢迎；给朋友的礼物带有趣味性且受青睐；给荣升的领导礼物以庆贺性者较合适；给学生的礼物带有启智性者更适宜；给老人的礼物要有实用性；给外宾的礼物要有民族特色；等等。

（二）选择适宜的礼品

送礼时要尽可能考虑受礼人的爱好。俗话说："送人千金，不如投其所好。"人各有其不同的爱好，赠送礼品能"投其所好"最为适宜，"千里送鹅毛，礼轻情意重。"绝非越昂贵的礼品越好。送礼的技巧在于礼品的合适性，而不在于它的价值。

礼品只是寄托感情、表达思想的载体，其价值不是以金钱多少来衡量的，而是以礼品本身的意义来体现的。因此，选择礼品要根据目的和对象来区别且富有新意。有人曾经总结过这方面的技巧，选择礼品有"三贵"：一贵巧。它指的是用意巧妙，具有特定意义；东西精巧，属于名牌、特产。二贵小。送礼是没有送傻大、粗笨东西的，一般以随身携带、小巧玲珑的物品为佳。如果礼物难以搬运，送时要兴师动众，受礼者就难免产生尴尬。三贵少。送礼一般没有追求数量多的，多数遵循少而精的原则。1972年深秋，中日两国恢复邦交，田中角荣首相送给中国1 000棵日本大山樱，分别种在北京天坛、紫竹院、陶然亭等八个公园。1973年4月，正是日本樱花盛开的时节，廖承志率中日友协代表团访日，周总理让廖承志捎去几片樱叶，送给田中角荣首相。田中角荣收到这几枚在北京扎根落户的樱叶十分高兴，让人妥为保存。樱叶可谓"礼轻"，但它们传递的深情厚谊是难以言表的。

又如，1989年，老布什总统访华，李鹏总理夫妇向老布什总统夫妇赠送了飞鸽牌男女自行车各一辆，这份礼品引起老布什总统夫妇一段美好的回忆。当年，老布什任美国驻华联络处主任时，常同夫人骑自行车逛北京，游览了北京不少的名胜古迹和胡同，他的"骑自行车的外交行动"在美国传为美谈。同时，馈赠礼品的多少要本着"交浅礼薄，谊深礼重"的原则进行。礼品过重，让受礼人心理承受压力过重，反而达不到增进友谊的目的。

此外，选择礼品还应力求别出心裁、不落俗套。这样，往往能收到意想不到的效果。李鸿章是清末重臣，位居中堂，他夫人快过五十寿辰时，满朝文武百官都准备了各种礼品，届时前往祝寿。李鸿章是安徽合肥人，他家乡的父母官合肥知县当然不能无所表示了。他既想借此机会接近李鸿章，博得他的欢心，以后好步步高升，又担心自己只是一个七品芝麻官，贵重礼品送不起，一般礼品又会被看不起。正当他左右为难之时，他的师爷帮他拿主意了："老爷，这事容易，一两银子也不用，保你的礼品最为注目，列于他人礼品之上。"天下竟有这等好事？知县非常高兴，连忙问道："送什么东西？""一幅普通的寿联即可。"师爷答道。知县半信半疑，师爷忙补充道："保老爷从此飞黄腾达，不过这寿联必须由我来写，你亲自去送，并请中堂大人当场过目，不能疏忽。"知县满口答应。李鸿章夫人生日前，合肥知县星夜兼程赶到京城。祝寿那天，知县带着寿联来到李鸿章面前，一边跪拜一边说："卑职合肥知县，受人之托，前来给夫人祝寿！"边说边将上联打开，联语写的是："三月庚辰之前五十大寿。"李鸿章边看边想：夫人二月过生日，他写"三月庚辰之前"，还算聪明。李鸿章正想着，知县"哗啦"一下打开了下联。李鸿章一见，连忙双膝跪地，拜了下去。原来下联写的是："两宫太后以下一品夫人。""两宫太后"指的是当时的慈安太后、慈禧太后，是清末的当权人物，李鸿章一见"两宫太后"字样，便不由自主地跪了下来。于是，他命家人摆上香案，将此联挂在《麻姑献寿图》的两边。这幅寿联深得李鸿章的赏识，其寓意远远超过了其他文武大臣的昂贵礼品。合肥知县因这幅寿联而官运亨通、青云直上了。

（三）把握赠送的时机

赠礼要把握时机，贵在及时、准确，考虑"适时效应"。赠礼要选择恰当的时机，这样可以使赠礼自然亲切。如节假良辰、婚丧喜庆、临别远行、看望老人、病灾慰问及谢客酬宾等，在这些时候赠送一些适合受礼者需要的礼品会使对方倍感亲情和厚意。外国有一位名人说过："送得少而适时可以免去一份厚礼。"

还有一些组织的特殊纪念日，如开业典礼、周年庆典等仪式，作为合作伙伴，也应送上一份礼物，以表示节日的祝贺与纪念。同时，亲友嫁娶、乔迁之喜、添丁、寿辰等备以礼品相送，会使人们感到充实和友情的存在。同学、同事、战友走上新的岗位，为表达依依惜别之情，赠送一些礼品，留作纪念以表友谊地久天长。

1998年6月，中美两国文物部门和警方联合在北京举行仪式，庆祝美国警方和中国警方成功合作追回了一件中国被盗文物——千年石刻。美国方面非常看重这次合作的成功，为表示对中国的友好，他们把归还时间安排在克林顿总统访华期间，将这件文物的归还作为美国总统送给中国人民的礼物。克林顿总统的这件礼物确有特殊的意义。

（四）把握赠礼的地点

赠礼地点的选择也是十分重要的。通常情况下，当着众人的面赠送礼品是不合适的，给关系密切的人送礼也不宜在公开场合进行。只有象征着精神方面的礼品才适宜在众人面前赠送，如锦旗、牌匾、花篮等。

初次在办公室或公开场合见面时就送上一份重礼，会有行贿之嫌。世界各国一致认为，男士不能在公共场合给女士送鞋袜及内衣。在公关场合，宜送高雅的礼品，如书籍、纪念徽章、花束等。

（五）把握赠礼的方式

赠送礼品可有亲自赠送、邮寄赠送、托人转赠三种方式。有可能的话，还是亲自赠送为好。

亲自赠送礼品宜在与受赠者会面之初呈递。若是两对夫妇或两对情侣会面时，则赠送与接受宜在两位女士之间进行。若受赠一方的夫人或女朋友不在场时，作为女士最好不要急于把礼品呈交给男主人。

不要等到告辞时才以礼品相赠，或是一言不发地偷偷留下礼品走人。这两种做法难以使礼品发挥其应有的作用，甚至会遭到受赠者的误会。在现场赠送礼品时，通常应恭恭敬敬地用双手把礼品递交给受赠者。按惯例，赠送礼品时应当向受赠者认真、庄重地讲上几句有关祝贺、问候、送礼缘由之类的话语。如果必要的话，还应对礼品的含义、特色和用途略作说明。

邮寄赠送即通过邮局将礼品邮寄给受赠者。一般要在礼品里附上一份礼笺，礼笺上既要署名又要用规范的语句说明赠礼的缘由。

托人代赠即借助一个中间人把礼物送给受赠者。一般是为了避免尴尬、拘谨或不能当面赠送的礼品。一定要选择一个适宜的人代其送礼，而且要附上一份礼笺，还要以恰当的理由来向受赠者解释送礼人为何不能当面赠送礼品。

四、回礼的形式

俗话说："来而不往非礼也。"接受了亲朋好友的礼品之后，应当回赠给对方适当的礼品，这就是所谓的回礼。回礼可以是有形的实物，也可以是无形之物。

回礼大体包括下述三种形式。

（一）回赠以实物

这种形式特别适合于接受厚礼之后，如结婚、生子之后向送礼者回赠喜糖、喜蛋等。回赠以实物，可多可少。多则可达当初受礼的 1/4~1/2，少则意思到了即可。但不宜与当初接受的礼品等值，否则就有划清界之嫌。回礼的形式可选对方相赠之物的同类物品，或者选择与相赠之物价格大体类似的物品。1986 年，英国女王伊丽莎白二世访华时，送给李先念主席的国礼是"一封迟到 390 年的信"。那是英国女王伊丽莎白一世在 1500 年写给明朝万历皇帝的一封信。这封信表示希望中英两国之间的贸易能够得到发展。途中送信的使者遭遇不幸，因而那封信一直没有送到，交付这封信的时候，女王伊丽莎白二世对李先念主席说："幸运的是，自 1612 年以来邮政事业已经进步了许多，您邀请我们到这里来从而使信件平安地送到了，而且接受这一邀请给了我们极大的欢乐。"女王访华期间还向李先念主席夫人林佳楣同志赠送了一张女王夫妇的合影，表现了一国之君的朴素情怀。

1992 年，江泽民总书记访日时，向明仁天皇赠送了一台仿汉代张衡制作的候风地动仪。天皇很欣赏这件礼品，说它"体现了中国古代的科学进步"。同年明仁天皇访华，带来的一份国礼是他特意请日本著名画家平山郁夫画的法隆寺。法隆寺是日本现存的最古老的木结构建筑。这幅画与这次访华十分相宜。

(二) 回赠以感激

接受礼品后，应抽时间专门写一封信，向送礼者表达自己真诚的谢意。这种表示肯定会使送礼者感到欣慰，它也是一种回礼。

(三) 回赠以"不忘"

美国前总统里根的夫人南希曾在访华时得到了中国政府送给她的一件紫红色金丝线旗袍。她不仅当时就穿上它去参加国宴，而且在回国之后每次会见中国使节时都要穿上它。南希这样的做法，并不等于她没有其他衣物可穿，而是为了表示她不会忘记中国政府的盛情款待。这种做法，即与送礼人再度见面时，有意识地摆出或使用其所赠礼品，就是所谓回赠以"不忘"。从某种意义上来说，它是一种档次最高的回礼。

假如他人赠送的礼品难于接受，可在受礼后的24小时之内退礼。退还礼品，可在送礼者送礼时进行，不过不要忘了向对方表示感谢，并说明不能接受礼品的原因。有时为了不伤对方的面子，或是当时难以推辞，可在受礼之后再采取合适的方式退还。可以自己亲自前去退礼，也可以请人代劳。

如有可能，在拒收礼品后，应专门致信或发电子邮件向送礼者说明原因，并表示歉意。在信上不能使用任何嘲讽、挖苦、漫骂和侮辱性的字眼。最好在信上说明一下拒收礼品是本人的决定，还是因为受礼会违反有关的政策、规定。这样做，是要给送礼者留有余地。作为送礼者，若送给他人的礼品遭到拒绝，不要恼羞成怒，或是马上面露不快。送礼人应当仔细找一找原因，对方的拒绝，究竟是客套，还是没有任何回旋的余地。即使是对方真的拒绝，也应当多从自身方面找找"过失"，看看是不是礼品本身欠妥，还是送礼的时间、场合、动机等方面存在问题。

第四节 送花礼仪

花是美的化身，是感情的纽带、友好的信使。以花传情、以花为媒，是我们中华民族古老的传统。古代很长一段时期，"花"与"华"是同一个字，所以有人推断"中华"还有"百花之中"的寓意，于是也就形成了中华民族特有的爱花、种花、赏花、画花、插花、唱花、咏花及赠花等全方位的花文化表现形式。

在人际交往中，人们普遍认为馈赠鲜花有品位、高雅脱俗、温馨浪漫，也易获得成功。送人以鲜花，既可以"借物抒情"，表达感情，增进友谊，也可以提升馈赠行为的品位和境界。所以，赠花寄情已成为人们社交生活中一种高雅文明的重要礼仪。

一、花的感情象征

在许多情况下，人们都习惯于把鲜花的通用寓意叫做花语。准确地说，所谓花语，是指人们根据千姿百态的花卉各自的特征、习性，赋予它们象征寓意，借以表达人类某种情感、愿望或象征的语言。常用的花语主要有"借物抒情"和"寓情于景"两类。

花卉

在全部花语中，相当一部分是人们用来"借物抒情"和表达情感的。例如，蔷薇花美丽、圣洁，它表示崇高、神圣的爱情，尤其是红色的蔷薇，更是初恋者赠送的佳品。据神话传说，有一位爱神要亲手采摘蔷薇花去送给自己的恋人。由于心情过于急切，动作有些慌乱，所以一不小心手指被花枝刺破，鲜血就洒在了蔷薇花的花瓣上，把本来雪白的花瓣染成了红色。爱神拿着用自己的鲜血染红的蔷薇花去送给恋人，恋人见到后十分激动，以百倍的感激之情回报了爱神的忠贞。因而红色的蔷薇花就代表着对爱情的纯真和坚定，尤为恋人所钟爱。

还有相当数量的一部分花是被用来"寓情于景"和表达人之常情的。例如，玫瑰表示爱情，丁香表示初恋，柠檬表示挚爱，橄榄表示和平，桂花表示光荣，白桑表示智慧，水仙表示尊敬，百合表示纯洁，茶花表示美好，紫藤表示欢迎，豆蔻表示别离，杏花表示疑惑，垂柳表示悲哀，石竹表示拒绝，等等。

另外，还可以用几种鲜花搭在一起送人，不同的花语组合在一起形成了新的花语。比如，在看望病人时，用表示安慰的红粟和表示幸福即将来临的野百合花组合在一起，可表示"放心吧，您很快将康复"。用表示勤勉的红丁香、表示谨慎的鸟不宿和表示战胜困难的菟丝子组合而成的花束赠予友人，可表示"君如奋斗，必将成功"。用表示成婚的常春藤、表示结合的麦藁和表示羁绊的五爪龙组合而成的花束赠予新婚者，可表示"同心相爱，永不分离"。用表示分别的杉枝、表示祝愿的香罗勒和表示勿忘我的胭脂花组合而成的花束赠予远行之人，则可表示"君祝福，君勿忘我"。

二、赠花的讲究

赠送鲜花的形式多种多样，可送花束、花篮、盆花、插花和花环。日常生活中，还可送头花和胸花。男士可放在西服上衣的左胸上作为装饰用。还可做成花圈，在缅怀、悼念逝者的场合使用。送花，一般情况要赠送鲜花，尽量不要用干花、纸花或者是萎蔫凋零的花。在国际交往中要更加注意。

送花要讲究技巧，合乎礼仪，要注意不同对象、不同场合中花的不同寓意。比如，看望长辈，拜访尊敬的名人、长者，可送兰花。兰花在花草中为风雅之首，它品质高洁，花开幽香清远，被人们推崇为"天下第一香"，还有"正人君子"之称。还可以送水仙花，祝愿长者吉祥如意。看望父母时，可买几枝代表着健康的剑花，送给母亲最适宜的花是康乃馨。恋人相会时,可以送玫瑰花,表示爱情;送蔷薇花,表示热恋;送丁香花,表示对爱情的坚贞不渝。参加婚礼或看望新婚夫妇时,可送海棠花,表示祝君新婚快乐;可送并蒂莲,表示祝愿夫妻恩爱、白头偕老;还可送月季花,表示祝福甜蜜爱情永不衰。朋友远行、出国学习,可以送芍药花,表示依依惜别之情;送红豆,表示相思与怀念;也可以用杉枝、香罗勒和胭脂花组成花束相赠,表示"再见,祝您一切美好"。

三、送花的时机和技巧

在现代交际活动中,要使送花的效果恰到好处,那么需要巧择时机。抓住适合以花相赠的时机赠人以鲜花,更易达到交际目的。

(一)例行时机

在公关活动中,在以下场合以花赠人,早已被很多人所采用。

1. 喜礼之用

遇到亲朋好友结婚、生子、做寿、乔迁、升学、晋职及出国诸般喜事,可赠送鲜花,作为喜礼,恭喜对方。

2. 贺礼之用

参与某些应表祝贺的活动,如企业开张、展览开幕、大厦奠基、新船下水、周年庆典及演出成功等,可赠送鲜花,作为贺礼。例如,友人乔迁之喜,可赠文竹、米兰、兰花、君子兰、蛇鞭菊、鸢尾或紫薇花、月季花,祝贺平安和兴旺。朋友新店开张、公司开业,可送牡丹、报喜花、吉祥花、红月季、康乃馨、大丽花、金达莱、红菖兰及步步登高等,也可赠发财树等,祝事业发达、财源广进。

3. 节庆礼之用

逢年过节,遇到诸如春节、中秋节、国庆节、老人节、母亲节、父亲节、教师节、青年节、妇女节及情人节之类的良辰吉日,可向亲友赠送鲜花。

4. 嘉奖礼之用

对于先进、模范、英雄、义士以及在各类比赛中的获胜者,或为国家、单位赢得荣誉者,可赠送鲜花,表示嘉奖和鼓励。

5. 慰问礼之用

当亲友、邻里、同事、同学、同乡或其家人碰到不幸、挫折时,如失学、失业、失恋、生病,或是遇到其他一些天灾人祸时,应前去慰问,并赠以鲜花。例如,慰问德高望重的老者或离退休老人可送兰花、君子兰、晚香玉、剑兰及红枫等,象征品质高洁,老有所为;探望病人,可送兰花,象征着"正气清运,贵体早康",或者送马蹄莲、苍兰、水仙、鸢尾、满天星、红罂粟和野百合,表示慰问,祝福康复。

6. 祭奠礼之用

当自己为他人祭祀、扫墓时,可以花为礼,追思、缅怀故人,或者表示自己的一番敬意。例如,丧礼宜送菊花、百合花、玫瑰和夜来香,颜色以白、黄为好,对高龄死者,可送紫色。

（二）巧用时机

在下列情况下，用鲜花赠人，不仅独出心裁、富有创意，令人耳目一新，而且往往也有助于赠受双方关系的发展或改善。

1. 做客之时

前往他人居所做客时，选择何种礼品经常让人颇费思量。其实，此时假若以鲜花为礼，既显脱俗高雅，又不至于让对方为难或猜忌。例如，走亲访友、送往迎来，可选含有喜庆吉祥之意的鲜花，如金橘、水仙花、步步登高、状元红、大丽花、万年青和吉祥草，以表达美好的祝愿。

2. 迎送之时

当与自己关系密切者即将远行，或者远道归来之际，向其赠送一束鲜花，可以巧妙地向对方表达自己的亲情、友情或爱情。例如，到车站、机场迎接来客，可赠月季、百合花，辅以满天星，表示热烈欢迎和崇敬；送别时，可赠芍药、"折柳"，表示难舍难分之意。

3. 重要纪念日

每逢重要的私人纪念日，例如，与恋人初识之时，与配偶定情之日以及对方生辰和双方结婚纪念日时，送花给对方且可略表寸心，显示自己"我心依旧"，珍爱对方且一如既往。例如，对中青年祝贺生日可送火红的石榴花、大红月季花、象牙花、马蹄莲、银芽柳、蛇鞭菊和茶花，含有火红年华和前程辉煌祝愿之意。为老年人祝寿，可选万年青、寿星草、菊花、万寿菊、松柏、长寿花、福寿花和文竹，表示祝愿老人健康长寿，永葆青春。

4. 示爱之时

向自己的意中人吐露爱慕之意，对不少人来说都是一桩"心思好动、口难开"的为难之事。此时，不妨以花为媒，"借花开道"，通过向对方献花，坦露自己的心扉。例如，恋人相会时，可以送玫瑰花，表示爱情；送蔷薇花，表示热恋；送丁香花，表示对爱情的坚贞不渝。

四、送花的禁忌

由于同一种花在不同的国家、不同的民族往往会被赋予大不相同的寓意，所以在送花时，必须了解交往对象的风俗习惯和花的不同寓意，避免出现笑话，甚至造成严重的后果。下面从花的品种、色彩、数量及谐音等方面来讲送花的禁忌。

（一）花的品种

同一品种的鲜花，在不同国家和地区寓意不同，甚至相反。比如，中国人喜欢荷花，是因其"出淤泥而不染，濯清涟而不妖"，但是日本人忌送荷花，认为荷花同死亡相连，所以不要送荷花给日本人。

中国人喜欢菊花，北京每年秋季还要举办菊花展，但是菊花绝不能送给西方人。因为在西方很多国家，菊花寓意死亡，只能在丧葬活动中使用。

在一些西方人眼里，还有一些花的寓意比较特殊，如白百合花和大丽花只能在丧礼上使用，平时不能送人；石竹花有招致不幸的寓意；红玫瑰只能是恋人和情人的专利，做客时把红玫瑰送给女主人会令人难堪的。

（二）花的色彩

鲜花的颜色万紫千红、艳丽多彩，但是不同的国家和民族对鲜花的色彩却有不同的理解。

例如，中国人喜欢红色，根据中国的传统民俗，认为红色大吉大利。新人结婚时，也用大红"喜"字布置新房，新娘也常穿红色的衣服。而在西方人眼里，白色的鲜花象征着纯洁无瑕，新人的衣裙应是白色的。但是在很多中国人看来，送给新人白色的鲜花象征着"不吉利"。

在西方国家，送黄色的花意味着变节、不忠诚或者分道扬镳。送纯红色的花则意味着向对方求爱。一般西方人送花时，常以多种颜色的鲜花组成一束赠送，很少送清一色黄色或红色的花。

（三）花的数量

关于送花的数量，有不少的讲究。比如，在中国，人们参加喜庆活动往往要送双数，意味着"好事成双"；而在丧葬仪式上则应送单数。而在西方，在情人节这一天，送恋人或妻子一枝红玫瑰，象征爱情专一。红玫瑰一般只是送给自己的母亲、妻子、姊妹及未婚妻、情人的，但不宜送给朋友的妻子或有夫之妇。

花的数量

在西方国家，送人鲜花要送单数。他们认为：自然的美是不对称的，花是自然的一部分，选择偶数的花缺乏审美感和鉴赏力。所以送奇数花是吉利的象征，但送13枝是不吉利的。北欧国家和俄罗斯人喜欢奇数，俄国对"7"情有独钟；在日本、韩国、朝鲜和中国南方的一些地区，由于发音或其他的原因，认为"4"是不吉利的，送鲜花时，数不能是"4"枝。日本人还忌讳送花数目为"9"的，认为送给他们"9"枝花，是将其视为强盗；也不能送日本人有16瓣的菊花，因为这是日本皇室纹章的标记。日本人送给母亲的花通常由凌霄花、僧鞋菊、报春花、金钱花和冬青五种花组成，表达在母爱的呵护下子女快乐成长之意，但数量应回避"6"与"9"。

（四）花的忌讳与谐音

在我国的南方和港澳台地区给生意人送桃花，能令其喜笑颜开，因为它含有红火之意。如送梅花和茉莉花，则会使人感到不吉利，因为梅与"霉"、茉莉与"没利"同音。同样，在这些地区有"金橘"不送人的说法，因金橘象征"有金有吉"，如果送人了，自己就没"金"和"吉"了。如前所述，在日本、韩国、朝鲜及中国的广东、海南、香港、澳门、台湾等地区，送花不能送"4"枝，因为"4"与"死"读音相同。在中国的广州和香港，探望病人避免送剑兰，因为"剑兰"与"见难"发音相近。也不能送盆花，因有"不除病根"之意。所以，送花要因人、因场合而异，注意其宜与忌。

总之，赠送鲜花已成为社会交往中深受人们欢迎的一种馈赠形式。赠送鲜花，首先要掌握好花语，即人们借用花卉来表达人类某种情感、愿望或象征的语言。送花时，还要讲究送的形式和技巧，尤其要注意花的品种、色彩和数量等的禁忌。正确赠送鲜花，以花传情，使鲜花在人们的生活中开得更加艳丽动人。

想一想，练一练

1. 一位女士，在伦敦留学，曾在一家公司打工。女老板对她很好，在很短的时间内给她加了几次薪。一天，老板生病住院，这位女士打算去医院看望老板，于是她在花店买了一束红色玫瑰花。在半路上，她突然觉得这束花的色彩有点儿单调，而且看上去俗气，就又去买了十几枝黄玫瑰，并且与原来的玫瑰花插在了一起，自己感到很满意，走进了病房。结果，老板见到她的时候，先是高兴，转而大怒。

（1）这位女士违反了什么礼仪？

（2）你能帮这位女士出主意解决吗？

2. 两人一组，设置情景有迎接、生日、母亲节、送别及元旦等，模拟送礼、受礼和表示感谢。

3. 一位著名教授（男士）到穆斯林民族聚集地讲学，当地少数民族的同志热情好客，在送别时送给汉族教授一顶绿帽子，绿色是穆斯林民族最喜欢的颜色。你若是教授，你会怎么做？

4. 我国有56个民族，请你搜集各民族的禁忌，并为他们选出符合民族习俗的礼品。

第七章 餐饮礼仪

本章导读

➢ 了解现代中国餐饮类别。
➢ 掌握现代礼仪的原则。

第一节 中餐礼仪

礼仪小常识——筷子的十二种忌讳

中国人使用筷子用餐是从远古流传下来的，古时又称其为"箸"。日常生活当中对筷子的运用是非常有讲究的。一般我们在使用筷子时，正确的使用方法讲究的是用右手执筷，大拇指和食指捏住筷子的上端，另外三个手指自然弯曲扶住筷子，并且筷子的两端一定要对齐。在使用过程当中，用餐前筷子一定要整齐码放在饭碗的右侧，用餐后则一定要整齐的竖向码放在饭碗的正中。但这要绝对禁忌以下12种筷子的使用方法。

（1）"三长两短"。这意思就是说在用餐前或用餐过程当中，将筷子长短不齐地放在桌子上。这种做法是大不吉利的，通常我们管它叫"三长两短"。其意思是代表着"死亡"。因为中国人过去认为人死以后是要装进棺材的，在人装进去以后，还没有盖棺材盖的时候，棺材的组成部分是前后两块短木板，两旁加底部共三块长木板，五块木板合在一起做成的棺材正好是三长两短，所以说这是极为不吉利的事情。

（2）"仙人指路"。这种做法也是极为不能被人接受的，这种拿筷子的方法是，用大拇指和中指、无名指、小指捏住筷子，而食指伸出。这在北京人眼里叫"骂大街"。因为在吃饭时食指伸出，总在不停地指别人，北京人认为一般伸出食指去指对方时，大都带有指责的意思。所以说，吃饭用筷子时用手指人，无异于指责别人，这同骂人是一样的，是不能够允许的。还有一种情况也是这种意思,那就是吃饭时同别人交谈并用筷子指人。

(3)"品箸留声"。这种做法也是不行的,其做法是把筷子的一端含在嘴里,用嘴来回去嘬,并不时地发出咝咝声响。这种行为被视为是一种无教养的做法。因为在吃饭时用嘴嘬筷子的本身就是一种无礼的行为,再加上配以声音,更是令人生厌。所以一般出现这种做法都会被认为是缺少家教,同样不能够允许。

(4)"击盏敲盅"。这种行为被看作是乞丐要饭,其做法是在用餐时用筷子敲击盘碗。因为过去只有要饭的人才用筷子击打要饭盆,其发出的声响配上嘴里的哀告,使行人注意并给予施舍。

(5)"执箸巡城"。这种做法是手里拿着筷子,做旁若无人状,用筷子来回在桌子上的菜盘里寻找,不知从哪里下筷为好。此种行为是典型缺乏修养的表现,且目中无人极其令人反感。

(6)"迷箸刨坟"。这是指手里拿着筷子在菜盘里不停地扒拉,以求寻找猎物,就像盗墓刨坟一般。这种做法同"执箸巡城"相近,都属于缺乏教养的做法,令人生厌。

(7)"泪箸遗珠"。实际上这是用筷子往自己盘子里夹菜时,手里不利落,将菜汤流落到其他菜里或桌子上。这种做法被视为严重失礼,同样是不可取的。

(8)"颠倒乾坤"。这就是说用餐时将筷子颠倒使用,这种做法是非常被人看不起的。正所谓饥不择食,以至于都不顾脸面了,将筷子倒使,这是绝对不可以的。

(9)"定海神针"。在用餐时用一只筷子去插盘子里的菜品,这是被认为对同桌用餐人员的一种羞辱。在吃饭时做出这种举动,无异于在欧洲当众对人伸出中指,这也是不行的。

(10)"当众上香"。这种做法往往是出于好心帮别人盛饭时,为了方便省事把一副筷子插在饭中递给对方。这种行为会被人视为大不敬,因为中国人的传统是为死人上香时才这样做,如果把一副筷子插入饭中,无疑是被视同于给死人上香一样,所以说,把筷子插在碗里是绝不被接受的。

(11)"交叉十字"。这一点往往不被人们所注意,在用餐时将筷子随便交叉地放在桌上。这是不对的,因为人们认为在饭桌上打叉子,是对同桌其他人的全部否定,就如同学生写错作业时,被老师在作业本上打叉子的性质一样,不能被他人接受。除此以外,这种做法也是对自己的不尊敬,因为过去吃官司画供时才打叉子,这也就无疑是在否定自己,这也是不行的。

(12)"落地惊神"。所谓"落地惊神"的意思是指失手将筷子掉落在地上,这是严重失礼的一种表现。因为人们认为,祖先们全部长眠在地下,不应当受到打搅,筷子落地就等于惊动了地下的祖先,这是大不孝,所以这种行为也是不被允许的(当然这可能是一种传说)。但掉筷子对同桌其他人也是一种不敬,也是不礼貌的行为。

以上所说的12种筷子的禁忌,是我们日常生活当中所应当注意的。中国作为一个礼仪之邦,通过对一双小小筷子的用法,就能够让人们看到它那深厚的文化积淀。

饮食礼仪,源远流长,是社会文明的具体体现之一。每个民族在长期的饮食生活实践中,都会形成一套属于自己的规范化饮食礼仪。中国饮食礼仪,数千年来由上到下成规成矩,一以贯之,成为中国一种文化现象的特征。据相关文献记载可知,在周代,饮食礼仪已形成一套相当完善的制度,特别是曾经任鲁国祭酒的孔子的称赞和推崇而成为历朝历代表现大国之貌、礼仪之邦、文明之所的重要方面。作为传统的古代宴饮礼仪,而当代世界的饮食

第七章 餐饮礼仪

礼仪甚为规范，尤其在正式宴会中更显得井井有条并发挥着重要的用作。餐饮是一种常见的社交活动，中国餐饮文化很丰富，中国人热情好客，很讲究餐饮礼仪。

一、中国古代餐饮礼仪

古代宴饮礼仪有这样一套程序：主人折柬相邀，临时迎客于门外。宾客到时，互致问候，引入客厅小坐，敬以茶点。客齐后导客入席，以左为上，视为首席，相对首座为二座，首座之下为三座，二座之下为四座。客人坐定，由主人敬酒让菜，客人以礼相谢。席间斟酒上菜也有一定的讲究：应先敬长者和主宾，最后才是主人。宴饮结束，引导客人入客厅小坐，上茶，直到辞别。这种传统宴饮礼仪在我国大部分地区仍保留完整，如我国的山东、香港及台湾地区，许多影视作品中也多有体现。

同时，中国古代，在饭、菜的食用上都有严格的规定，通过饮食礼仪体现等级区别。如王公贵族讲究"牛宜秫，羊宜黍，象宜稻，犬宜粱，雁宜麦，鱼宜菰，凡君子食恒放焉"。而贫民的日常饭食则以豆饭藿羹为主，"民之所食，大抵豆饭藿羹。"有菜肴二十余种。"凡王之馈，食用六谷，膳用六牲，饮用六清，羞用百有二十品，珍用八物，酱用百有二十瓮。"这告诉我们，进献王者的饮食要符合一定的礼教。《礼记·礼器》曰："礼有以多为贵者，天子之豆二十有六，诸公十有六，诸侯十有二，上大夫八，下大夫六。"

民间平民的饮食之礼则"乡饮酒之礼，六十者三豆，七十者四豆，八十者五豆，九十者六豆，所以明养老也"。乡饮酒，是乡人以时聚会饮酒之礼，在这种庆祝会上，最受恭敬的是长者。

中餐厅

礼产生于饮食，同时又严格约束饮食活动。不仅讲求饮食规格，而且连菜肴的摆设也有规则。《礼记·曲礼》曰："凡进食之礼，左肴右胾，食居人之左，羹居人之右。脍炙处外，醯酱处内，葱渫处右，酒浆处右。以脯脩置者，左朐右末。"这套规则在《礼记·少仪》中也有详细记载。在用饭过程中，也有一套繁文缛礼。《礼记·曲礼》记载："共食不饱，共饭不择手，毋抟饭，毋放饭，毋流歠，毋咤食，毋啮骨。毋反鱼肉，毋投与狗骨。毋固获，毋扬饭，饭黍毋以箸，毋捉羹，毋刺齿。客絮羹，主人辞不能烹。客歠醢，主人辞以窭。濡肉齿决，于内不齿决。毋嘬炙。卒食，客自前跪，撤饭齐以授相者，主人兴辞于客，然后客坐。"

二、现代中餐礼仪

（一）中国餐饮（宴会）类别

餐饮是一种常见的社交活动，中餐宴会是指具有中国传统民族风格的宴会，遵守中国人的饮食习惯和礼仪规范。

宴请活动就其目的、性质而言，大约分为三种：一种是礼仪性质的，如为迎接重要的来宾或政界要员的公务性来访而设宴；为庆祝重大的节日或举行一项重要的仪式等举行的宴会，都属于礼仪上的需要，这种宴会要有一定的礼宾规格和程序。另一种是交谊性的，主要是为了沟通感情、表示友好、发展友谊而举行的宴会，如接风、送行、告别以及聚会等。再一种是工作性质的，主人或参加宴会的人为解决某项工作而举行的宴请，以便在餐桌上商谈工作。

这三种情况又常交叉而用，兼而有之。三种宴会的目的、形式、性质均不同，但宾主所遵循的基本礼仪是一致的。

以用餐为形式的社交聚会，宴会可以分为正式宴会和非正式宴会两种类型。正式宴会，是一种隆重而正规的宴请，是为宴请专人而精心安排的，在比较高档的饭店，或是其他特定的地点举行的，讲究排场、气氛的大型聚餐活动。它对于到场人数、穿着打扮、席位排列、菜肴数目、音乐演奏及宾主致词等，往往都有十分严谨的要求和讲究。非正式宴会，也被称为便宴，也适用于正式的人际交往，但多见于日常交往。它的形式从简，偏重于人际交往，而不注重规模、档次。一般来说，它只安排相关人员参加，不邀请配偶，对穿着打扮、席位排列、菜肴数目往往不作过高要求，而且也不安排音乐演奏和宾主致词。

（二）中餐宴请礼仪

1. 用餐地点的选择

吃是拉近人与人之间距离最好的办法，因此餐厅已不再是一个单纯的用餐空间，用餐地点的选择直接影响着餐宴的效果。中华民族几千年的文化、地大物博的疆域和历代的风流人物，都成了各类餐厅取之不尽的素材，常见的形式有以下几种。

（1）以特定的历史朝代为主题。

这种形式的餐厅带有浓厚的历史韵味，在菜肴、装饰和服务等方面，都尽显历史风貌，如大唐酒楼、清宫御膳房等。

（2）以特定的地方菜色为主题。

很多餐厅都是选择众多菜系中的一种，作为制定菜单、装饰布置和服务的基础，形成了以地方菜系为主题的餐厅，如黔湘阁、苏浙汇等。

（3）以风景名胜为餐厅布置的主题。

通过壁画、雕像和具有地域特色的装饰等来突出餐厅的主题。对于既想享受美味佳肴，又想领略名胜风光的人，这是绝好的选择，如长城厅、敦煌宫、西湖轩、梅龙镇等。

（4）以花草植物为主题。

以盆栽、木刻、壁画等为客人营造出身临其境的氛围，如桃园、梅苑、芙蓉楼等。

(5) 以历史文学为主题。

根据大家耳熟能详的历史素材进行改编或取其谐音，如川国演义等。

商务宴请选择用餐地点时主要考虑是否能降低彼此的戒备心，创造无压力的就餐氛围。它要求灯光要暗淡些，并演奏朦胧的音乐。客户的视线应当被一个屏风或一个巨大的绿色植物挡住，这样才能使客人聚精会神，容易获得有利的决定。

2. 点菜礼仪

根据我们的饮食习惯，与其说是"请吃饭"，还不如说成"请吃菜"，所以对菜单的安排马虎不得。很多人请客吃饭，对各个菜系尚不熟悉，就经常会出现点的菜客人不喜欢吃的情况。目前，中国最具有代表性的八大菜系是鲁、川、粤、闽、苏、浙、湘和皖。有人用拟人化的手法将它们的特色描绘得淋漓尽致：苏、浙菜好比清秀素丽的江南美女；鲁、皖菜犹如古拙朴实的北方壮汉；粤、闽菜宛如风流典雅的公子；川、湘菜就像内涵丰富充实、才艺满身的名士。

不同的菜肴也有不同的烹调方法，比如，焖就是将煎、炸、炒或水煮的原料，加入酱油、糖等，用旺火烧开，再用小火长时间加热。制品形态完整，不碎不裂。烩就是将加工成片、丝、条、丁的多种原料一起用旺火制成半汤半菜的菜肴。此外，还有烘、煮、炸、烤、滚、爆、蒸、燉及煨等方法。了解基本的烹调技巧，也有助于点出主宾双满意的菜单。

一般情况下，一顿标准的中餐菜单结构包括以下几个方面。

- 前菜（开胃菜）
- 汤（羹汤）
- 主菜（大菜）
- 面类或米饭
- 点心（甜点）

（1）开胃菜通常是四种冷盘组成的大拼盘。有时种类可多达十种。最具代表性的是凉拌海蜇皮、皮蛋等。有时冷盘之后，接着出四种热盘，常见的是炒虾、炒鸡肉等。不过，热盘多半被省略。

（2）主菜紧接在开胃菜之后，又称为大件、大菜。如菜单上注明有"八大件"，表示共有八道主菜。主菜的道数通常是四、六、八等的偶数，因为中国人认为偶数是吉数。在豪华的餐宴上，主菜有时多达十六或三十二道，但普通餐宴上是六道至十二道。这些菜肴是使用不同的材料，配合酸、甜、苦、辣、咸五味，以炸、蒸、煮、煎、烤、炒等各种烹调法搭配而成。其出菜顺序多以口味清淡和浓腻交互搭配，或干烧、汤类交配为原则。最后通常以汤作为结束。

（3）点心是指主菜结束后所供应的甜点，如馅饼、蛋糕、包子及杏仁豆腐等。最后则是水果。做东招待时，可请客人点菜或请女士先点。

关于点菜礼仪还应注意以下一些细节问题。

① 在安排菜单时，必须考虑来宾的饮食禁忌，特别是要对主宾的饮食禁忌高度重视。如宗教的饮食禁忌，"三高"患者出于健康原因的禁忌，喜欢吃辛辣食物等地域偏好，等等。

② 先决定主菜，再搭配其他，主菜代表着品位，也代表了主人的"立场"，也就是"预算价位"，因此主菜点什么，请客者应有主见。

③ 当天的特色菜可以附加在菜谱上，也可以用立式菜单放在台面上，有时还在餐厅的门口用广告形式陈列。特色菜可能是原料过剩的品种，也可能是时令菜或厨师的拿手菜。如果它是剩余菜或时令菜时，通常是比较便宜的，可以适当选择。

3. 中国酒知识

"对酒当歌，人生几何？"古人饮酒的豪放胸襟，难以言喻的情感一览无余，中国也是古老的酿酒国家。我们的祖先最早是在偶然的机会中发现含糖的野果也会自然发酵成酒的。自古就有"猿猴造酒"的传说，说的是生活在山林中的猿猴造酒，将吃剩的果子集中堆放起来，由于附在果皮上的酵母菌等微生物的作用，成熟的果子自然发酵，便酿成了原始的酒，称之为"猿酒"。酒是常用的饮品，俗话说无酒不成席。常见的可分为白酒、黄酒、啤酒及保健药酒几大类。

（1）白酒是餐宴场合的情感催化剂。中国传统的八大名酒包括贵州茅台酒、山西汾酒、四川五粮液、四川剑南春、安徽古井贡酒、江苏洋河大曲、贵州董酒和泸州老窖特曲。

（2）黄酒：绍兴加饭酒、龙岩沉缸酒等。

（3）啤酒：有生啤酒、干啤酒、黑啤酒等若干种。斟啤酒时应先慢倒，接着猛冲，最后轻轻抬起瓶口，其泡沫自然高涌，汽泡保持了啤酒的新鲜美味，一旦泡沫消失，香气减少，则苦味必加重，有碍口感。

（4）保健药酒：山西竹叶青等。

4. 餐桌摆放礼仪

每个人座位面前都摆有筷子、汤匙、取菜盘子、调味盘、汤碗、茶杯及酒杯等。有时也会备有放置骨头的器皿或餐巾。筷子，多使用柱形长筷。以往会以象牙、珊瑚制作的筷子作为地位的象征，不过，今日仿镶牙的塑胶筷子已相当普遍了。使用长筷子的原因是便于夹菜。汤匙，多为陶瓷制，有时会备置搁置汤匙的汤匙架。取菜盘子，是盘缘稍高的中型盘子，有时准备两只。深碗多为开口较深的汤碗。

（三）**餐具使用礼仪**

和西餐相比较，中餐的一大特色就是就餐餐具有所不同。我们主要介绍一下平时需要注意的餐具。

1. 筷子

筷子是中餐最主要的餐具。筷子，通常必须成双使用。用筷子取菜、用餐的时候，要注意下面几个"小"问题：一是不论筷子上是否残留着食物，都不要去舔。用舔过的筷子去夹菜，是不是有点倒人胃口？二是和人交谈时，要暂时放下筷子，不能一边说话，一边像指挥棒似地舞着筷子。三是不要把筷子竖插放在食物上面。因为这种插法，只在祭奠死者的时候才用。四是严格筷子的职能。筷子只是用来夹取食物的。用来剔牙、挠痒或是用来夹取食物之外的东西都是失礼的。

2. 勺子

它的主要作用是舀取菜肴、食物。当用筷子取食时，也可以用勺子来辅助。尽量不要单用勺子去取菜。用勺子取食物时，不要过满，免得溢出来弄脏餐桌或自己的衣服。在舀取食物后，可以在原处"暂停"片刻，汤汁不会再往下流时，再移回来享用。暂时不用勺子时，应放在自己的碟子上，不要把它直接放在餐桌上，或是让它在食物中"立正"。用勺子取食物后，要立即食用或放在自己碟子里，不要再把它倒回原处。如果取用的食物太烫，不可用勺子舀来舀去，也不要用嘴对着吹，可以先放到自己的碗里等凉了再吃。不要把勺子塞到嘴里，或者反复吮吸、舔食。

3. 盘子

稍小点的盘子就可称为碟子，主要用来盛放食物，在使用方面和碗略同。盘子在餐桌上一般要保持原位，而且不要堆放在一起。需要着重介绍的是，一种用途比较特殊的被称为食碟的盘子。食碟的主要作用是用来暂放从公用的菜盘里取来享用的菜肴的。用食碟时，一次不要取放过多的菜肴，看起来既繁乱不堪，又显得有失礼节。不要把多种菜肴堆放在一起，弄不好它们会相互"窜味"，不好看，也不好吃。不吃的残渣、骨、刺不要吐在地上、桌上，而应轻轻地放在食碟前端，放的时候不能直接从嘴里吐在食碟上，要用筷子夹放到食碟旁边。如果食碟放满了，可以让服务员更换。

4. 水杯

水杯主要用来盛放清水、汽水、果汁、可乐等软饮料时使用。不要用它来盛酒，也不要倒扣水杯。另外，喝进嘴里的东西不能再吐回水杯。

5. 餐巾

中餐用餐前，比较讲究的话，会为每位用餐者上一块湿毛巾。它只能用来擦手。擦手后，应该放回盘子里，由服务员拿走。有时候，在正式宴会结束前，会再上一块湿毛巾。和前者不同的是，它只能用来擦嘴，却不能擦脸、抹汗。

6. 牙签

尽量不要当众剔牙。非剔不行时，用另一只手掩住口部，剔出来的东西，不要当众观赏或再次入口，也不要随手乱弹，随口乱吐。剔牙后，不要长时间叼着牙签，更不要用剔过牙的牙签来扎取食物。

（四）用餐礼仪

1. 座次安排

目前我国大部分都以中餐圆桌款宴客人，但必须注意下列原则。

（1）以右为尊，左为卑。如男女主人并座，则男左女右，以右为大。如席设两桌，男女主人分开主持，则以右桌为大。

（2）职位或地位高者为尊，高者座上席，依职位高低，即官阶高低定位，不能逾越。

（3）女士以夫为贵，其排名的秩序，与其丈夫相同。

（4）遵守社会伦理，长幼有序，师生有别，在非正式的宴会场合尤应遵守。

（5）如男女主人的宴会，邀请了他们的顶头上司，如经理邀请了其董事长，则男女主人必须谦让其应坐的尊位，改坐次位。正式宴会，一般都事先安排座次，以便参加宴会者入席时井然有序，同时也是对客人的一种礼貌；非正式的宴会不必提前安排座次，但通常就座也要有上下之分。安排座位时应考虑以下几点。

一是以主人的位置为中心。如有女主人参加，则以主人和女主人为中心，以靠近主人者为上，依次排列。

二是要把主宾和夫人安排在最主要的位置。通常是以右为上，即主人的右手边是最主要的位置。离门最远的、面对着门的位置是上座，离门最近的、背对着门的位置是下座，上座的右边是第二号位，左边是第三号位，依次类推。

三是在遵从礼宾次序的前提下，尽可能使相邻者便于交谈。

四是主人方面的陪客应尽可能插在客人之间，以便与客人交谈，避免自己的人坐在一起。

餐桌座次的暗示：在中国的饮食礼仪中，坐在哪里非常重要，主座一定是买单的人。主座是指距离门口最远的正中央位置。主座的对面坐的是邀请人的助理，主宾和副主宾分别坐在邀请人的右侧和左侧，位居第三位、第四位的客人分别坐在助理的右侧和左侧。让邀请人和客人面对而坐，或让客人坐在主桌上都算失礼，中国的文化是不让客人感到紧张。邀请人可以指定客人的座位。自己的部下或晚辈也可被安排在比自己更重要的位置上，通过分配座位，中国人暗示谁对自己最重要。

2. 上菜程序

宴会之前，应按照宴请所要达到的目的，列出被邀请宾客的名单。确定主宾、副主宾以及陪同客人。宴请时间应以主宾最合适的时间来确定，以多数宾客能来参加宴会为准则。宴会场所的选定，要考虑生活习惯、民族差异及宗教信仰等方面的因素。宴会的菜谱要做到丰俭搭配、主次分明。应特别照顾主宾的饮食习惯。

正规的宴席上菜顺序应该是这样的：手碟—冷碟—热炒—大菜—饭点—茶果。

（1）手碟。

手碟其实是为早到的客人准备的，主要供宾主谈心和等人用。传统上有蜜饯和糕点，但现在流行以茶水、瓜子代替。

（2）冷碟。

冷碟实际上不是给人食用的，而是给人看的，或者是在一道道的热炒大菜之间为了不停筷子而准备的。在正规的宴席上，什锦拼盘是不能用的，必须用主碟和围碟。主碟食用意义并不大，主要讲究拼盘的漂亮和雕刻的工艺。一主碟带 8~12 个围碟，围碟以装食用东西为主，但一定要在总体上对主碟起衬托作用。

（3）首汤。

首汤，这主要是广东人的规矩，一上来就是一道例汤。据说主要是为了开胃提神、刺激食欲，但按照科学的说法，它稀释胃液，不利于消化。

（4）热炒。

热炒和大菜其实不是一回事情，多数以煎、炒、爆为主，汤汁也比较少。它要求色艳、味美、鲜香爽口，量不宜多，一般要比大菜的盘略小一些。其作用就是在大菜间调味，说白了就是免得大菜吃多了觉不出好来。上菜的顺序应该是先上冷碟，次上大菜，而将热炒穿插在大菜中进行。从传统上讲，热炒应该是从味淡开始，然后味道越来越浓才是。

（5）大菜。

大菜分头菜、二汤、荤素大菜、甜点与座汤，它们均是宴席的主角。

（6）头菜。

头菜顾名思义是指排在所有大菜最前面的菜，是一桌中最贵的一道菜。按传统来讲，宴席是根据头菜来命名的，比如说鱼翅席，其实就是头菜是鱼翅，而不是道道菜都是鱼翅。

(7) 热荤。

正规宴席，热荤的用料应尽量和头菜有一定的差距，避免喧宾夺主，道道菜都是熊掌、鱼翅反而是"暴发户"的样子。热荤的做法一般是烧、烤、焖、蒸、炸等，汤汁一般较多，盘子也比较大。有时候会上道整鸡、整鸭，其实这纯属以量取胜，很少有人吃掉的。上海地区过去的婚宴有最后上几盘整鸡、整鸭的规矩，客人是不能动的，是留给主人带回家慢慢品味的。头菜以后一般应上炸烤类的大菜，以后的规矩就比较随便了，但切忌重复。鱼菜特别是整鱼应该放在后面。中式传统宴席中，点心和甜菜是穿插热荤中上的，主要是为了调剂口味。素菜也不一定在最后，一般是有1~2道素菜在比较后的位置而上的。但现在的趋势是素菜最后上，然后上点心（省略饭点），最后上甜品，这是受了西方的影响。

(8) 二汤。

头菜上完后，二菜是炸烤类，然后就要上汤，多半是清汤，为的是清爽喉咙。如果头菜的汤水较多，这道汤可按情况而定。

(9) 座汤。

座汤是最后一道大菜，规格一般都高，有时会用整只的鸡或鸭。比如，清炖全鸡、鲫鱼汤等，味道比较浓，给人回味。但现在更倾向于上清汤，甚至不放盐，去除油腻用，这可能和现在人整体口味偏淡有关。

这说的主要是宫廷菜系的规矩，其他菜系略有不同。鲁菜规矩比较松，粤菜规矩就比较严。淮扬菜一般热炒上完后才上大菜，但川菜就根本不分热炒和大菜。

3. 夹菜、敬酒、喝汤注意事项

(1) 夹菜。

夹菜时，一是使用公筷；二是夹菜适量，不要取得过多，若是吃不了，则剩下不好；三是在自己跟前取菜，不要伸长胳膊去夹远处的菜；四是不能用筷子随意翻动盘中的菜；五是遇到自己不喜欢吃的菜，可少量地夹一点，放在盘中，不要吃掉，当这道菜再传到你面前时，你就可以借口盘中的菜还没有吃完，而不再夹这道菜，这也是灵活的变通方法，同时也是对他人的尊重，最后你应将盘中的菜全部吃净。进食时尽可能不咳嗽、打喷嚏、打哈欠、擤鼻涕，万一不能抑制，要用手帕、餐巾纸遮挡口鼻，转身，脸侧向一方，低头，尽量压低声音。

(2) 敬酒。

在商务用餐中经常会遇到这种情况：主办方非常热情，不停地夹菜，不停地劝酒。在正式的商务用餐中，应该尽量避免这种情况的出现。也就是说，我们作为参与者，要客随主便，但是我们作为主办方的话，要特别注意其他人的习惯，有可能对方不胜酒力，或者说这个菜他并不是很喜欢吃，那么在让菜的时候，应该尽量地为他人着想，尊重他人的习惯。

(3) 喝汤。

在喝汤的时候，声音要尽量小，不要影响他人。

4. 宾主礼仪

(1) 主人的礼仪。

应该说，宴会的成功有赖于主人的热情好客、慷慨招待和细致周到的组织安排。从礼节上讲，主人的职责是让每一位来宾都感到主人对自己的欢迎之意。主人举办宴请，无论是中餐还是西餐，无论是出于什么原因和目的，主人都应提前对客人发出口头或书面邀请，并依照客人的习惯、特点安排好请客时间、地点等事宜。礼仪性宴请礼节更隆重、更讲究。

在宴会开始前,主人应该站立门前笑迎宾客,晚辈在前,长辈居后。对每一位来宾,要依次招呼,待客人大部分到齐之后,再回到宴会场所中来,分头跟客人招呼、应酬(家庭便宴比较随便,主人不一定在门口迎客,可在客人到达时趋前握手招呼)。主人对宾客必须热诚恳切、一视同仁,不可只注意应酬一两个而忽略了别的客人。

入席前,烟、茶不可全部假手他人或服务员代劳递送,主人应尽可能地亲自递烟、倒茶。上菜后,主人要先向客人敬酒,说一些感谢光临的客气话。此后每一道菜上来,都要先举杯邀饮,然后请客人"起筷"。要照顾到客人的用餐方便,及时调换菜点或转动餐台。遇到有特殊口味的客人要及时调换菜点。席散后,主人要到门口,恭送客人离去。对那些在宴请中照顾不多的客人,应说几句抱歉和感谢之类的话。对走在后面的客人,可略为寒暄几句。

(2)做客的礼仪。

作为应邀参加宴会的客人,如时赴约、举止得当、讲究礼节是对主人的尊重,但还应注意以下几个问题。

① 服饰。客人赴宴前应根据宴会的目的、规格、对象、风俗习惯或主人的要求考虑自己的着装,着装不得体会影响宾主的情绪,影响宴会的气氛。

② 点菜。如果主人安排好了菜,客人就不要再点菜了。如果你参加一个尚未安排好菜的宴会,就要注意点菜的礼节。点菜时,不要选择太贵的菜,同时也不宜点太便宜的菜,太便宜了,主人反而不高兴,认为你看不起他,如果最便宜的菜恰是你真心喜欢的菜,那就要想点办法,尽量说得委婉一些。

③ 进餐。进餐时举止要文明礼貌,"不马食,不牛饮,不虎咽,不鲸吞,嚼食物,不出声,嘴唇边,不留痕,骨与秽,莫乱扔。"面对一桌子美味佳肴,不要急于动筷子,须等主人动筷并说"请"之后才能动筷,即主人举杯示意开始,客人才能用餐。如果酒量还能够承受的话,对主人敬的第一杯酒应喝干。同席的客人可以相互劝酒,但不可以任何方式强迫对方喝酒,否则是失礼。自己不愿或不能喝酒时,可以谢绝。

参加宴会时最好不中途离去。万不得已时应向同桌的人说声"对不起",同时还要郑重地向主人道歉,说明原委。吃完之后,应该等大家都放下筷子,主人示意可以散席,才能离座。宴会完毕,你可以依次走到主人面前,握手并说声"谢谢",向主人告辞,但不要拉着主人的手不停地说话,以免妨碍主人欢送其他客人。

5. 餐桌上如何说话

谈起喝酒,几乎所有的人都有过亲身体会,"酒文化"也是一个既古老又新鲜的话题。现代人在交际过程中,已经越来越多地发现了酒的作用。的确,酒作为一种交际媒介,迎宾送客,聚朋会友,彼此沟通,传递友情,都发挥了独到的作用。所以,探索一下酒桌上的"奥妙",有助于你人际交往的成功。

(1)众欢同乐,切忌私语。

大多数酒宴宾客都较多,所以应尽量多谈论一些大部分人能够参与的话题,得到多数人的认同。因为个人的兴趣爱好、知识面不同,所以话题尽量不要太偏,避免唯我独尊,天南海北,神侃无边,出现"跑题"现象,从而忽略了众人。特别是尽量不要与人贴耳小声私语,给别人一种神秘感,往往会产生"就你俩好"的嫉妒心理,从而影响喝酒的效果。

（2）瞄准宾主，把握大局。

大多数酒宴都有一个主题，也就是喝酒的目的。赴宴时首先应环视一下各位的神态表情，分清主次，不要单纯地为了喝酒而喝酒，而失去交友的好机会，更不要让某些哗众取宠的酒徒搅乱东道主的意愿。

（3）语言得当，诙谐幽默。

酒桌上可以显示出一个人的才华、常识、修养和交际风度，有时一句诙谐幽默的语言，会给客人留下很深的印象，使人无形中对你产生好感。所以，应该知道什么时候该说什么话，语言得当，诙谐幽默很关键。

（4）劝酒适度，切莫强求。

在酒桌上往往会遇到劝酒的现象，有的人总喜欢把酒场当"战场"，想方设法劝别人多喝几杯，认为不喝到量就是不实在。"以酒论英雄"，对酒量大的人还可以，酒量小的就犯难了，有时过分地劝酒，会有伤原有朋友之间的感情。

（5）敬酒有序，主次分明。

敬酒也是一门学问。一般情况下，敬酒应以年龄大小、职位高低、宾主身份为序，敬酒前一定要充分考虑好敬酒的顺序，分明主次。即使与不熟悉的人在一起喝酒，也要先打听一下身份或是留意别人如何称呼，这一点心中要有数，避免出现尴尬或伤感情的局面。敬酒时一定要把握好敬酒的顺序。有求于某位客人时，对他自然要倍加恭敬，但是要注意，如果在场有更高身份或年长的人，则不应只对能帮你忙的人毕恭毕敬，也要先给尊者、长者敬酒，不然会使大家难为情的。

（6）察言观色，了解人心。

要想在酒桌上得到大家的赞赏，就必须学会察言观色。因为与人交际，就要了解人心，左右逢源，才能演好酒桌上的角色。

（7）锋芒渐射，稳坐泰山。

酒席宴上要看清场合，正确估价自己的实力，不要太冲动，尽量保留一些酒力和说话的分寸，既不让别人小看自己，又不要过分地表露自身。只有选择适当的机会，逐渐放射自己的锋芒，才能稳坐泰山，不至于给别人产生"就这点能力"的想法，使大家不敢低估你的实力。

6. 餐桌礼仪细节

餐桌礼仪是出席宴会时在餐桌上应该注意的礼貌礼节，餐桌上有许多应注意的礼仪细节，而这些礼仪细节常被忽视。具体来说，餐桌上这些礼仪知识需掌握以下几个方面。

（1）入座后姿势端正，脚踏在本人座位下，不可任意伸直，手肘不得靠桌缘，或将手放在邻座椅背上。

（2）用餐时须温文尔雅、从容安静，不能急躁。

（3）在餐桌上不能只顾自己，也要关心别人，尤其要招呼两侧的女宾。

（4）口内有食物时，应避免说话。

（5）自用餐具不可伸入公用餐盘中夹取菜肴。

（6）必须小口进食，不要大口地塞食；食物未咽下时，不能再塞入口。

（7）取菜舀汤时，应使用公筷或公匙。

（8）吃进口的东西不能吐出来，如是滚烫的食物，可喝水或果汁。

（9）送食物入口时，两肘应向内靠，不宜向两旁张开，甚至碰及邻座。

（10）自己手上持刀叉或他人在咀嚼食物时，均应避免跟人说话或敬酒。

（11）好的吃相是食物就口，不可将口就食物。食物带汁，不能匆忙送入口，否则汤汁会滴在桌布或衣服上，极为不雅。

（12）切忌用手指剔牙，应用牙签，并以手或手帕遮掩。

（13）避免在餐桌上咳嗽、打喷嚏、打嗝。万一控制不住，应说声"对不起"。

（14）喝酒宜各自随意，敬酒以礼到为止，切忌劝酒、猜拳、吆喝。

（15）遇有意外，如不慎将酒、水、汤汁溅到他人衣服时，表示歉意即可，不必恐慌赔罪，反使对方难为情。

（16）如欲取用摆在同桌其他客人面前的调味品时，应请邻座客人帮忙传递，不可伸手横越，长驱取物。

（17）如是主人亲自烹调食物，勿忘予主人赞赏。

（18）如吃到不洁或异味食物，不可吞入时，应将入口的食物轻巧地用拇指和食指取出，放入盘中。倘发现尚未吃食，仍在盘中的菜肴有昆虫和碎石，不要大惊小怪，宜候侍者走近，轻声告知侍者更换。

（19）主食进行中，不宜抽烟，如需抽烟，必须先征得邻座和主宾的同意。

（20）在餐厅进餐后，不能抢着付账，推拉争付，甚为不雅。倘系做客，不能抢付账。未征得朋友同意，也不宜代友付账。

（21）进餐的速度，宜与男女主人同步，不宜太快，也不宜太慢。

（22）餐桌上不能谈悲戚之事，否则会破坏欢愉的气氛。

第二节 西餐礼仪

礼仪小常识——西餐礼仪起源

西方餐桌礼仪起源于法国梅罗文加王朝，由于受到拜占庭文化启发，而制定一系列精致的礼仪。到了罗马帝国的查理曼大帝时，礼仪更为复杂和专制，皇帝必须坐最高的椅子，每当乐声响起时，王公贵族必须将菜肴传到皇帝手中。

在17世纪以前，传统习惯是戴着帽子进餐。帝制时代餐桌礼仪显得烦琐与严苛，不同民族有不一样的用餐习惯：高卢人坐着用餐，罗马人卧着进食，法国人从小被教导用餐时双手要放在桌上，英国人却被教导不吃东西时双手要放在大腿上。欧洲的餐桌礼仪由骑士精神演变而来。12世纪，当意大利文化影响到法国时，餐桌礼仪与菜单用语变得更为优雅与精致，教导礼仪的著作纷纷问世。人们应邀做客赴宴会时，必须注意下列几点：请帖上如果有注明 H.S.V.R（敬请赐复），务必函复是否接受邀请。准时赴宴，不早到也不迟到。被主人请入餐厅时，必须保持站立着，直到女主人坐下来以后才能就座。除了面包以外，任何食物都不可以直接用手指头碰触。面包不可以用刀切割，必须用手撕下一块，涂抹奶油后送入口中。切割食物时不可以发出声音，刀子始终不可以放入口中。每道菜用完后，必须将刀叉整齐地摆在盘上。喝汤时，用汤匙往外舀，然后就着汤盆边缘喝汤，在法国不可以倾斜汤盆，在其他国家可以向外倾斜，方便舀汤。古代希腊人待客时，在进入餐厅以前会先请客人更换凉鞋，让客人感到轻松舒适，主人也会把最好的座位留给陌生人。而罗马人由于喜欢卧着进餐，不但餐前先沐浴，还换穿毛料的及膝长袍以方便躺卧。罗马贵族喜欢在三面有躺椅的躺卧餐桌旁用餐，上菜时仆役的双脚随着音乐的节拍移动，先端给主人。

时至今日，这些餐桌礼仪在一定程度上和一定范围内，在欧洲国家还保留了下来。当你前往朋友家做客时，穿上体面的衣服，携带适当的礼物，言谈举止处处显现出优雅与涵养，永远都是必要的。

西餐是对西式饭菜的一种约定俗成的称呼。客观地讲，西餐其实是一个十分笼统的概念，因为不论从形式上还是从内容上来看，西方各国的饭菜都存在着很大的差异，难以一概而论。然而在中国人眼里，除了与中餐在口味上相去甚远之外，西餐仍然具有两个基本的共性：一方面，它们都源自西方国家的饮食文化；另一方面，它们都必须使用刀或叉取食。凡具备此两点者，在我国皆可以西餐相称。

随着中西文化交流的深入发展，西餐目前已经逐渐进入了中国人的生活，并且受到了一定程度的欢迎。在现代社会交往中，不论人们究竟爱不爱吃西餐，都有可能与之"相逢"。所以，学习一些有关西餐的基本常识和礼仪是很有必要的。

一、西餐席次的安排

（1）西餐多数采用长台，大型宴会除主台外，也可采用圆台进餐。正式宴会一般均安排席位，也可只安排主要客人的席位，其他客人只排桌次或自由入座。无论采取哪种方法，都要在入席前通知到每一个出席者，使大家心中有数（可以在请柬上标明台号）。

（2）西餐的坐席排列，同一桌上的席位高低以距离主人座位的远近而定，右高左低。

（3）西餐习惯男女交叉安排，以女主人的位置为准，主宾坐在女主人右边，主宾夫人坐在男主人右边。

（4）举行两桌以上的西式宴会时，各桌均应有第一主人，其位置应与主桌主人的位置相同，其宾客也依主桌的座位排列方法就座。

（5）席位安排遇到特殊情况时，可灵活处理，如主宾身份高于主人，为表示对主宾的尊重，可以把主宾安排在主人的位置上，而主人坐在主宾的位置，第二主人坐在主宾左侧。

二、西餐的菜序

品尝西餐时，应知道西餐的菜序。所谓西餐的菜序，是指享用西餐时正规的上菜顺序。

西餐的菜序与中餐具有明显的不同。例如，在中餐里，汤是用餐的标准"结束曲"；而在西餐中，汤是被用来"打头阵"的。应当说明的是，西餐也有正餐与便餐之分，其菜序，二者是有很大差异的。

1. 正餐的菜序

西餐的正餐，特别是较为正规的正餐，其菜序不仅复杂多样，而且十分讲究。在大多数情况下，西餐正餐往往会由七八道菜肴所构成。一顿完整的正餐进餐时间应需 1～2 小时。

（1）开胃菜。

所谓开胃菜，即用来为进餐者开胃的菜肴。因为在西餐里它首先上桌，所以也被称为"头盆"。在西餐的正餐里，有时它并不列入正式的菜序，而仅仅用来充当"前奏曲"。在绝大多数情况下，开胃菜都是由蔬菜、水果、肉食、海鲜等组成的拼盘，大多以各种调味汁凉拌而成，不但色泽悦目，而且口味宜人。

（2）汤。

西餐中的汤是必不可少的，它的口感芬芳浓郁，具有极好的开胃作用。依据传统的说法，汤才是西餐之中的"开路先锋"。只有开始喝汤时，才可以算是正式开始吃西餐了。西餐的汤有白汤、红汤、清汤等几种。享用西餐时，仅可上一种汤。

（3）主菜。

主菜是西餐的核心内容。西餐里的主菜通常有冷有热，但大都应当以热菜作为主角。比较正规的西餐，一般都要上一份冷盘和两份热菜。在上桌的两份热菜中，往往还讲究一份是鱼菜，另一份是肉菜，有时还会添加上一份海味菜。在西餐的主菜里，肉菜被视为代表用餐的档次与水平。

（4）点心。

吃过西餐的主菜后，根据需要可点一些诸如蛋糕、饼干、吐丝、馅饼及三明治之类的小点心，使那些还没有吃饱的人借以填满肚子。要是已经吃饱了，也可以不吃。

（5）甜品。

西餐中最为常见的甜品有布丁、冰激凌等。这些甜品在正餐上被视为一道例菜。因此，就餐者应当尽可能品尝。

（6）热饮。

在西餐用餐结束之前，应为就餐者供应热饮，以此作为"压轴戏"。最正规的热饮，是红茶或不加任何东西的黑咖啡。二者任选其一，不宜同时享用。热饮的主要作用是帮助就餐者消化。热饮就餐者可以在餐桌上饮用，也可以换地方，如到休息厅或客厅饮用。

2. 便餐的菜序

西餐的正餐，多见于宴会或其他重要的节假日。它虽然较为隆重，但往往耗资、耗时颇多。一般情况下，人们总是将西餐正餐进行简化，即形成了西餐便餐。其菜序主要由开胃菜、汤、主菜（各一份）、甜品及热饮等构成。

第七章 餐饮礼仪

西餐厅

三、西餐的餐具

学习西餐礼仪时，掌握西餐餐具的使用方法是重点内容之一。在所有的西餐餐具之中，餐刀、餐叉、餐匙以及餐巾是最具代表性的。以下分别对其加以介绍。

1. 刀叉

刀叉是人们对于餐刀、餐叉这两种西餐餐具所采用的统称。二者既可以配合使用，也可以单独使用。不过更多的情况下，刀叉都是配合使用的。掌握刀叉的使用方法，需要具体学习刀叉的类别、刀叉的用法及暗示等方面的知识。

（1）刀叉的类别及摆放位置。

在正规的西餐宴会上，菜肴是一道一道分别上桌的，而每吃一道菜肴，都需更换一副刀叉。也就是说，每吃一道菜肴时，都要配以专用的、不同类别的刀叉，绝不可以从头至尾只使用一副刀叉，也不可以不加区分地胡拿乱用刀叉。

享用西餐正餐时，在每一位就餐者面前的餐桌上都会摆放专门供其个人使用的刀叉，如吃黄油所用的刀叉、吃鱼所用的刀叉、吃肉所用的刀叉和吃甜品所用的刀叉等。这些刀叉除了形状各异之外，还有具体摆放的位置。

吃黄油所用的餐刀是没有与之相匹配的餐叉的，它的正确位置，是横放在就餐者左手的正前方。

吃鱼和吃肉所用的刀叉通常应当是刀右、叉左地分别纵向摆放在就餐者面前的餐盘两侧，方便就餐者依次从两边由外侧向内侧取用。

吃甜品所用的刀叉应最后使用，一般被横向放在每人所用的餐盘的正上方。

（2）刀叉的使用方法。

正确持刀的方法：右手持刀，拇指抵刀柄一侧，食指按于刀柄上，其余三指弯曲握住刀柄。不用餐刀时，应将其横放在盘子的右上方。

西餐餐具

正确持叉子的方法：若叉子不与刀并用时，右手持叉取食时叉齿向上。当刀叉并用时，右手持刀，左手持叉，叉齿向下叉住肉；肉被割下后，先把刀放下，叉换右手，用叉子叉上肉送到嘴里。

刀叉并用方式有英国式和美国式两种。英国式的使用方法要求就餐者在使用刀叉时，始终右手持刀，左手持叉，一边切割一边而食之，这种方法显得比较文雅；美国式的具体做法是右刀左叉，一鼓作气将要吃的食物全部切好，然后再把右手的餐刀斜放在餐盘的前面，将左手的餐叉换到右手，最后用右手执叉就餐。

使用刀叉就餐时，不管采用哪种方式均应注意以下几点：

① 切割食物时，不要弄得铿锵作响。

② 切割食物时，应当从左侧开始，由左而右逐步而行。

③ 切割食物时，应当双肘下沉，前后移动，切勿"左右开弓"，把肘部抬得过高。

④ 双手同时使用刀叉时，叉齿应当朝下，右手持叉进食时则应使叉齿朝上，临时将刀叉放下时，切勿使刀叉朝外。

⑤ 如果刀叉掉落地上，一般不应继续使用，而应请侍者另换一副。

（3）刀叉的暗示。

通过刀叉的不同放置形式，可以由就餐者向侍者暗示本人是否还想再吃某一道菜肴。

① 暗示尚未吃完。在进餐期间，就餐者如果将刀右叉左，刀刃朝内，叉齿朝下，二者呈"八"字形状摆在餐盘之上，就是暗示侍者：此菜尚未用毕。

② 暗示可以撤掉。就餐者如果吃完了某一道菜肴，或者因其不合适口味而不想再吃时，则可以刀右叉左，刀刃朝内，叉齿朝上，并排纵放在餐桌上，或是刀上叉下，并排横放在餐盘上。这种做法是在暗示侍者，可以将刀叉连同餐盘一道撤下桌去。

2. 餐匙

餐匙又被称为调羹。品尝西餐时，餐匙是一种不可缺少的主要餐具。在西餐中餐匙有两种：一是汤匙，其形状较大，通常被放在就餐者右侧刀的最外端，并且与餐刀并列排放；二是甜品匙，一般情况下，它被放在吃甜品所使用刀叉的正上方，并且与之并列。正确使用汤匙的方法：用右手拇指与食指持汤匙柄，手持汤匙，使其侧起，不要使汤滴在汤盘外面。餐桌上的小匙是用来调饮料的，无论喝什么饮料，用毕应将其从杯中取出，放入托盘。

使用餐匙时应注意以下几点：

（1）餐匙除了可以饮汤、用甜品外，绝不可以直接去舀取红茶、咖啡以及其他主食、菜肴。

（2）以餐匙取食时，务必不要过量。一旦入口就要一次用完，不要把一匙的东西反复品尝多次。

（3）使用餐匙的动作要干净利索，不要在汤、甜品或红茶、咖啡之中搅拌不已。

（4）已经使用的餐匙不可再次放回原处，也不可将其插入菜肴或是放在汤盘、红茶杯、咖啡杯之中。正确的做法是将其暂放于餐盘或托盘上。

3. 餐巾

餐巾在西餐里除了起到保洁服装、擦拭口部的作用外，还有一大特殊的作用就是起到暗示的作用。

（1）暗示用餐开始。按惯例，享用西餐时，就餐客人均向女主人自觉看齐，当女主人为自己铺上餐巾时，一般等于正式宣布用餐开始。

（2）暗示暂时离开。用餐时若需要中途暂时告退，往往不必大张旗鼓地向他人通报，而只要把本人的餐巾置于自己座椅的椅面上即可。

（3）暗示用餐结束。当女主人把自己的餐巾放在餐桌上时，意在宣告用餐结束，其他客人见此情景均应自觉地告退。

餐具的选用要根据上菜顺序来确定，一般来说，按照西餐的规矩，吃什么菜用什么餐具，喝什么酒水用什么酒杯。

四、西餐进餐礼仪

（1）准时赴宴。西式宴会一般准时开始，因此，应邀赴宴时绝不能迟到，也不能到得太早。

（2）男女主人在门口恭迎。见到主人，只要与主人握手即可，不必过多寒暄。因为来宾将接踵而至，如跟主人聊天，不但不礼貌，而且有碍其接待其他宾客。

（3）女士优先。入席时，男士应替身边的女士拉开椅子，请她入座后，自己再坐下；进餐时也要随时照顾女士。女士接受服务后，不要忘记向男宾道谢。

（4）宴会自始至终，来宾必须时刻注意女主人的举动，以免失礼。比如说，偶有迟到的客人入座，当她从座位上站起来迎接、招呼时，席上的男宾，也必须陪同站起来。每一道菜上来时，也要经女主人招呼才能开始进食。

（5）在入席之前，每位客人的面前都摆着一条白色的西式餐巾，这是为了避免进食时弄污衣服用的。在西方的家庭中，日常进餐，多将它塞在领口。但参加宴会时，都是放在膝盖上的。较大的餐巾，通常只打开一半，对折摊开用。餐毕离席时，把餐巾拿起，搁在餐桌上即可。

（6）在家中招待客人时重要的一道菜多半是由男主人端上的，尤其是需要切分的禽类或烤肉。

通常等到每个人面前都有了菜，女主人也拿起自己的叉子时，才一起进食。有时，由于客人太多，等久了怕菜凉了不好吃，女主人可能请客人们先吃，那时，也得等邻近的客人都有了菜再开始吃，这才符合礼仪。

（7）吃肉类时，有两种方法：一是边割边吃；二是先把肉块（如牛排）切好，然后把刀放在食盘的右侧，单用右手持叉进食。

（8）谈话时无需将刀叉放下，可以一面说着话，一面拿着叉子。如果客人把叉子放下，女主人可能以为他吃完那道菜了。

（9）女主人如果问客人是不是愿意再添一点菜。客人可借机表示欣赏女主人所做的菜。比如，当主人问客人："让我再给你一点鸡，好吗？"客人可以说："好，谢谢你，这鸡真好吃。"或者说："谢谢你，我不要了，这鸡是很好吃。"

（10）和中国礼节一样，女主人要一直陪着吃得最慢的客人。在吃完所要吃的东西以后，就应该把刀、叉并排横放在盘子上。汤匙应留在汤碗中。如果碗底有碟子托着的话，汤匙就放在碗碟上即可。茶匙不可留在杯中，而应放在茶碟上。当想再喝一杯茶或咖啡时，茶杯、茶碟及茶匙应全部递给女主人。

客人在进餐过程中离席，或在女主人表示吃饭结束之前离席都是不礼貌的；如有必需离席的话，则应请女主人原谅。当女主人表示宴会结束时，才从座位上起立，与此同时，所有的客人也都应随着起立。按礼节来说，在女客人起立后，男客人应帮助她们把椅子归回原处。

第三节　宴会礼仪

礼仪小故事——温莎公爵喝洗手水

英国王室在伦敦为印度当地的领袖举办一场宴会，宴会进行得很顺利，当最后一道餐点结束时，侍者为每人端来一盘洗手水，精巧的银盘装着清澈的凉水，印度客人不由分说，端起盘子，咕噜咕噜全喝光。

一旁作陪的贵族们，个个目瞪口呆，宴会主人是当时还是英皇太子的温莎公爵，只见他依旧谈笑风生，徐徐地将面前的"洗手水"一饮而尽。这时就像紧绷的心弦获得了解放一般，大家纷纷把面前的水喝光，一场即将引发的难堪与尴尬就这样化解于无形。

宴会是为了表示欢迎、答谢、祝贺及喜庆等举行的餐饮活动，以增进友谊和融洽气氛，是国际交往中最常见的交际活动形式。宴请的形式多样，礼仪繁多，掌握其礼仪规范是十分重要的。

根据不同的交际目的、邀请对象以及费用开支等因素，常见的宴请形式有以下几种。

1. 宴会

宴会是指一种比较隆重、正式的设宴招待，按其规格又有国宴、正式宴会、便宴和家宴之分。

宴会

(1) 国宴。

国宴特指国家元首或政府首脑为国家庆典或为外国元首、政府首脑来访而举行的宴会。这种宴会规格高，庄严而又隆重。按规定宴会厅内悬挂国旗和安排乐队演奏国歌及席间乐，宾主双方致词、祝酒。菜单和坐席卡上均印有国徽，出席者的身份规格高，代表性强，宾主均按身份排位就座，礼仪严格。

(2) 正式宴会。

正式宴会通常是政府和团体等有关部门为欢迎应邀来访的宾客，或者来访的宾客为答谢主人而举行的宴会。这种形式除不挂国旗、不奏国歌以及出席者规格低于国宴外，其余的安排大致与国宴相同。

(3) 便宴。

便宴多用于招待熟悉的宾朋好友，是一种非正式的宴会。这种宴会形式简便，规模较小，不拘严格的礼仪，不用排席位，不作正式致词或祝酒，宾主间较随便、亲切，用餐标准可高可低，适用于日常友好交往。常见的便宴按举办的目的不同划分有迎送宴会、生日宴会、婚礼宴会、节日宴会和特别宴会。

(4) 家宴。

家宴，顾名思义就是在家中设宴招待客人，以示亲切和友好。它在社交和商务活动中发挥着尊敬客人和促进人际交往的重要作用，西方人喜欢采取这种形式。家宴在形式上可分为家庭聚会、自助会、家庭冷餐会和在饭店宴请等几种。

2. 招待会

招待会是一种灵活、经济实惠的宴请形式。常见的招待会主要分为冷餐会、自助餐和酒会三种。

(1) 冷餐会。

冷餐会的特点是一种立餐形式，不排座位。菜肴以冷食为主，也可冷热兼备，连同餐具一同摆设在餐桌上，供客人自取。客人可以多次取食，站立进餐并自由活动、彼此交谈。当然，对于老年、体弱者要准备座椅，可由服务员接待。这种形式既节省费用又亲切随和，得到越来越广泛的采用。

我国举行大型冷餐会，往往用大圆桌，设座椅，主桌安排座位，其余各席并不固定座位。食品和饮料均事先放置在桌上，招待会开始后，自行进食。

（2）自助餐。

自助餐，有时也被称为冷餐会。它是目前国际上所通行的一种非正式的西式宴会，在大型的商务活动中尤为多见。自助餐可免排座次，节省费用，同时也可各取所需，招待的人数较多。

（3）酒会。

酒会，是一种经济简便与轻松活泼的执行形式。它起源于欧美，一直被沿用至今，并在人们社交活动方式中占有重要地位，常为社会团体或个人举行纪念和庆祝生日，或者联络和增进感情而设的宴会。酒会深受人们的欢迎，其可不限衣着、自选菜肴、不排席次、自由交际。

第四节 中华茶文化礼仪

 礼仪小常识——"茶满欺人"的来历

我国有句民间俗语叫"茶满欺人"，关于这一茶俗，相传有以下来历：

宋代有一位很有名望的官员，他为人随和、热情好客，经常有朋友来找他聊天，凡来做客的人他都会热情招待，并奉上一杯茶后边喝边聊天。住在他官邸附近的一位秀才经常到他官邸聊天喝茶。一天，这位秀才与往常一样来到这位官员的官邸，当时这位官员正在处理一件紧急公务，这位秀才的到来打乱了他的思路。但是，既然客人来访，他不得不停下手中的公务，命人冲泡一杯靓茶奉上并与其倾谈。谈了一阵后，这位官员觉得秀才并无大事相商而纯属聊天时，便礼貌地告诉秀才今天有紧急公务要处理，没有时间奉陪，敬请秀才理解。本来这位秀才应该立即告退离开，但这位秀才偏不告退离开，继续与这位官员聊天饮茶。急得这位官员不知如何是好。后来这位官员心生一计，在与秀才聊天时颠三倒四，斟茶倒水时故意倒得满满的并使茶水溢出，意即我已心急如焚，无心再与你聊天。起初，秀才并不在意，后来秀才见这位官员接二连三的如此动作才恍然大悟，知道主人已下了逐客令，于是赶紧离开。

后来这件事逐渐在民间流传开来，并在后来逐渐演变成为"茶满欺人"这一茶俗，而随同"酒满敬人"成为民间的一大习俗而广为流传。

众所周知，中国是茶叶的故乡，也就是茶道的故乡，那么中国茶道礼仪有哪些大家都知道吗？可能很多朋友们都知道日本茶道的事情，但是日本茶道也是由中国茶道发展而来的。下面就要讲一下我国的传统文化，中国的茶道礼仪。

一、中国的茶道礼仪——容貌

每个人的容貌非自己可以选择,天生丽质是父母的遗传之福,但并不一定能做到艺美。正如俗话说:"聪明面孔笨肚肠。"有的人由于动作的协调性及悟性水平很低,给人的感觉是紧张,并不觉得美。而有的人虽相貌平平,但因为有较高的文化修养、得体的行为举止、自己的勤奋,以神、情、技动人,显得非常自信,灵气逼人。茶艺更看重的是气质,所以表演者应适当修饰仪表。如果真正的天生丽质,则整洁大方即可。一般的女性可以淡妆,表示对客人的尊重,以恬静素雅为基调,切忌浓妆艳抹,有失分寸。来自内心世界的美才是最高境界的。

中国茶

二、中国的茶道礼仪——姿态

姿态是身体呈现的样子。从中国传统的审美角度来看,人们推崇姿态的美高于容貌之美。古典诗词文献中形容一位绝代佳人,用"一顾倾人城,再顾倾人国"的句子,顾即顾盼,是女子秋波一转的样子。或者说某一女子有"林下之风",就是指她的风姿迷人,不带一丝烟火气。茶艺表演中的姿态也和容貌一样重要,需要从坐、立、跪、行等几种基本姿势练起。

(一)坐姿

坐在椅子或凳子上,必须端坐中央,使身体重心居中,否则会因坐在边沿使椅(凳)子翻倒而失态;双腿膝盖至脚踝并拢,上身挺直,双肩放松;头上顶下颌微敛,舌抵下颚,鼻尖对肚脐;女性双手搭放在双腿中间,左手放在右手上,男性双手可分搭于左右两腿侧上方。全身放松,思想安定、集中,姿态自然、美观,切忌两腿分开或跷二郎腿还不停抖动、双手搓动或交叉放于胸前、弯腰弓背、低头等。如果是作为客人,也应采取上述坐姿。若被让坐在沙发上,由于沙发离地较低,端坐使人不适,则女性可正坐,两腿并拢偏向一侧斜伸(坐一段时间累了可换另一侧),双手仍搭在两腿中间;男性可将双手搭在扶手上,两腿可架成二郎腿但不能抖动,且双脚下垂,不能将一腿横搁在另一腿上。

(二)跪姿

在进行茶道表演的国际交流时,日本和韩国习惯采取席地而坐的方式,另外如举行无我茶会时也用此种座席。对于中国人来说，特别是南方人极不习惯，因此特别要进行针对性的训练，以免动作失误，有伤大雅。

（1）跪坐。日本人称之为"正坐"。即双膝跪于座垫上，双脚背相搭着地，臀部坐在双脚上，腰挺直，双肩放松，向下微收，舌抵上颚，双手搭放于前，女性左手在下，男性反之。

（2）盘腿坐。男性除正坐外，还可以盘腿坐，将双腿向内屈伸相盘，双手分搭于两膝之上，其他姿势同跪坐。

（3）单腿跪蹲。右膝与着地的脚呈直角相屈，右膝盖着地，脚尖点地，其余姿势同跪坐。客人坐的桌椅较矮或跪坐、盘腿坐时，主人奉茶则用此姿势。也可视桌椅的高度，采用单腿半蹲式，即左脚向前跨一步，膝微屈，右膝屈于左脚小腿肚上。

（三）站姿

在单人负责一种花色品种冲泡时，因要多次离席，让客人观看茶样、奉茶、奉点等，忽坐忽站不甚方便，或者桌子较高，下坐操作不便，均可采用站式表演。另外，无论用哪种姿态，出场后，都得先站立后再过渡到坐或跪等姿态，因此，站姿好比是舞台上的亮相，十分重要。站姿应该双脚并拢，身体挺直，头上顶下颌微敛，眼平视，双肩放松。女性双手虎口交叉（右手在左手上），置于胸前。男性双脚呈"外八字"微分开，身体挺直，头上顶上颌微敛，眼平视，双肩放松，双手交叉（左手在右手上），置于小腹部。

（四）行姿

女性为显得温文尔雅，可将双手虎口相交叉，右手搭在左手上，提放于胸前，以站姿作为准备。行走时移动双腿，跨步脚印为一直线，上身不可扭动摇摆，保持平稳，双肩放松，头上顶下颌微敛，两眼平视。男性以站姿为准备，行走时双臂随腿的移动可以身体两侧自由摆动，余同女性姿势。转弯时，向右转则右脚先行，反之亦然。出脚不对时可原地多走一步，待调整好后再直角转弯。如果到达客人面前为侧身状态，需转身，正面与客人相对，跨前两步进行各种茶道动作。当要回身走时，应面对客人先退后两步，再侧身转弯，以示对客人的尊敬。

三、中国的茶道礼仪——风度

风度，泛指美好的举止姿态。在茶道活动中，各种动作均要求有美好的举止，评判一位茶道表演者的风度良莠，主要看其动作的协调性。在"姿态"一节中所述的各种姿态，实际上都是采用静气功和太极拳的准备姿势，目的是使人体吐纳自如，真气运行，经络贯通，气血内调，势动于外，心、眼、手、身相随，意气相合，泡茶才能进入"修身养性"的境界。茶道中的每一个动作都要圆活、柔和、连贯，而动作之间又要有起伏、虚实、节奏，使观者深深体会其中的韵味。养成自己美好的举止姿态，可参加各种形体训练、打太极拳、跳民族舞、做健美操、练静气功等。

四、中国的茶道礼仪——礼节

心灵美所包含的内心、精神、思想等均可从恭敬的言语和动作中体现出来。表示尊敬的形式（礼节）和仪式即为礼仪，应当始终贯穿于整个茶道活动中。宾主之间互敬互重，美观和谐。

（一）鞠躬礼

茶道表演开始和结束，主客均要行鞠躬礼。有站式和跪式两种，且根据鞠躬的弯腰程度可分为真、行、草三种。"真礼"用于主客之间，"行礼"用于客人之间，"草礼"用于说话前后。

1. 站式鞠躬

"真礼"以站姿为预备，然后将相搭的两手渐渐分开，贴着两大腿下滑，手指尖触至膝盖上沿为止。同时，上半身由腰部起倾斜，头、背与腿呈近90°的弓形（切忌只低头不弯腰，或只弯腰不低头），略作停顿，表示对对方真诚的敬意。然后，慢慢直起上身，表示对对方连绵不断的敬意，同时手沿脚上提，恢复原来的站姿。鞠躬要与呼吸相配合，弯腰下倾时作吐气，身直起时作吸气，使人体背中线的督脉和脑中线的任脉进行小周天的循环。行礼时的速度要尽量与别人保持一致，以免尴尬。"行礼"要领与"真礼"同，仅双手至大腿中部即行，头、背与腿约呈120°的弓形。"草礼"只需将身体向前稍作倾斜，两手搭在大腿根部即可，头、背与腿约呈150°的弓形，余同"真礼"。

2. 坐式鞠躬

若主人是站立式，而客人是坐在椅（凳）上的，则客人用坐式答礼。"真礼"以坐姿为准备，行礼时，将两手沿大腿前移至膝盖，腰部顺势前倾，低头，但头、颈与背部呈平弧形，稍作停顿，慢慢将上身直起，恢复坐姿。"行礼"时将两手沿大腿移至中部，余同"真礼"。"草礼"只将两手搭在大腿根部，略欠身即可。

3. 跪式鞠躬

"真礼"以跪坐姿为预备，背、颈部保持平直，上半身向前倾斜，同时双手从膝上渐渐滑下，全手掌着地，两手指尖斜相对，身体倾至胸部与膝间只剩一个拳头的空当（切忌只低头不弯腰或只弯腰不低头），身体呈45°前倾，稍作停顿，慢慢直起上身。同样行礼时动作要与呼吸相配，弯腰时吐气，直身时吸气，速度与他人保持一致。"行礼"方法与"真礼"相似，但两手仅前半掌着地（第二手指关节以上着地即可），身体约呈55°前倾。行"草礼"时仅两手手指着地，身体约呈65°前倾。

（二）伸掌礼

这是茶道表演中用得最多的示意礼。当主泡与助泡之间协同配合时，主人向客人敬奉各种物品时都简用此礼，表示的意思为："请"和"谢谢"。当两人相对时，可伸右手掌对答表示，若侧对时，右侧方伸右掌，左侧方伸左掌对答表示。伸掌姿势就是：四指并拢，虎口分开，手掌略向内凹，侧斜之掌伸于敬奉的物品旁，同时欠身点头，动作要一气呵成。

（三）寓意礼

茶道活动中，自古以来在民间逐步形成了不少带有寓意的礼节。如最常见的为冲泡时的"凤凰三点头"，即手提水壶高冲低斟且反复三次，寓意是向客人三鞠躬以示欢迎。茶壶放置时壶嘴不能正对客人，否则表示请客人离开；回转斟水、斟茶、烫壶等动作时，右手必须逆时针方向回转，左手则以顺时针方向回转，表示招手"来！来！来！"的意思，欢迎客人来观看，若相反方向操作，则表示挥手"去！去！去！"的意思。另外，有时请客人选点茶，有"主随客愿"之敬意；有杯柄的茶杯在奉茶时要将杯柄放置在客人的右手面，所敬茶点要考虑取食方便。总之，应处处从方便别人考虑，这一方面的礼仪有待于进一步地发掘和提高。

五、中国的茶道礼仪——倒茶

这里所说的倒茶学问既适用于客户来公司拜访，同样也适用于商务餐桌。

首先，茶具要清洁。客人进屋后，先让坐，后备茶。冲茶之前，一定要把茶具洗干净，尤其是久置未用的茶具，难免沾上灰尘、污垢，更要细心地用清水洗刷一遍。在冲茶、倒茶之前最好用开水烫一下茶壶、茶杯。这样，既讲究卫生，又显得彬彬有礼。

如果不管茶具干净不干净，胡乱给客人倒茶，这是不礼貌的表现。人家一看到茶壶、茶杯上的斑斑污迹就反胃，怎么还愿意喝你的茶呢？现在一般的公司都是一次性杯子，在倒茶前要注意给一次性杯子套上杯托，以免水热烫手，让客人一时无法端杯喝茶。

其次，茶水要适量。先说茶叶，一般要适当。茶叶不宜过多，也不宜太少。茶叶过多，茶味过浓；茶叶太少，冲出的茶没什么味道。假如客人主动介绍自己喜欢喝浓茶或淡茶的习惯，那就按照客人的口味把茶冲好。再说倒茶，无论是大杯小杯，都不宜倒得太满，太满了容易溢出，把桌子、凳子、地板弄湿。不小心，还会烫伤自己或客人的手脚，使宾主都很难为情。当然，也不宜倒得太少。倘若茶水只遮过杯底就端给客人，会使人觉得是在装模作样，不是诚心实意。

最后，端茶要得法。按照我国人民的传统习惯，都是用双手给客人端茶的。但是，现在有的年轻人不懂得这个规矩，用一只手把茶递给客人了事。双手端茶也要很注意，对有杯耳的茶杯，通常是用一只手抓住杯耳，另一只手托住杯底，把茶端给客人；没有杯耳的茶杯倒满茶之后周身滚烫，双手不好接近，有的同志"不管三七二十一"，用五指捏住杯口边缘就往客人面前送。这种端茶方法虽然可以防止烫伤事故发生，但很不雅观，也不够卫生。请试想，让客人的嘴舔主人的手指痕，好受吗？

六、中国的茶道礼仪——添茶

如果上司和客户的杯子里需要添茶了，你要义不容辞地去做。你可以示意服务生来添茶，或让服务生把茶壶留在餐桌上，由你亲自来添则更好，这是不知道该说什么好的时候最好的掩饰办法。当然，添茶的时候要先给上司和客户添茶，最后再给自己添。

中国的茶道礼仪是我们国家的传统文化，也是很多茶道礼仪的发源礼仪，更是我们喜欢养生的朋友们都应该知道的。

第五节 咖啡礼仪

做咖啡是一种艺术,所以喝咖啡也是一种艺术。

——阿拉伯格言

咖啡吧里,朋友相聚,话语投机,兴趣盎然。但杯盘之间,却学问颇多,知者优雅,不知者却可能闹出笑话。所以,在生活中,除了要学会选择适合自己的咖啡,更应该了解有关咖啡的礼仪,才能彰显优雅大方。

1. 咖啡杯碟——摆放位置要正确

常会见到一些人,在喝咖啡时,桌上杯盘狼藉,乱七八糟,让人看了很不舒服。

正确做法:咖啡杯碟的摆放是有讲究的。首先,咖啡杯碟应当放在饮用者的正面或右侧,杯耳应指向右方。其次,在喝咖啡时,应该用右手拿着咖啡杯的杯耳,左手轻轻托着咖啡碟,慢慢地移向嘴边轻啜。

2. 咖啡匙——不能舀咖啡

虽然咖啡匙是专门用来搅拌咖啡的,但有些人在喝咖啡时喜欢用咖啡匙舀着咖啡一匙一匙地慢慢喝,或者会用咖啡匙来捣碎杯中的方糖。这两种做法都是错误的。

正确做法:饮用咖啡时应当把它取出来。

咖啡

3. 给咖啡加糖——不要直接往杯里放

有些人喜欢在给咖啡加糖时,直接用糖夹子或手把方糖放入咖啡杯内,结果会使杯里的咖啡溅出,从而弄脏衣服或台布,会很尴尬。

正确的做法：给咖啡加糖时，砂糖可以先用咖啡匙舀取，然后再加入杯内。而方糖则需要先用糖夹子把方糖夹在咖啡碟的边缘一侧，再用咖啡匙把方糖加在杯子里。

4. 拿咖啡杯——手指不要穿过杯耳

盛放咖啡的器皿有很多种，如果是小杯，因为杯耳小，手指无法穿出去，所以不会犯这样的错误。如果使用大杯时，有些人会为方便拿取，而把手指穿过杯耳再端杯子，这样的做法就是错误的。

正确的做法：先用拇指和食指捏住杯把儿，再将杯子端起。

手拿咖啡杯

5. 品咖啡——趁热少喝

有人习惯喝咖啡时就像喝水一样，或者像喝可乐一样连续喝三四杯，从而导致身体不适或者感觉恶心。也有人会把咖啡放到很凉后才去喝或者要冰咖啡，结果是和前者一样，使得美食不美味。

正确的做法：其实，咖啡的味道有浓淡之分，所以，喝时很有讲究。就一般浓度而言，一杯正好。普通喝咖啡以 80~100 mL 为适量。如果想多喝几杯，就一定要记得把咖啡的浓度冲淡，或加入大量的牛奶，这样才不致使身体不适。而且，"趁热喝"也是品尝美味咖啡的必要条件，因为咖啡中的单宁酸很容易在冷却的过程中起变化，使口味变酸，影响咖啡的风味。所以，即使是在夏季的大热天中饮热咖啡，也是一样的美味。

第六节　酒水礼仪

格言

酒以成礼，过则败德。

——《三国志·吴书·陆凯传》

中国是文明古国，自西周时期就把礼仪规范体现在宴饮之中，一直延续了几千年，并且影响了现代人的酒礼。中国现代酒礼规范大致包括以下几个方面。

1. 斟酒礼仪

主人须给客人先斟酒。斟酒时不可满杯，免得使客人无法端杯。再斟酒应在对方干杯后，或杯中酒很少时。为长者斟酒不必太频繁。斟酒时切忌摇酒壶或酒瓶，切忌将酒壶口对着客人。客人在夹菜或吃菜时，不要为他斟酒。

在侍者斟酒时，勿忘道谢，但不必拿起酒杯。可是在男主人亲自来斟酒时，则必须端起酒杯致谢，必要时，还须起身站立或欠身点头为礼。有时，也可向其回敬以"叩指礼"，即以右手拇指、食指、中指捏在一起，指尖向下，轻叩几下桌面。这种方法适用于中餐宴会上，它表示的是在向对方致敬。主人为来宾所斟的酒，应是本次宴会上最好的酒，并应当场启封。

斟酒时要注意三点。

（1）是要面面俱到，一视同仁，而切勿有挑有拣，只为个别人斟酒。

（2）要注意顺序。可以依顺时针方向，从自己所坐之处开始，也可以先为尊长、嘉宾斟酒。

（3）斟酒需要适量。白酒与啤酒均可以斟满，而其他洋酒则无此讲究，要是斟得过满乱流，显然未必合适，而且也是浪费。除主人与侍者外，其他宾客一般不宜自行为他人斟酒。

斟酒礼仪

2. 斟酒姿势

斟酒是餐厅服务工作的重要内容之一。斟酒姿势是指斟酒服务时，服务人员持酒瓶的手法、站立、行走及为顾客斟酒时的动作。斟酒姿势的优美来源于服务员广博的酒品知识、文化修养和表演才能。斟酒前的各项准备工作应做到优美娴熟。斟酒操作技术动作的正确、迅速、优美、规范，往往会给顾客留下美好印象。服务员给客人斟酒时，一定要掌握动作的分寸，不可粗鲁失礼，不要讲话，姿势要优雅端庄，注意礼貌、卫生。服务员娴熟的斟酒技术及热忱周到的服务，会使参加饮宴的顾客得到精神上的享受与满足，还可强化热烈友好的饮宴气氛。

3. 斟酒服务的基础

斟酒前，用干净的巾布将瓶口擦净。从冰桶里取出的酒瓶，应先用巾布擦拭干净，然后进行包垫。

其方法是：用一块 50 cm×50 cm 的餐巾折叠成条状，将冰过的酒瓶底部放在条状餐巾的中间，将对等的两侧餐巾折上，手应握住酒瓶的包布，注意将酒瓶上的商标全部暴露在外，以便让客人确认。斟一般酒时，左手持一块折成小方形的餐巾，右手握瓶，即可进行斟酒服务。斟酒时用垫布及餐巾，都是为了防止冰镇后酒瓶外易产生的水滴及斟酒后瓶口的酒液洒在客人身上。使用酒篮时，酒瓶的颈背下应衬垫一块大小适宜的布巾，以防止斟酒时酒液滴漏。

（1）持瓶姿势。

持瓶姿势正确是斟酒准确、规范的关键。正确的持瓶姿势应是：右手叉开拇指，并拢四指，掌心贴于瓶身中部、酒瓶商标的另一方，四指用力均匀，使酒瓶握稳在手中。采用这种持瓶方法，可避免酒液晃动，防止手颤。

（2）斟酒时的用力。

斟酒时的用力要活而巧。正确的用力应是：右侧大臂与身体呈90°，小臂弯曲呈45°，双臂以肩为轴，小臂用力运用腕子的活动将酒斟至杯中。腕力用得活，斟酒时握瓶及倾倒的角度的控制就感到自如；腕力用得巧，斟酒时酒液流出的量就准确。斟酒及起瓶均应利用腕子的旋转来掌握。斟酒时忌讳大臂用力及大臂与身体之间角度过大，角度过大会影响顾客的视线并迫使客人躲闪。

（3）斟酒时的站姿。

斟酒服务开始时，服务员应先呈直立式持瓶站立，左手下垂，右手持瓶；小臂呈45°；向杯中斟酒时，上身略向前倾，当酒液斟满时右手利用腕部的旋转将酒瓶逆时针方向转向自己身体一侧；同时左手迅速、自然地将餐巾盖住瓶口以免瓶口溜酒。斟完酒身体恢复直立状。向杯中斟酒时切忌弯腰、探头或直立。

持杯姿势

4. 斟酒站位

斟酒服务时，服务员应站在客人的右侧身后。规范的站位是：服务员的右腿在前，插站在两位客人的座椅中间，脚掌落地；左腿在后，左脚尖着地呈后蹬势，使身体向左呈略斜式；服务员面向客人，右手持瓶，瓶口向客人左侧依次进行斟酒。每斟满一杯酒更换位置时，做到进退有序。退时先使左脚掌落地后，右腿撤回与左腿并齐，使身体恢复原状。再次斟酒时，左脚先向前跨一步，右脚跟上跨半步，形成规律性的进退，使斟酒服务的整体过程潇洒大方。服务员斟酒时，忌讳将身体贴靠客人，但也不要离得太远，更不可一次为左右两位客人斟酒，也就是说不可反手斟酒。

5. 敬酒礼仪

敬酒，也被称为祝酒，是指在宴会上，由主人向来宾提议，提出某个事由而饮酒。在敬酒时，通常要讲一些祝愿、祝福之言。在正式的宴会上，主人与主宾还会郑重其事地发表一篇专门的祝酒词。因此，敬酒往往是酒宴必不可少的一项程序。敬酒，可以随时在饮酒的过程中进行。频频举杯祝酒，会使现场氛围热烈而欢快。不过，要是致正式的祝酒词的话，则应在特定的时间进行，并以不影响来宾用餐为首要考虑因素。通常，致祝酒词最适合在宾主入席后、用餐前开始。有时，也可以在吃过主菜之后、甜品上桌之前进行。不管是致正式的祝酒词，还是在普通情况下祝酒，均应内容愈短愈好，千万不要连篇累牍，长篇大论，喋喋不休，让他人等候良久。在他人敬酒或致词时，其他在场者应一律停止用餐或饮酒。应坐在自己座位上，面向对方认真地倾听。对对方的所作所为，不要小声讥讽或公开表示反感于对方的啰唆。

另外，敬酒时还要注意一些礼节，如主人首先要向第一客人敬酒，然后依次向其他客人敬酒或向集体敬酒。客人也要向第一主人回敬酒，再依次向其他主人回敬酒。晚辈应首先向最年长者敬酒，再依次向长者和同辈敬酒。向女士敬酒，或女士向客人敬酒，应举止得体，语言得当，不要失礼。在别人正在敬酒、夹菜、吃菜时，不要敬酒。

6. 祝酒礼仪

主人在饮酒前要根据饮宴的内容和对象，表达对客人的良好祝愿，以助酒兴，主要形式有三种：一是祝酒词。在大型外交或社交活动中，首先应由东道主致辞，随后由客人代表致答谢辞。在家宴、婚宴、生日宴、朋友聚会宴中，也要视情况致祝酒词。二是以诗代替祝酒词。中国酒诗联姻，许多佳句流芳千古，以诗祝酒，更具文化色彩。三是祝酒歌。中国少数民族多以此种形式祝酒，能让客人兴高采烈，酒场气氛也十分轻松活跃。

祝酒词格式：

（1）标题。

（2）称谓。

（3）正文：致词人（或代表谁）在什么情况下，向出席者表示欢迎、感谢和问候；谈成绩、作用、意义；展望未来，联系面临的任务、使命。

（4）结尾常用"请允许我，为谁、为什么而干杯"。

【范例】 ×××的祝词

亲爱的×××同志们：

首先，我代表×××向你们的会议致以热烈的祝贺，并向你们的工作表示感谢和致意。

......

最后,庆祝你们的会议获得成功,庆祝你们在今后工作中获得更伟大的胜利。

在饮酒特别是祝酒、敬酒时进行干杯,需要有人率先提议,可以是主人、主宾,也可以是在场的人。提议干杯时,应起身站立,右手端起酒杯,或者用右手拿起酒杯后,再以左手托扶杯底,面带微笑,目视其他特别是自己的祝酒对象,嘴里同时说着祝福的话语。有人提议干杯后,要手拿酒杯起身站立,即使是滴酒不沾,也要拿起杯子迎贺。将酒杯举到眼睛高度,说完"干杯"后,将酒一饮而尽或喝适量。然后,还要手拿酒杯与提议者对视一下,表明自己已干杯了,这个过程就算结束。

在中餐里,干杯前,可以象征性地和对方碰一下酒杯;碰杯的时候,应该让自己的酒杯低于对方的酒杯,表示你对对方的尊敬。用酒杯杯底轻碰桌面,也可以表示和对方碰杯。当你离对方比较远时,完全可以用这种方式代劳。如果主人亲自敬酒干杯后,一般均要求回敬主人,和他再干一杯。

祝酒时应该注意的事项:

(1) 尽量多谈论一些大部分人能够参与的话题。

大多数酒宴宾客都较多,因个人的兴趣爱好、知识面不同,所以话题尽量不要太偏,避免唯我独尊,天南海北,神侃无边,出现"跑题"现象,从而忽略了众人。特别是尽量不要与人贴耳小声私语,给别人一种神秘感,往往会产生"就你俩好"的嫉妒心理,从而影响喝酒的效果。

(2) 瞄准宾主,把握大局。

大多数酒宴都有一个主题,也就是喝酒的目的。赴宴时首先应环视一下各位的神态表情,分清主次,不要单纯地为了喝酒而喝酒,而失去交友的好机会,更不要让某些哗众取宠的酒徒搅乱东道主的意思。

(3) 语言得当,诙谐幽默。

酒桌上可以显示出一个人的才华、常识、修养和交际风度,有时一句诙谐幽默的语言,会给客人留下很深的印象,使人无形中对你产生好感。所以,应该知道什么时候该说什么话,语言得当,诙谐幽默很关键。

(4) 劝酒适度,切莫强求。

在酒桌上往往会遇到劝酒的现象,有的人总喜欢把酒场当"战场",想方设法劝别人多喝几杯,认为不喝到量就是不实在。"以酒论英雄",对酒量大的人还可以,酒量小的就犯难了,有时过分地劝酒,会有伤原有的朋友感情。

(5) 敬酒有序,主次分明。

敬酒也是一门学问。一般情况下,敬酒应以年龄大小、职位高低、宾主身份为序,敬酒前一定要充分考虑好敬酒的顺序,分明主次。即使与不熟悉的人在一起喝酒,也要先打听一下身份或是留意别人如何称呼,这一点心中要有数,避免出现尴尬或伤感情的局面。敬酒时一定要把握好敬酒的顺序。有求于某位客人时,对他自然要倍加恭敬,但是要注意,如果在场有更高身份或年长的人,则不应只对能帮你忙的人毕恭毕敬,也要先给尊者、长者敬酒,不然会使大家都很难为情。

(6) 察言观色,了解人心。

要想在酒桌上得到大家的赞赏,就必须学会察言观色。因为与人交际,就要了解人心,左右逢源，才能演好酒桌上的角色。

（7）锋芒渐射，稳坐泰山。

酒席宴上要看清场合，正确估价自己的实力，不要太冲动，尽量保留一些酒力和说话的分寸，既不让别人小看自己，又不要过分地表露自身。只有选择适当的机会逐渐放射自己的锋芒，才能稳坐泰山，不至于给别人产生"就这点能力"的想法，使大家不敢低估你的实力。

7. 饮酒礼仪

饮酒要根据自己的酒量，饮到五分为最佳，要节制饮，以免失态。不提倡劝酒，充分尊重客人的意愿，让酒宴轻松如意。不要采用将酒杯反扣于桌子上的方式拒绝饮酒。先酒后饭，不能酒未完先吃饭。

（1）干杯。

干杯，通常指的是在饮酒时，特别是在祝酒、敬酒时，以某种方式，劝说他人饮酒，或是建议对方与自己同时饮酒。在干杯时，往往要喝干杯中之酒，因此称为"干杯"。有的时候，干杯者相互之间还要碰一下酒杯，所以它又被叫作"碰杯"。干杯，需要有人率先提议。提议干杯者，可以是致祝酒词的主人、主宾，也可以是其他在场饮酒的人。

提议干杯时，应起身站立，右手端起酒杯，或者用右手拿起酒杯后，再以左手托扶其杯底，面含笑意，目视他人，尤其是自己的祝福的对象，口颂祝颂之词。如祝对方身体健康、生活幸福、节日快乐、工作顺利、事业成功以及双方合作成功，等等。在主人或他人提议干杯后，应当手持酒杯起身站立。

在干杯时，应手举酒杯，至双眼高度，口道"干杯"之后，将酒一饮而尽，或饮去一半，或适当的量。然后，还须手持酒杯与提议干杯者对视一下，这一过程方告结束。过去，在中餐中喝白酒，干杯必须一饮而尽，杯内不剩残酒，现在则不必非得如此。在西餐里，祝福干杯讲究只用香槟酒，而绝不可以啤酒或其他葡萄酒滥竽充数。饮香槟干杯时，应以饮去一半杯中之酒为宜，但也要量力而行。在中餐里，还有一个讲究，即主人亲自向自己敬酒干杯后，应当回敬主人，与他再干一杯。回敬时，应右手持杯，左手托底，与对方一同将酒饮下。

有时，在干杯时，可稍为象征性与对方碰一下酒杯。碰杯时，不要用力过猛，非听到响声不可。出于敬重之意，可使自己的酒杯较为对方为低。与对方相距较远时，可以"过桥"之法作为变通，即以手中酒杯之底轻碰桌面。这样做，也等于与对方碰杯了。不过，这一方式只是中式的。在西餐宴会上，人们是只祝酒不劝酒，只敬酒而不真正碰杯的。使用玻璃酒杯时，尤其不能彼此碰杯。在西式宴会上，越过身边之人而与相距较远者祝酒干杯，尤其是交叉干杯，也不允许。

在喝酒时，中国人习惯举杯仰头痛饮，一口喝光。而在西方这恰恰是应避免的。最文明的方式在西方是头保持平直、一口口啜饮。敬酒时，红酒、白酒都不要一次喝完，杯中总还是留一点酒的。

（2）酒量适度。

不管是在哪一种场合饮酒，都要有自知之明，并要好自为之，努力保持风度，做到"饮酒不醉为君子"。

① 饮酒限量。

在任何时候，都不要争强好胜，故作潇洒，饮酒非要"一醉方休"不可。饮酒过多，不仅易伤身体，而且容易出丑丢人，惹是生非。我国的古语里，早就有"酒是伤人物""酒乃色媒人"之说，饮酒时勿忘以之自警。不仅高兴之时需要如此，心情不佳之时也需要如此，万万不可借酒消愁。至于存心酗酒，是更不应该的自残行为。在饮酒之前，应根据既往经验，对自己的酒量心知肚明。不管碰上何种情况，都不要超水平"发挥"。

② 依礼拒酒。

假如因为生活习惯或健康等原因而不能饮酒，可以使用下列合乎礼仪的方法之一，拒绝他人的劝酒。方法之一，申明不能饮酒的客观原因。方法之二，主动以其他软饮料代酒。方法之三，委托亲友、部下或晚辈代为饮酒。方法之四，执意不饮杯中之酒。不要在他人为自己斟酒时又躲又藏，乱推酒瓶，敲击杯口，倒扣酒杯，偷偷倒掉。把自己的酒倒入别人杯中，尤其是把自己喝了一点的酒倒入别人杯中，更是不礼貌的。

③ 移风易俗。

在饮用酒水时，不要忘记律己敬人之规。特别是要抛弃下列既有害于人，又有损于己的陋习恶俗。第一，不要酒疯。极个别的人，在饮酒时经常"酒不醉人，人自醉"，借机生事，装疯卖傻，胡言乱语。第二，不要酗酒。有的人嗜酒如命，饮酒成瘾。这不仅有碍身体，而且也有损个人形象。第三，不要灌酒。祝酒干杯，需要两厢情愿，千万不要强行劝酒，说什么"感情深，一口闷。感情浅，一点点"。非要灌倒他人，看对方笑话不可。第四，不要划拳。有人饮酒时喜欢猜拳行令，大吵大闹，哗众取宠。其做法也是非常失礼的。

(3) 餐桌上喝酒。

餐桌酒就是吃饭的时候喝酒。餐桌酒一般我们分为三大类型：餐前酒、佐餐酒、餐后酒。

① 餐前酒。

餐前酒一般是吃主菜之前喝的，吃开胃菜的时候喝的。一般味比较淡，或者味道比较酸甜爽口，让人打开口味。一般西方人都比较喜欢喝餐前酒，如鸡尾酒、香槟酒等都是常见的品种。

② 佐餐酒。

其实佐餐酒就是红白两种葡萄酒分为配以不重口味菜来喝的。一般在西餐的宴会上，桌上会放三个杯子。这三个杯子是在你右手的正前方，由外侧向内侧依次排列，这三个杯子是什么杯子呢？最外面这个就是白葡萄酒杯，中间这个是红葡萄酒杯，最里面那个是清水杯。由外侧到内侧越来越大，白葡萄酒杯最小，红葡萄酒杯居中，水杯最大。白葡萄酒是配白肉的时候喝的。什么是白肉？就是所谓的鸡肉、鱼肉。这样一种海鲜跟禽类的肉，做熟了之后，它肉一般是白色的，味比较淡，白葡萄酒味也比较淡。所以淡味酒配淡味菜吃起来比较好。还要注意什么呢？白葡萄酒最佳的饮用温度是13 ℃左右。你怎么能达到这个温度？标准化的方法是喝白葡萄酒时加冰块。其实你要看白葡萄酒杯跟红葡萄酒杯差不多，就是白葡萄酒杯稍微小点。但是你记住了，它的标准化拿法是拿杯腿。

吃红肉，红肉就是牛肉、羊肉、猪肉，做熟了之后它颜色是红色的，它味儿比较重，搞不好还有腥臊之嫌，要放很多香料，适合于红烧、烤。所以这样的话，你得注意，吃红肉的话它一般配味比较重的红葡萄酒。红葡萄酒标准饮用为18 ℃左右。喝红葡萄酒的标准方法是什么都不加的。因为红葡萄酒是在18 ℃左右饮用的,所以它的标准化拿法是拿杯子身体,不捏杯腿。

③ 餐后酒。

餐后酒一般是什么酒呢?白兰地酒、威士忌酒。吃完了主菜,主人致欢迎词和告别词,一般致辞的时候会干杯。那么这个时候喝香槟酒也有可能。还有的时候会喝一些甜酒,像雪莉酒、金酒之类。先喝淡的,后喝甜的;先喝酸的,后喝甜的。在比较正规的场合我们见到的餐后酒就是白兰地酒了。白兰地酒它是压轴戏。好货都是最后出来的,所以它是餐后酒。

白兰地酒杯是大肚子杯、小口杯、矮腿杯,腿非常矮。标准化做法是用中指和无名指夹着杯腿,让整个酒杯坐在手掌之上,是用手掌托着这个杯子的。一般喝白兰地有个程序,首先是观其色,要托起来看,据说像XO这种档次的酒是清澈透明的。透过薄薄的酒杯,手指掌纹都看得非常清楚。其次是嗅其香,要移到鼻子附近来嗅一嗅。

它为什么要有这个程序?因为一般的酒在瓶子里的存放温度大概也就是十七八摄氏度,但是白兰地的杯子肚子大,杯底比较薄,当托到掌心的几分钟内,观其色、嗅其香,实际上就是通过手掌心给杯子里的酒加温了,这样的话喝到嘴里味道就比较好。

利口酒主要作为餐后酒,不仅可以化食,而且是一顿美餐的最后印象。有些鸡尾酒也可作餐后酒。

一套完整的晚宴,大家酒足饭饱之后,男人们端起了大肚缩口酒杯,倒上琥珀色的白兰地,随意畅聊。

(4) 醉酒解酒的方法。

醉酒后解酒的方法主要有以下几种。

① 用湿毛巾敷在额头,让醉酒者保持清醒。

② 保证合适的体位,最好是侧卧位,不要仰卧,以免出现呕吐造成呼吸道堵塞,引起窒息,甚至危及生命。

③ 多喝水,多吃富含淀粉的食物,如馒头、面包等,尽量不要喝富含碳酸的饮料,因为这种饮料会促进酒精的吸收。

④ 严重者拨打"120"急救电话,及时送往医院抢救。

⑤ 食品可以预防醉酒。

a. 酸奶——酒后烦躁。

蒙古人多豪饮,酸奶正是他们的解酒秘方,一旦酒喝多了,对胃产生不良刺激,影响消化和食欲,如大量饮用,还会增加肾脏过滤负担,影响肾功能。蒙古人豪饮后便喝酸奶,酸奶能保护胃黏膜,延缓酒精吸收。由于酸奶中钙含量丰富,因此对缓解酒后烦躁症状尤其有效。

b. 蜂蜜水——酒后头痛。

喝点蜂蜜水能有效减轻酒后头痛症状。美国国家头痛研究基金会的研究人员指出,这是因为蜂蜜中含有一种特殊的果糖,可以促进酒精的分解吸收,减轻头痛症状,尤其是红酒引起的头痛。另外蜂蜜还有催眠作用,能使人很快入睡,并且第二天起床后也不头痛。

c. 西红柿汁——酒后头晕。

西红柿汁富含特殊果糖，能帮助促进酒精分解，是延缓酒精吸收的有效饮品，一次饮用 300 mL 以上，能使酒后头晕感逐渐消失。实验证实，喝西红柿汁比生吃西红柿的解酒效果更好。饮用前若加入少量食盐，还有助于稳定情绪。

d. 新鲜葡萄——酒后反胃、恶心。

新鲜葡萄中含有丰富的酒石酸，能与酒中乙醇相互作用形成酯类物质，降低体内乙醇浓度，达到解酒目的。同时，其酸酸的口味也能有效缓解酒后反胃、恶心的症状。如果在饮酒前吃葡萄，还能有效预防醉酒。

e. 西瓜汁——酒后全身发热。

西瓜汁是天生的白虎汤（中医经典名方），一方面能加速酒精从尿液排出，避免其被机体吸收而引起全身发热；另一方面，西瓜汁本身也具有清热去火功效，能帮助全身降温。饮用时加入少量食盐，还有助于稳定情绪。

f. 柚子——酒后口气。

李时珍在《本草纲目》中早就记载了柚子能够解酒。实验发现，将柚肉切丁，蘸白糖吃更是对消除酒后口腔中的酒气和臭气有奇效。

g. 芹菜汁——酒后胃肠不适、颜面发红。

酒后胃肠不适时，喝些芹菜汁能明显缓解，这是因为芹菜中含有丰富的分解酒精所需的 B 族维生素。如果胃肠功能较弱者，则最好在饮酒前先喝芹菜汁以做预防。此外，喝芹菜汁还能有效消除酒后颜面发红症状。

h. 香蕉——酒后心悸、胸闷。

饮酒后感到心悸、胸闷时，立即吃 1～3 根香蕉，能增加血糖浓度，使酒精在血液中的浓度降低，达到解酒的目的，同时减轻心悸症状、消除胸口郁闷。

i. 橄榄——酒后厌食。

橄榄自古以来就是醒酒、清胃热、促食欲的"良药"，能有效改善酒后厌食症状。它既可直接食用，也可加冰糖炖服。

常见的解酒方法还有以下几种：

① 绿豆解酒。绿豆适量，用温开水洗净，捣烂，开水冲服或煮汤服。

② 甘蔗解酒。甘蔗 1 根，去皮，榨汁服。

③ 食盐解酒。饮酒过量，胸膜难受。可在白开水里加少许食盐，喝下去，立刻就能醒酒。

④ 柑橘皮解酒。将柑橘皮焙干、研末，加食盐 1.5 克，煮汤服。

⑤ 白萝卜解酒。白萝卜 1 千克，捣成泥取汁，分若干次服。也可在白萝卜汁中加红糖适量饮服。也可食生萝卜。

⑥ 鲜橙解酒。鲜橙（鲜橘亦可）3～5 个，榨汁饮服或食服。

⑦ 甘薯解酒。将生甘薯绞碎，加白糖适量搅拌服下。

⑧ 鲜藕解酒。鲜藕洗净、捣成藕泥，取汁饮服。

⑨ 生梨解酒。吃梨或挤梨汁饮服。

想一想，练一练

1. 简述餐饮礼仪的主要内容。
2. 简要说明中西餐饮礼仪的差异和各自的优点。
3. 中国茶道礼仪有哪些要点？
4. 中国现代酒礼规范包括哪些内容？

第八章 节日礼仪

- 了解中国主要的几种节日礼仪。
- 掌握现代礼仪的原则。

第一节 中国节日礼仪

礼仪小故事——元宵节的传说

与东方朔有关的传说是：汉武帝时有一宫女叫元宵，深居宫中与世隔绝，思念双亲痛不欲生，想投井，被东方朔拦住。为让元宵能与家人团聚，东方朔用计，在百姓中传说"长安在劫，火焚帝阙，十六天火，焰红宵夜"。武帝听后向东方朔问计，东方朔说："火神君喜食汤圆，上元之日可令家家都做汤圆，将火神买通。"武帝样样照办，届时元宵父母进城观灯，与其女得以相见。因吃汤圆（元宵）免了灾祸，宫女元宵又得以和家人团聚，自此过元宵节、吃元宵相沿成习。

中国传统节日，包括汉族的节日（也称为岁时节日）和少数民族的节日两部分。在这些节日中，积淀着社会文化，蕴涵着传统的伦理观念和道德观念。节日是礼仪、礼俗与风俗的有机结合。过节，又使得亲族联系得以加强，人际关系得到调节，社会群体意识和生活方式得到调适，并给人们带来乐趣。人们之间"礼尚往来"之"礼"，在节日里也体现得更为突出、集中、明显，也更自然。

一、春节

春节，又被称为"年""大年"，是我国各族人民最重大的传统节日，也是一年中时间最长的一个节日。每年自进入农历腊月，就拉开了欢庆春节的序幕。俗话说："进了腊月的门，就闻到了过年的味。"春节的这个序幕中，最先到来的节日是"腊八"。

春节喜庆

（一）腊八

过"腊八"节，不仅在我国国内几乎是家喻户晓，甚至远在海外的侨胞也保留有此习俗。现在流传的习俗多是食"腊八粥"，古代则还有祭祖的活动。

【阅读材料】 腊八粥的由来

腊月初八，古称"腊日"，相传是佛教创始人释迦牟尼的成道之日。释迦牟尼原本是印度土邦的一个王子，他放弃了可以继承的王位，离家出走，云游四方，到处寻访名道传人，以求普救众生。腊月初八这天，他走至一荒山野岭，又累又饿，昏倒在一棵大菩提树下。在迷迷糊糊的昏睡中，他听到有人喊他的名字，睁开眼睛，见到有一位姑娘在身旁，想说话怎奈不能发出声音。那姑娘从他的眼神中好像知道了什么，急忙把手中提篮里的半碗剩饭倒在一个烧罐中，又在附近摘了几样瓜豆野果放在里面，加上泉水熬出了香喷喷的杂样粥，随即端到释迦牟尼嘴边。热粥飘出的香味把昏睡的释迦牟尼唤醒了。他狼吞虎咽地把粥喝完，顿觉气力倍增，精神振奋，丝毫没有了疲劳的感觉。当他站起来要感谢那位姑娘时，却怎么也找不见姑娘的影子。释迦牟尼这时心灵顿然开化，好像悟到了什么，就走到泉边用泉水洗了脸，打坐在这棵菩提树下静思，从而得道成佛。后来为了纪念佛祖释迦牟尼的成道，寺院僧侣和佛门弟子就在每年腊月初八这天，用当年收获的粮豆瓜果煮成"腊八粥"供奉。南北朝以后佛教盛行，过"腊八"的习俗在宫廷和官府传开，后逐渐传到民间。

在中国民间，则有另一种传说。传说从前有个独生子，生性懒惰，加上父母娇惯，更是衣来伸手，饭来张口。父母去世后，他与妻子坐吃山空，没几年，把父母生前为他攒下的八囤粮食都吃完了。那天正是腊八，天很冷，那独子又叫媳妇去舀米，可她扫完了八个囤子才刚刚够做一顿粥。他俩挨冻受饿，只好要着饭过了冬。后来，两口子像他们的父母一样下力干活，勤俭度日，才慢慢又有了吃喝。人们为了记住这个"坐吃山空"的教训，每到腊月初八，就熬顿由多种粮食做成的粥来教育后人。一来二去，就形成了过"腊八"喝"腊八粥"的风俗。

现在，这种习俗在我国广大城乡仍很流行，人们虽然多数已不知过"腊八"的由来，喝"腊八粥"也不见得是为了纪念佛祖的成道,但仍然习惯地把"腊八粥"当做吉祥福禄的象征,认为过"腊八"喝"腊八粥"可以为人们增寿加福,也为节日增添了不少喜庆气氛。

(二) 祭灶

腊月二十三,有祭灶之礼俗。祭灶,即祭祀灶神。对灶神的来源,说法不一。现较为流行的一种是唐朝段成式《酉阳杂俎》所言:灶神姓张,名单字子郭,有一个叫"卿忌"的夫人和六个都叫"察洽"的女儿,还有好几位兵将。据古书记载,灶神是玉帝派往各家观其善恶的神将,每年在腊月二十三要回到天上向玉帝做汇报,而后或奖或惩,功过分明。若细论起来,祭灶起初是由于人们对火和灶的崇敬,察人间之善恶是灶神后来才有的权力。

严格地说,祭灶当由送灶和接灶两个程序组成,腊月二十三,用一"灶马"(灶神画像),伴以祝词送灶神升天,初一五更时再把灶神接回。祭灶时除要用香、蜡及各色祭品外,一般都少不了灶糖。民间供奉灶爷灶糖,一是为甜其心,二是为粘其牙,意思是让灶爷上天汇报时少说坏话。现在,祭灶之举已很少见,但吃灶糖的习俗已流传下来。更重要的,祭灶作为迈向年节的正式一步,把年的气氛渲染得更为浓烈了。

(三) 春联、年画、爆竹

春联、年画和爆竹是过年必不可少的三个重要角色。

春联,也叫"门对""春帖",是对联的一种,因在春节时张贴,故名春联。春联起源于桃符,原是以桃木板画上神荼、郁垒二神的像,用以驱鬼、压邪、祛灾。五代后蜀,人们以纸代木,在其上题对联。至宋,春节贴春联已广为流行。而今的春联,多以大红纸书写,上联贴于门右,下联贴于门左,多数还在门楣上贴有横批,内容多是吉祥喜庆之语。当新春佳节即将来临之际,家家户户门前打扫得干干净净,饰以鲜红的春联,既漂亮、喜气,又增添了几分春的气息,也怪不得此俗一直流传不衰。

比起春联,年画也并不逊色。尤其是在乡村,过春节贴年画也是一道风景。人们将花花绿绿的年画贴在门上和堂中,给新年平添了不少新意。

放爆竹是我国一种颇有民族特色的庆贺活动,并不只是春节时才进行,每逢喜庆之日,人们都喜欢放爆竹以示庆贺。爆竹最初也是为驱邪、镇鬼用的,只是那时的爆竹不像今天用纸装上药再串起来的鞭炮,而是把真正的竹子放在火里焚烧,以噼啪之声来驱赶鬼兽。后来,人们放爆竹就不只是为了驱鬼兽,同时也是为了吉利,春节放爆竹更是为了辞旧迎新,以渲染热烈的气氛。

(四) 除夕

除夕是一年中最为独特的日子。忙碌了一年的人们,扫去了一年的尘垢,准备了充足的衣食等待年的到来。

阖家团圆,能赶回家的人们无论如何都要在这一天赶回家。入夜,全家人围坐在一起,有说有笑地先吃一顿"团年饭"(也叫"年夜饭")。饭后,开始守岁,也叫"熬年""坐年",这是春节普遍流行的一种习俗。相传此俗始于南北朝时期,在唐代就已颇为流行。至于为什么要这样做,有人讲是有珍惜光阴之意,因其"一夜连双岁,五更分二年";又有人讲是为了来年更有精神,有熬过年的人一年之内不乏困的俗信;更有人说是为了给长辈添寿。不论是为了什么,而今的守岁习俗在民间依然存在,不仅仅是举家坐着吃喝说笑,电台、电视台的春节联欢晚会也给家家户户增添了不少乐趣。

值得一提的是压岁钱。这是长辈给晚辈的年节礼品。以前主要是为驱邪的,现在则多是亲情的一种表示,图的是个喜庆、是个吉祥。

(五) 正月初一

1. 拜年

正月初一拜新年,从古至今一直盛行不衰。现代的拜年,多为礼节性的。初一大早,人们盛装出门,带着满心满脸的喜气,到亲朋好友家里道声:"新年好!"稍事寒暄,又往别家。主人家里备有果品糖烟之类,一边回礼,一边把这些物品装入拜年者的衣袋中。相见于道者,往往一拱手,满面春风地都来一句"新年好""恭喜发财"之类的祝福语。

团拜,是机关单位常用的一种拜年形式,规模大,氛围浓厚。平时忙于工作的人们在一起说说笑笑,相互道贺,既省去了往来奔波之劳,又融洽了关系,表示了礼貌,是拜年的一种好形式。

2. 赠送贺年片

互相赠送贺年片也是春节习俗之一。贺年片,也称"拜年帖",也就是贺新年的纸卡片,由"名帖""名片"演变而来,最晚在宋代即已盛行。那时多是由专人分送,而今则多是通过邮局或电子邮件寄送。人们习惯以一纸贺卡,恭贺新春。

3. 吃饺子

按照中国北方传统习俗,每年除夕吃过年夜饭,家家户户即开始包饺子。当子夜十二点钟声一响,新年伊始,便合家围坐在一起,在除旧迎新的鞭炮声中一同吃饺子,以迎接新年的到来。饺子作为更岁食品,足见它在中华饮食文化中的重要地位。我国北方人吃饺子之俗,最少也有1 600多年的历史了。

饺子

过年吃饺子,专讲守岁时包,辞岁时吃,就是非半夜十二点(子时)动筷子不可。年三十的子时钟声一响,就由旧岁跨入新年,也就是所谓"更岁交子"。于是就把在这个时候,人们吃这种面里包馅的食品,叫做"交子"。久而久之,谐音一变,就成了现在的"饺子",有些地方也称为"扁食"。

新年交岁时吃的"更岁饺子",以其丰富的花样,寄寓着人们对美好生活的向往。最常见的是弯月形,似元宝,用以恭贺新年发大财;柿子、棉桃形,是借助其字音和形状来祈祝"事事如意、心花怒放";捏成玉米、麦穗、鸡、羊等形状,则是寓意"五谷丰登、六畜兴旺"。如果最后面有余,便把它夹以少许肉馅,捏成车轮状,以象征"滚滚向前"。有时,人们还悄悄地将一两枚洗净的硬币包进去,俗信吃到者必在新的一年财运亨通。有的还包进花生米(又名"长生果")、红枣、糖等,则是祝愿健康长寿,希望在新的一年里,生活像枣和糖一样红火、甜蜜。

在我国北方,节日早起迎新,一般在凌晨三四点钟,俗称"起五更"。起床后的第一件事就是煮饺子。当锅里的水烧开时,才开始放鞭炮,盛饺子时,除了说话要特别注意外,还不准把碗放在锅台上,必须用手端着。盛出后,先放几碗在神位前,家长则率领全家焚香烧纸,礼拜诸神祇、祖先。然后,全家围坐在一起吃,俗称"喝汤",即喝元宝汤的意思。吃时,不能让饺子掉到地上,因为它象征着元宝,大年初一就将"元宝"掉到地上是不吉利的。

在煮"更岁饺子"时,还常听到男女主人这样的问答:"饺子煮挣啦?""挣了!"新年说话规矩甚多,如把饺子煮破了,得改说"挣了"——北方人称"赚钱"为"挣钱",他们故意一问一答,借此图个新年挣钱发财的吉兆。

饺子不只是初一吃,正月里初三、初五、初七、十五、十六都要吃。随着人民物质文化生活水平的提高,除婚嫁喜庆、节日聚会等吃饺子之外,现在是什么时候想吃就可随时吃了。

(六)正月初二至初十

春节,自"腊八"敲响开场锣起,要到初十才算是尾声,拉上大幕怕是还要迟几日,有些地方要过了正月十六(小年)才算是过完年。

拜年的活动始于正月初一,正月初二仍在紧张地进行,差不多一直要延续到月底。不过,正月初二、初三,在有些地区又开始祭祀祖先活动,同时,又有出嫁闺女回娘家的风俗。初四是一个过渡性质十分明显的日子,节日的狂欢开始冷却,至初五,生活开始恢复正常。初五也是正月里一个重要的日子,新年前几天的诸多禁忌过了初五即可破除,故又称为"破五"。这天的活动,过去主要是"送穷"。所谓"穷",其实就是正月初一以来积存的垃圾,正月初五以前要留着聚福,到了正月初五就变成"穷土"送出去。送穷的方式很多,简单的只是早晨扫出去完事,复杂一些的则要用纸剪一个穷媳妇(有的还要让她背上一个装有垃圾的纸袋)送到门外。正月初五这天,旧时也是商号重新开市的日子。再往后,正月初七为"人日",又称为"人胜节",习俗是做人胜用以装饰或馈赠。正月初八并非节令,但传说这是诸星下界的日子,所以有"祭星"之俗。正月初九俗说为天爷生日,也叫玉皇诞辰,因此有"斋天"等活动。正月初十是一个"整日子",相传这天是"石头生日",有"十(石)不动"之俗,即凡石头做的物件(如磨、碾等)均忌动用,甚至还要设供烧香祭拜。正月初十的另一习俗是"老鼠娶亲",与之相应的夜晚点灯,还要做些食物供老鼠们办喜事之用。这一习俗在我国相当普遍,虽都在正月,但各地具体日期不同。

过了正月初十,节俗活动就基本上与"年"脱钩了,进而与元宵节连缀起来。关于春节的礼俗，至此告一段落。

二、元宵节、寒食节、清明节、花朝节、端午节

（一）元宵节

元宵节是我国民间最隆重的节日之一，时间在农历正月十五。据传说，元宵节始于汉朝，因汉代"诸侯之乱"的平定日是正月十五，所以每到这天晚上，汉文帝就微服出宫，与民同乐，以示纪念。一年中第一个月圆之日叫做元宵，又称为"元夕""元夜"。元宵节，又称为"上元节""元夕节""灯节"。

元宵节

1. 张灯观赏

我国民间，每逢元宵节，有张灯观赏的风俗。它究竟起于何时，一直有几种不同的说法。第一种认为，始于西汉武帝正月十五祭祠堂；第二种认为，始于东汉的道教；第三种说法认为，元宵张灯始于东汉明帝，与那时佛教传入东汉有关。佛教教义中把火光比作佛之威神，《无量寿经》中有"无量火焰，照耀无极"的说法。在佛教的教义中，灯一直是作为佛前的供具之一。每遇佛教盛会都要大明灯火。在佛教传说中，与正月十五日张灯有关系的是"佛祖神变"的事迹。据《僧史略》中记载，佛祖释迦牟尼实现神变、降伏神魔是在西方12月30日，即东土正月十五，为纪念佛祖神变，此日需燃灯法会。东汉明帝时，摩腾竺法兰东来传教，汉明帝就下令正月十五佛祖神变之日燃灯，并亲自到寺院张灯，以示礼佛。自此以后，元宵张灯便蔚然成风。

关于元宵节张灯之俗，我国民间还有一个美丽的传说。说是很早以前，有一只神鹅飞到人间，被猎人射伤，玉皇大帝便下旨于正月十五派天兵火烧人间。天上有位善良的仙女，把这个消息透露给人们，人们便商量出一个办法，在正月十四前后三天，家家户户挂红灯，燃放火花、火炮，正准备下凡放火的天兵，以为已经烧起来了，便向玉帝回命交差了事。因为在正月十五挂彩灯、放火花免了天灾，于是人们年年在这时都挂花灯，放烟火、鞭炮，以感谢这位仙女。由此而形成了元宵节张灯的习俗。

自从元宵张灯之俗形成后，历朝历代都以正月十五张灯为一盛事，当今仍相当盛行。每到元宵节前后，无论乡村还是城镇，人们都要张灯结彩，观灯游赏，烟火也多，这些都是必

不可少的。此外，还有很多其他的文娱活动。

2. 打灯谜

打灯谜较之张灯观赏是一项后起的元宵节与灯相关的娱乐活动。谜语实际上是一种隐语，古时候也叫"庾词"，汉代就有。到了宋代，谜语才和元宵张灯活动结合起来，形成了灯谜。所谓打灯谜，就是将谜贴在灯上，供人观灯时猜度，猜中者即可撕下纸条，领取一定的奖品。由于灯谜在游乐之中既能给人以教益，又有利于开发智力，后世便长足发展，而今仍为元宵节的重要节俗活动，深受喜爱。

3. 吃元宵

谈到元宵节自然不能不谈吃元宵了。元宵也叫"汤圆""圆子""汤团"，是元宵节的应节食品。每到正月十五，家家都要煮食元宵。这一习俗形成于宋代，历史上曾有过许多传说故事。一说和嫦娥有关，另一说与楚昭王有关，再一说与东方朔有关。最后这一说法流传比较普遍。

其实元宵节吃元宵与中秋节吃月饼一样，取意在于阖家团圆。一千多年来，元宵节吃元宵的风俗之所以能长盛不衰、流传至今，除了其本身味道甜美以外，还与元宵所具有的美好象征意义是分不开的。元宵的外形"团团圆圆"，有象征团圆、幸福之意。自己吃表示在新的一年里幸福康乐的心愿，而送亲朋好友则是借以表达百事顺心、全家生活输快、工作学习圆满的祝愿。

整个元宵节的习俗远远不止上述几种，各种娱乐活动，诸如踩高跷、跑旱船、耍狮子、舞龙灯、扭秧歌、打腰鼓更是丰富多彩。人的喧嚣，锣鼓的敲打，爆竹烟火的意境，张灯、观灯、赛灯的热烈和社火百戏融在一起，合起来就是一个"闹"字。不见"闹花灯""闹社火""闹元宵"，不闹，仿佛就不能称其为元宵节。闹，自有其价值，它是对生活的一种补充、一种润色、一种调节。有了它，生活才充实，才丰富多彩，才合乎理想。闹也是一种生命力的表现，在闹中宣泄了某种压抑，恢复了心理平衡，也有利于以后的生活和工作。

（二）寒食节

寒食节，也称"禁烟节""冷节"等是汉族的传统节日之一，流行于全国各地，尤以山西为甚。关于节期，说法不一，一般认为是在清明前一天或两天，届时禁止烟火，吃冷食，故名"寒食节"。

寒食节的来历，有几种说法，其中以纪念介子推之说影响最大。相传在春秋时期，晋国内乱，晋公子重耳流亡在外十九年，这期间，介子推一片忠心，始终相随，还曾在重耳几乎冻饿至死之时割股奉啖，救重耳一命。后重耳回国当了国君（晋文公），遍赏有功之臣，介子推却已与老母隐居绵山。晋文公多次恳请，他都执意不肯出山。为逼介子推下山受赏，晋文公下令放火烧山（但留出一条通道），没料到介子推至死不出，与老母一起葬身火海。晋文公深感愧疚，便下令将介子推母子安葬在绵山，并修寺立庙，改山名为"介山"，又下令每年到介子推死的那一天（清明前夕）禁止烟火，吃冷食，俗称"寒食"。

这一习俗沿袭下来，久而久之就成了一个纪念性节日而被固定下来，到唐代，寒食之风已广为盛行。后来，寒食节逐渐和清明节合而为一，成了一个节日。类似的节日在巴拉圭也有，时值元旦前，为期五天，是为纪念历史上一次艰苦的战斗而定立的。

（三）清明节

"清明"原是我国历法中的岁时节气名，是二十四节气之一，在每年春分以后第十五天

（公历4月5日前后）。因后来融入了扫墓、插柳等习俗，并与传统的寒食节合而为一，遂使这一节气变成了一个民间节日，流行于我国大部分地区。

扫墓是清明节的习俗之一。这一习俗至少可以追溯到秦汉时期，到了唐代已成定制。唐玄宗于开元二十年（732年）发布诏令，将此俗"编入礼典，永为常式"。这个风俗经宋、元、明、清不衰，至今依存。人们祭扫陵墓，以表悼念之情。

清明时节，还有踏青的习俗。其实此俗和清明节本身并无多大关系，只是时值阳春，风和日丽，桃红李白，正是出外游玩的好时节。踏青之俗在我国已有两千多年的历史，最初日子只是相对确定在农历三月的第一个巳日（上巳），届时人们临川流之上，洗除尘垢及灾病。到了魏晋南北朝，时间基本固定在三月初三。由于上巳和三月三都与清明节相近，所以在这个祭祀的节日增加了游乐的习俗。另外，清明节还有插柳和"吃青团"之俗。

（四）花朝节

农历二月十五的花朝节是百花的节日，也叫"花节"（日期在各地不尽相同）。人们常把它和八月十五月夕节（中秋节）相提并举，称作"花朝月夕"。

花朝节起源于汉代。到了唐代，花朝节的活动已经十分热闹。相传唐太宗李世民在花朝节时曾在御花园中主持过"桃李御宴"，就是在宴席的佳肴上点缀各种可供食用的花，一边饮酒，一边食用。武则天也在花朝节这天到兴庆宫游玩，令宫女采集百花，和米捣烂蒸成花糕赐给君臣食用。民间许多地方这天都要举行"花朝盛会"，人们纷纷外出踏青、栽花、植树、唱戏、练武、饮酒、赋诗、放风筝、打秋千和扑蝴蝶等，尽情娱乐。寺院庙宇也钟鼓齐鸣，云烟缭绕，妇女们手捧鲜花前来祈祷花卉繁盛，祝愿自己青春常在。有些地方还用红丝线或五色彩绘粘在花枝上，用红纸做成三角形的小旗插在花盆里，称作"赏红"。花农们这天也要把各种名花陈列于花市，供人观赏。花朝节不仅汉族有，我国少数民族也有类似的节日。每年的花朝节大约在春分前后，我国北方的一些花木芳菲初吐，含苞绽蕾，南方许多花卉也正在陆续开放。

1979年，全国人民代表大会常务委员会通过决议，正式规定每年公历3月12日为我国的植树节。这个日子正好在花朝节前后，所以说花朝节也是植树种花的大好季节。

（五）端午节

农历五月初五，是我国民间的传统节日——端午节。"端"是开始之意，五月又称"午月"，故称为"端午"，又被称为"端五""重五""重午"。

赛龙舟

关于端午节的来历,有很多不同的说法,归结起来主要有以下四种:第一种说法是源于纪念屈原;第二种说法认为端午是龙的节日;第三种说法认为端午起源于恶日;第四种说法认为有文字可考的端午始源于此。这四种说法,各有各的依据,现尚无一定的说法。端午节有一些风俗流传至今。

1. 吃粽子

吃粽子是端午节最重要的习俗。关于它的起源,影响最大的说法是为了纪念投汨罗江而死的屈原。南朝梁吴均《续齐谐记》中记载:"屈原五日五日投汨罗江而死,楚人哀之,每至此日,以竹筒贮米投水祭之。"在这本书里,作者还记载了一个民间传说,说在东汉光武帝刘秀建武年间,长沙有个叫区回的人,有一次白天见到一个自称是三闾大夫屈原的人对他说:"君当见祭,甚善。但常年所遗,每为蛟龙所窃。今若有惠,可以楝树叶塞其上,以彩丝缠之,此二物,蛟龙所惮也。"区回依其言,后复见屈原感之,并言:"今世人五月五日做粽,并带五色丝及楝叶,皆汨罗水之遗风也"。事实上,粽子作为一种食品,本是适应我国南方生活环境的产物,在东汉时,只不过是一种普通食品。民间广为流传的"端午节裹粽子是为了纪念屈原投汨罗江而死"的说法并不可靠,但是,它毕竟表达了人们对我国古代伟大爱国诗人屈原的爱戴和怀念,因而也乐于为广大人民所接受。粽子,现已不只是应节食品,其做法也多种多样。

2. 悬艾、菖蒲和饮雄黄酒

端午节以艾、菖蒲悬挂于门上,人饮雄黄酒都是为了驱邪避毒,其中除俗信的成分外,也确有一定的科学道理。艾和菖蒲都可药用,可消病毒。雄黄酒即以雄黄(一味中药)入酒,饮之可驱瘟避毒。端午时节,气候渐暖,且雨水较多,细菌繁殖较快,人易得病。民间有"端午节,天气热;'五毒'醒,不安宁"之说,也就是说此时人们容易受到各方面的侵害,故此也就想出了一系列驱邪避毒的方法。除悬艾和菖蒲、饮雄黄酒外,避毒的方法还有符图法、结端午索、采花等,这些习俗如今在我国一些地区仍然流行。

3. 赛龙舟

赛龙舟,又被称为龙舟竞渡,是一项深为广大人民所喜爱的民间水上游艺活动,也是端午节不可缺少的活动内容之一。这一活动尤其在我国南方各地很是盛行。

关于赛龙舟的由来,民间有许多说法,其中主要有以下几种:一是认为起源于纪念屈原。二是认为起源于春秋时伍子胥被谗害。据史料载,春秋末年,吴国大将伍子胥因遭佞臣诽谤而被吴王夫差所杀,尸首被装入皮袋投进钱塘江以后,随波逐流而不沉没。当地百姓认为这是伍子胥显灵,以后每年五月初五,当钱塘江江潮翻腾之时,人们就驾舟逐潮,希望能重见伍子胥显灵。第三种说法认为起源于春秋末年越王勾践,他为报灭国之仇,曾借竞舟操练水兵。其实,赛龙舟之俗早在这三种传说之前就已经存在了。龙船则在西周穆王时就有。据近代著名学者闻一多先生《端午考》说:"端午节本是吴越民族举行图腾祭祀的节日,而赛龙舟便是祭仪中半宗教、半娱乐性节目。"按照闻一多先生的说法,当时水乡部落的人民,为了抵御蛇虫、疾病的侵害和水患的威胁,就把想象中具有威力的龙作为自己的祖先兼保护神(即图腾),于是把船建成龙形,画上龙纹,每年端午举行竞渡,以表示对龙的尊敬。

赛龙舟作为一项民俗活动,不管起源何时,早已成为我国很多地方的传统喜庆活动之一。龙舟竞渡之时，人声鼎沸，场面极为壮观。赛手奋力争先，岸上的人助威呐喊，不论胜负，皆不遗余力，图的只是个热闹和吉庆。

另外，日本、朝鲜、新加坡、马来西亚也都有过端午节的习俗，节日活动和我国大体相似。

三、七夕节、中秋节、重阳节、冬至节

（一）七夕节

七夕节，又被称为"乞巧节""少女节""女节"，时间在农历七月初七晚，是汉族的一个传统节日，流行于全国各地，朝鲜族、白族等少数民族也过此节。

[阅读材料] **七夕节的由来**

七夕节，本源于我国古代四大民间传说故事之一的《牛郎织女》：天帝之孙女织女心灵手巧，在与人间牛郎过了一段美满生活之后被捉回天宫，与牛郎及一对儿女为天河所隔，后得到喜鹊的帮助，于每年七月初七搭成鹊桥让夫妻俩相会。旧时民间在节日之夜都有祭拜织女的习俗，最为普遍的活动当为"乞巧"。也就是指七夕节晚上，妇女对月进行的穿针引线活动，以向织女乞求智巧。乞巧的具体方式可谓多种多样，如漂针试巧，即投针于生有薄膜的水间，观水底针影形状以验智愚。赛穿九尾针，即看谁先用丝穿完九个针孔。此外，还有以蛛网试巧、种五生乞巧、游戏测智等活动。无论哪种方式，乞巧活动均表明妇女们以自己的巧智来创造美好生活的愿望。

除乞巧活动外，民间还有七夕节夜望天空而卜婚事之俗，具体做法是：七个姑娘结伴，在七夕夜立于院中，用巾帕遮目仰望牛郎织女星，以所见之景预卜自己的终身大事。七夕节的主角是女子，所以，可以说它是"古代的妇女节"。

（二）中秋节

每年农历八月十五，是我国民间传统节日——中秋节。农历的八月，是秋季的第二个月，称仲秋，所以中秋节又被称为"仲秋节"。此外，中秋节还有许多绮丽而有趣的名字：中秋节是秋季最大的节日，所以又被称为"秋节"。八月十五的月亮是一年中最圆、最亮的，这天晚上又有拜月、赏月、玩月之举，因此该节又有"月夕""月节"之称。其中，月夕又是与另一个美丽的日子——二月十五花朝节相对而言的。仲秋时节，有些地区各种瓜果都成熟上市，又有以瓜果馈赠、供月的习俗，所以中秋节又有"果子节"之称。而"团圆节"则是其比较普遍的别称。团圆是中秋节最主要的民俗信仰，是中秋节的主题，它几乎贯穿于各种节日、各项节俗活动之中。

中秋节

1. 拜月、赏月

中秋既为月节，其节俗与月亮有关应是十分自然的。拜月、赏月就是其中的两种节日习俗。

虽然秋夕礼月是古已有之，但作为中秋节俗的拜月大体说来是在唐代才形成的，至宋代已广为流行，到了明清两代，拜月之风更是盛行。拜月，多为朝向月亮而祈祷，有徒手的，也有的备有供品，拜时焚香是必不可少的。

拜月之俗如今已不多见，但赏月之风仍然流行。中秋夜，皓月当空，碧空如洗，有几缕白云，几丝和风，或合家共赏，或三五知己相约，都自有其别致的情韵。若是月圆人也圆，更是人生一大快事。赏月之俗，在魏晋时期就有，至唐宋更为盛行。在北宋的京都东京（今河南开封），每逢中秋，所有街道、酒楼都装饰一新，新启封的好酒、新上市的果品比比皆是。入夜，琴瑟之声不绝于耳，从达官到平民皆登楼以先睹月色为快。

2. 吃月饼

过中秋节，月饼是不可不吃的。在小孩子的心目中，过中秋节似乎就是吃月饼。关于月饼的由来有几种不同的传说：一说月饼是为了纪念升入月宫的嫦娥及祭月时的供品。另一说是唐明皇游历月宫后带回的仙品，以后仿制而成。还有一说是起于清代，原是乾隆六下江南时下面人所奉的甜饼，因时值中秋，故称"月饼"。但传说只是传说，不足为凭。据考证，中秋月饼之俗，于宋代形成雏形，成形于元代，盛行于明清两代。它的产生与兴起，一是古人对月的崇拜；我国古代一直有中秋祭月、拜月的风俗，中秋月饼正是作为祭月的食品出现的；二是出于古代人民的善良愿望。自古以来，人们就把年节、元宵、中秋视为三大"团圆节"，特别是中秋节，在人们心中更具有特殊的意义。这时秋高气爽，五谷丰登在望，月儿最大、最圆。中秋之夜，全家团圆，赏明月，吃月饼，更是取"人月共圆"之意，所以历来月饼都有"团圆饼"之称。

正是由于月饼体现着美好善良的愿望，又有团圆和美的象征意义，所以才能普及民间，相沿不废。月饼现已不只是赏月时自食的食品，还是中秋节节日的馈赠佳品。

（三）重阳节

重阳节，又被称为"登高节"，时在农历九月初九，是我国一个传统的节日。九月初九，两九相重，又被称为"重九节"。因九为阳数，故称为"重阳节"。又因此节有插茱萸的习俗，也称为"茱萸节"。此时秋收基本完毕，乡民多有接女儿归宁的习俗，故此节又有"女儿节"之称。

在重阳节这天，民间还流行着不少习俗习惯，如登高、赏菊、佩茱萸、吃重阳糕等。

[阅读材料] 重阳节相关习俗的由来

1. 登高

关于登高习俗的由来有多种传说，影响最大的是南朝梁吴均《续齐谐记》的桓景避难说。相传东汉时有个叫费长房的仙人能预卜未来，汝南人桓景曾拜他为师。一天，费长房对桓景说："今年九月九日有大灾，你赶快叫家人缝制绛袋，在袋中盛放茱萸，到那天全家臂上系茱萸囊，登高，饮菊花酒，方可解此大祸。"桓景一一照办，举家登山，果然平安无事。晚上回家时，发现家中鸡、犬、牛、羊都已暴死。自此以后，人们每到九月九日，人们就登高、野宴、佩戴茱萸、饮菊花酒，以求免祸呈祥。由此历代相沿形成节日风俗。文人雅士则有"孟嘉落帽"的说法。孟嘉是大诗人陶渊明的外祖父,年轻时在驸马桓温的帐下任参军,因其才气很受赏识,有一年重阳节,桓温在龙山大宴群僚,正值酒酣兴浓之际,一阵风吹落了孟嘉的帽子(掉帽子当时是有失体统的),可他还在高谈阔论。别人因此讥讽他,孟嘉却以其才智折服了众人。由此,后世有人说九九登高之举以"孟嘉落帽"为始。到了唐代,民间于重阳日登高的风气已很盛。王维有《九月九日忆山东兄弟》诗:"独在异乡为异客,每逢佳节倍思亲。遥知兄弟登高处,遍插茱萸少一人。"在宋代,宫廷"于八日作重阳排挡,以待翌日隆重游乐一番"(见《武林旧事》)。明代,皇帝亲自到万岁山登高。清代在皇宫御花园里专设有皇帝重阳登高的假山。而民间"每届九月九日,则都人士提壶携榼,出郭登高……赋诗饮酒,烤肉分糕,洵一时之快事也。"(清代富察敦崇《燕京岁时记》)。

2. 插茱萸

关于重阳节插茱萸的习俗,汉代已有,到了晋朝,此俗又与避除邪气、抵御初寒联系在一起。晋周处《风士记》说:"九月九日,律中无射,而数九,俗尚此日折茱萸房以插头,云辟除恶气而御初寒。"到了唐代,这种插茱萸之风更为盛行,至今,在我国某些地方仍存在。

3. 赏菊、饮菊花酒

赏菊、饮菊花酒也是重阳节的主要习俗。农历九月,正值菊花盛开,所以又称为"菊月"。唐代每到九月九日,长安宫夜里就争插菊花(见《辇下岁时记》)。到了宋代,重阳赏菊更是都城市民的一大乐事。重阳节饮菊花酒,古人是为"消阳九之厄"(见《梦粱录》)。从医学的角度来看,菊花入酒确有医疗保健之功用。

4. 食重阳糕

吃重阳糕是过重阳节的另一习俗。重阳糕又叫"菊糕""花糕",在民国年间仍有。重阳节食糕,是因"糕"与"高"同音,而寓有步步高升之意。

(四)冬至节

冬至是我国民间一个古老而意义重大的节日,历来有"冬至大如年"之说。

冬至本是二十四节气之一,后因其中融入了许多礼俗而演变成一个节日。其时间在阳历12月22—23日。这天是我国一年中白昼最短,夜晚最长的一天,自此以后,昼夜长短开始变化,夜消昼长。为此,冬至又有"长至"(长至节)之称,取白昼渐长之意;"短至"(短至节)也是冬至的别名,取其日至短,达到短之至之意。另外,冬至节还有"肥冬""喜冬""亚岁"等别称。

"冬至大如年"有两方面的含义。一方面,是指生活的"肥"与"瘦"。旧时,人们一年辛勤劳作,很少品味酒肉。秋收之后,乡村的酒作坊开始工作,而小雪、大雪等节气之后,年节的准备也已开始。冬至节前夕,诸物丰饶,农事不多,于是,各家饮食自然是"肥"(好)。亲友有时间,也有"底子"去贺节,故所带的礼物也颇丰厚,与年节没有多大区别,甚至有"肥冬瘦年"之说(旧时以肉的多少来说明生活的好坏)。另一方面,是指节日的礼俗,冬至的礼俗与年节也相差无几。正像《中华全国风俗志·江苏仪征》中记载的那样:"十一月冬至节,丛火,祀家庙、福祠、灶陉,拜父母尊长,设家宴,亲戚相贺,与元旦一例。"

民间过冬至有以"黍糕"祭祖的习俗,有的地方还吃赤豆粥以禳灾之俗。其他如全家团聚、置酒备席、庆贺往来等，同年节没什么两样。

现在的冬至节，远没有古时热闹，节俗似乎只剩下吃饺子。民间传说冬至不吃饺子要冻掉耳朵。古时冬至是习惯吃馄饨，据说与纪念开天辟地有关。据考证，饺子远古的时候也叫过馄饨，因"馄饨"与天地未开辟时的"混沌"谐音，故冬至吃馄饨（即今天的饺子）与纪念开天辟地有关。至于要把开天辟地的纪念日设在冬至这天，与我国古代历法有关，那时是以冬至为"元"（开始）的。

第二节　中国固定节日礼俗

节日小故事——压岁钱

古时候，有一种小妖叫"祟"，大年三十晚上出来用手去摸熟睡着的孩子的头，孩子往往吓得哭起来，接着头疼发热，变成傻子。因此，家家都在这天亮着灯坐着不睡，叫做"守祟"。

有一家夫妻俩老年得子，视为心肝宝贝。到了年三十夜晚，他们怕"祟"来害孩子，就拿出八枚铜钱同孩子玩。孩子玩累了睡着了，他们就把八枚铜钱用红纸包着放在孩子的枕头下边，夫妻俩不敢合眼。半夜里一阵阴风吹开房门，吹灭了灯火，"祟"刚伸手去摸孩子的头，枕头边就迸发道道闪光，吓得"祟"逃跑了。第二天，夫妻俩把用红纸包八枚铜钱吓退"祟"的事告诉了大家，以后大家学着做，孩子就太平无事了。

一、元旦节

元旦节是阳历新年，每年1月1日。"元"是开始、第一之意，"旦"指早晨，含有一天之意，"元旦"也就是一年开始的第一天。在我国古代是以农历正月初一为"元旦"的。辛亥革命后，改农历正月初一为"春节"，称阳历元月一日为"新年"。但那时并不叫"元旦"。1949年9月27日，中国人民政治协商会议第一次全体会议通过使用"公元纪年法"，正式将阳历的1月1日定为新年，称作"元旦"。当时，中央人民政府政务院通令全国，每年元旦放假一天。

在民间，人们还是较重视春节。但元旦节在机关单位很受重视，它是过去一年工作的总结之时，也是一个新的起点。届时，除总结过去、计划未来外，通常都要装饰门面，挂彩灯、彩旗，张贴"欢庆元旦"等横幅于大门之上。内部可举办内容各异、参加人士不同的茶话会，有的还举办迎新年舞会，开展一些游艺活动。人们之间还互赠贺年卡。

二、妇女节

每年的3月8日（公历）是妇女节，又叫"三八节"，全称是"三八国际妇女节"，是世界各国劳动妇女为争取和平民主、妇女解放而斗争的节日。它源于美国的芝加哥女工示威游行。1909年3月8日，美国芝加哥女工为争取自由平等举行了声势浩大的罢工和示威游行，得到了广大劳动妇女的热烈响应。1910年8月，在丹麦哥本哈根举行的第二次国际社会主义妇女代表大会上,通过了领导会议的德国社会主义革命家蔡特金的建议,以每年3月8日为国际妇女节。新中国成立后,中央人民政府政务院于1949年12月正式规定每年3月8日为妇女节。

妇女节是妇女的节日,节日活动大多以妇女为主角,单位会给妇女举办一些娱乐、慰问活动,一般还放假半天。现今"三八红旗手"评选表彰也多在该节日期间进行,有的还举行妇女茶话会、座谈会等活动。

三、植树节

植树节是我国的一个纪念节日,时间在3月12日。辛亥革命后,曾把清明节定为植树节,因我国南方气温回升早。从1919年起,植树活动又提前一周举行。1979年,全国人民代表大会常务委员会通过决议,正式规定每年公历3月12日为我国的植树节。一来是考虑到我国大部分地区的气候;二来也是对孙中山先生的纪念(孙中山先生的逝世纪念日是3月12日)。

植树节的主要活动是植树,每年这一天,从中央到地方,各族人民都参加植树活动。这是绿化祖国、保持生态平衡、造福后代的大好事。

四、劳动节

每年的5月1日(公历)是劳动节,又称为"五一节""国际劳动节""五一国际劳动节",是全世界劳动人民团结战斗的节日。1886年5月1日,美国芝加哥20万工人举行大罢工,要求实现八小时工作制。经过流血的斗争,终于获得胜利。1889年7月,在巴黎召开的第二国际成立大会上,决定以象征工人阶级团结、斗争、胜利的5月1日作为国际劳动节。1890年5月1日,欧美各国许多工业城市的工人举行了规模巨大的示威运动。从此各国工人每年在这个节日都举行游行、集会等活动。中国工人阶级第一次大规模纪念此节日是在1920年,当时北京、上海、广州、九江、唐山等地都举行了群众性的集会和示威游行。新中国成立后,中央人民政府政务院于1949年12月正式规定5月1日为劳动节。

而今,我国庆祝劳动节的活动以表彰劳动模范为主,同时举办一些以歌颂劳动和劳模为主旋律的文艺晚会之类的活动。

劳动节

五、青年节

每年的 5 月 4 日（公历）是青年节，又被称为"五四青年节""中国青年节"，时间是每年的 5 月 4 日。青年节是为了纪念五四运动，继承和发扬五四运动以来中国青年光荣的革命传统而设立的节日。

五四运动是 1919 年 5 月 4 日爆发的反帝、反封建的伟大革命运动，它标志着中国新民主主义革命的开端。1939 年，陕、甘、宁边区的西北青年救国联合会规定 5 月 4 日为"中国青年节"。1949 年 12 月，中央人民政府政务院正式宣布这一节日。

庆祝青年节的活动多适合青年特点，除举办一些革命传统教育外，青年座谈会、演唱会、朗诵会、舞会等也是常用的庆祝形式。

六、儿童节

每年的 6 月 1 日（公历）是儿童节，也被称为"六一节""国际儿童节""六一国际儿童节"，是国际性的纪念节日。国际民主妇女联合会为保障全世界儿童生存、保健、受教育等权利，反对虐伤、毒害儿童，于 1949 年在莫斯科举行的会议上，决定以每年 6 月 1 日为国际儿童节。我国根据中华慈幼协会的建议，曾以 4 月 4 日为儿童节。为了培养儿童的国际主义思想，同时也与国际儿童节统一起来，中央人民政府政务院于 1949 年 12 月正式决定以每年的 6 月 1 日为儿童节。

儿童节是儿童的节日，儿童是祖国的花朵，庆祝儿童节就有深远的意义。对儿童的教育自然是必要的，但要根据儿童的特点而采取合适的形式。届时，学校、幼儿园都要布置一下，演节目、做游戏、游园都是常用的庆祝方式。另外，电台、电视台也播放儿童们喜欢的节目。

七、建党节

每年的 7 月 1 日（公历）是建党节，是中国共产党成立纪念日。中国共产党于 1921 年 7 月 1 日在上海成立，这是开天辟地的大事。从此，中国工人阶级有了自己的先锋队组织，中国人民有了自己英明的组织者和领导者，中国革命的面貌焕然一新。在中国共产党的领导下，我们才取得了革命的胜利，才有今天的幸福生活。因此，"七一"是中国历史上很值得纪念的节日。

纪念建党节的活动，可以各种形式进行革命传统教育，歌颂党的丰功伟绩，届时还常进行优秀党员的表彰活动。

建党节

八、建军节

每年的 8 月 1 日（公历）是建军节，是中国人民解放军成立纪念日，所以又被称为"八一建军节"。"八一"南昌起义，是中国共产党独立地领导武装革命的开始。1933 年 7 月 11 日，中华工农民主共和国中央政府作出决定，规定 8 月 1 日这一光荣的日子为我国建军节，主要是歌颂中国人民解放军的丰功伟绩，这一天常开展拥军爱民等活动。

九、教师节

教师节，时间在每年公历的 9 月 10 日，是我国人民尊师重教的节日。

中华人民共和国成立后，我国教育部和全国教育工会，曾于 1951 年宣布"五一国际劳动节"同时为"教师节"，但实际是有名无实。在一些省市开展尊师重教、表彰优秀教师经验的基础上，经人大代表和政协委员多次提议，1985 年 1 月 21 日，全国人民代表大会第六届常务委员会第九次会议正式通过国务院的议案，将 9 月 10 日定为教师节。

届时，全国教育战线的各个单位，都要表彰优秀的人民教师。同时，也进行一些慰问教师、给教师和学校办实事等活动。

十、国庆节

国庆节是我们国家成立的纪念日，时间在每年公历的 10 月 1 日。

中国共产党领导的新民主主义革命，推翻了国民党的反动统治。1949 年 10 月 1 日，中华人民共和国中央人民政府主席毛泽东向全世界宣布了中华人民共和国的成立。同年 10 月 9 日，中国人民政治协商会议第一次全体委员会通过决议，规定每年的 10 月 1 日为中华人民共和国国庆日。

国庆节是全国人民的盛大节日，届时，各单位在清晨要举行升国旗仪式。其他庆祝形式包括：装饰门面，挂国旗、彩灯及"欢度国庆"的横幅；进行爱国主义教育；召开表彰会、座谈会、茶话会；举行文娱活动等。电台、电视台一般举办专门的晚会。逢大庆，国家有时还在天安门广场举行大型庆典活动。

第三节 中国少数民族节日礼俗

一、雪顿节

雪顿节是西藏藏族人民的重要节日之一，每年藏历 7 月 1 日举行，为期 4~5 天。

"雪顿"是藏语的音译，"雪"意为"酸奶子"，"顿"意为"宴"，雪顿节按藏语的解释，就是喝酸奶子的节日。究其由来，与宗教有关。17 世纪前，佛教法规规定，夏季有数十天禁止喇嘛出山，在开禁日喇嘛们才会出寺下山，世俗百姓备酸奶子施舍。后来，雪顿节的内容逐渐演变为以演藏戏为主，所以又有人称雪顿节为"藏戏节"。

现在，雪顿节除看藏戏、演藏戏外，人们还自娱自乐，喝酒、跳舞、唱歌，许多文艺团体也前来助兴，非常热闹。

二、火把节

火把节，是云南、四川等省彝、白、纳西、傈僳、拉祜等民族的传统节日，时间一般在农历六月廿四或廿五。届时，人们身穿节日盛装，互相祝贺节日，举行各种活动。

由于民族和地区的不同，"火把节"的仪式和娱乐方式也有所不同。但燃举火把是各族"火把节"的共同节目，其目的也多是驱邪保安，以求幸福昌盛。这一习俗应是源于原始时代的祭火及祈福丰年的活动。节前，家家户户都要以松木制成火把，晒干，至节日夜晚点燃。

除了燃举火把，既为节日，相互祝贺、尽情歌舞游玩也是少不了的。吹笛、弹琴、边唱边舞也是各族欢度火把节的传统项目。有的民族在节日期间还举行摔跤、斗牛、射箭、赛马、打秋千、拔河活动和篝火晚会，甚至通宵达旦。

三、歌墟

歌墟，也被称为"歌坪"，实际上就是歌场，它是壮族人民比歌赛智的传统节日。每年多在春暖花开或秋后时节举行，为期数天。1983年，广西壮族自治区将歌墟定于农历三月初三举行。

举行歌墟的日子，方圆百里的壮族人都会边走边唱地从各处汇集歌场，然后，男女各自成群结队（唱情歌是一对一），互相找寻对歌对象。挑战、对答，此起彼伏，十分热闹。歌墟，不仅是赛歌场，不仅是节日，也是壮族人民文化娱乐与男女青年谈情说爱的好场所。他们按规矩对歌，以绣球传情（对方也回赠手帕、毛巾等信物），然后再以对歌定情，甚是热闹。

一提对歌，人们往往会想到刘三姐。在诸多有关歌墟来历的优美动人的传说中，关于刘三姐的故事流传最广。传说刘三姐是唐朝时的歌仙，聪明过人，嗓音圆润甜美，经常用山歌来歌颂劳动和爱情，揭露财主们的罪恶。一年三月初三，刘三姐上山砍柴时，被财主派的人砍断了山藤，坠崖身亡。后人为了纪念她，便在她遇难这天聚会唱歌，一唱就是三天三夜，歌墟就此形成。

歌墟期间，人们吃五色糯米饭，放花炮，耍花灯，舞龙灯、狮子灯，举行拔河、射击、打球、打扁担等活动。随着社会的发展，节日庆祝内容越来越丰富。

四、泼水节

泼水节是傣、阿昌、布朗、德昂等民族的传统节日，流行于滇西、滇南一带。它在农历清明节前后，正值傣历新年，所以是傣族送旧迎新的节日。

泼水节为期三天，第一天，傣语叫"桑刊日"，意为送旧；第三天是迎接"日子之王"来临，即新年元旦。泼水节三天的活动一般是这样安排的。

第一天，清晨，人们到各佛寺敬佛、斋僧，举行送旧迎新的仪式，行浴佛礼，青年男女则到山上采花做花房。通常这一天不泼水，要举行龙船比赛，而后敲象脚鼓，跳孔雀舞。热情的观众端来米酒、糖果以示庆贺。

第二天，是节日的高潮，人们开始互相泼水，以示洗去身上一年的污尘，祝贺新的一年幸福平安。泼水分文泼与武泼。文泼是对长者洒一勺清水，一边说着祝福的话，一边拉开对方的衣领，让水沿着脊梁往下流，被泼者应高兴地接受祝福，不得跑开；武泼是对平辈或晚辈，没有固定形式，也没有固定工具，互相追逐，劈头盖脸，泼水越多，祝福也就越多。

第三天，进行丢包（青年男女的求爱活动）、放火光、放孔明灯（象征光明和吉祥）等活动，现在又增加了文艺演出和物资交流活动。

五、目脑节

目脑，又被称为"目脑纵歌"。"目脑"是景颇语的音译，意为"大伙跳舞"，是景颇族历史悠久的盛大传统节日，也是景颇族每逢有喜庆大事时都要举行的活动。但规模最大、时间最长的一次目脑节，是在农历正月十五之后，歌庆4~5天，一般视偶数为吉利。

相传"目脑纵歌"是从天上通过鸟雀传到人间的，在这以前人们是不会跳舞的。鸟雀的"脑双"（领舞者）是孔雀，所以为了纪念从鸟雀那里学得优美的舞姿，景颇人就把正月中旬定为"目脑"节，届时举行目脑盛会，领舞者帽子都要插上孔雀羽毛。每当目脑盛会到来，人们纷纷盛装前往。人们先在目脑广场中心竖起目脑柱，柱子旁边有画着家畜、农作物等图案的大木板，还有横匾。柱子和横匾两旁搭有两个高台，意为放眼远处，展望人们对美好未来的向往。高台周围还有其他装饰设施，表示吉祥和胜利。

目脑盛会开始后，目脑广场一片欢腾。天空火炮齐放，四面礼乐高奏，来自各地的景颇族同胞互换礼物、互敬米酒。欢声笑语中，由头上戴有美丽孔雀羽毛的老人领头，跳起目脑舞，欢庆活动夜以继日，一直持续几天。

六、马奶节

马奶节是蒙古族牧民的盛大节日，主要分布于内蒙古自治区锡林郭勒盟一带。每年农历八月末举行。

农历八月，是锡林郭勒盟草原的"黄金季节"，牛羊欢叫、骏马嘶鸣。牧民们为了在这美好的时刻祝愿健康、幸福和吉祥，以圣洁的马奶命名节日。节日前先行通知，准备食物和礼品。节日清晨，人们纷纷盛装前往露天会场，按规定就座。庆祝开始时，主持人先向客人及蒙医献马奶酒和礼品，并祝大家节日愉快。而后，朗诵马奶节献诗，人们则轻声哼唱以和，接下来琴师们拉起扎有彩绸的马头琴，歌手们纵情为节日献歌。再往下就是赛马，其场面极其紧张激烈、欢快热闹、扣人心弦。赛马结束后，人们围成圆圈开展各种文体活动，如摔跤、拔河、打"布鲁"（投掷）、唱歌跳舞、即兴作诗。节日活动要持续整整一天。

七、丰收节

丰收节，又被称为"丰年祭""收获节""粟祭"，是我国台湾高山族（除雅美人外）一年之中最隆重的节日。一般在每年农历七八月秋收之后择日举行。按其民族习俗，一年收获后的满月之日，即为下一年的开始，所以"丰收节"也含有送旧迎新之意。节期为十天左右。

节日期间，人们身着盛装，准备酒、肉、糕等丰富的节日食品，家家户户门边还要挂一束名叫"司快司"的草。举行的仪式有：祭祖、狩猎、播种、捕鱼、饮宴和分祭食等，以酬谢当年丰收，祈求来年丰收及子孙兴旺、平安。此外，还举行唱歌、跳舞、赛跑等活动。高山族有的支系还在丰收节的同时举行成年礼。

第四节 外国节日礼仪

 礼仪小故事——情人节的由来

西方把情人节又叫做"瓦伦丁节"。据传说，3世纪的时候，古罗马帝国有一位虔诚的基督徒名叫瓦伦丁。他由于带头反抗罗马统治者对基督教信徒的疯狂迫害而被捕入狱。幸运的是，瓦伦丁在监狱中受到了典狱长之女的精心照料，并且与她相爱。然而爱情未能接救瓦伦丁的生命，他仍于前270年被残暴的罗马统治者判处死刑，于2月14日执行。从此之后，基督徒们为了纪念瓦伦丁这位殉教者，便把瓦伦丁被处死之日定为"瓦伦丁节"。

一、情人节

每年的2月14日，是欧洲、美洲和大洋洲许多国家的情人节。情人节是一个表白感情的甜蜜的节日，特别受到青年人的重视。

虽然情人节的来历是一个令人伤感的故事，但是民间在欢度这一节日时所注重的却是创造出一种美丽、浪漫、甜蜜的气氛，借以表达对爱情的赞美和对情人的祝福，所以，青年人特别喜欢选择情人节这一天向自己所爱慕的人表明自己的心意。

在情人节这天，沉浸在爱情之中的人们要互赠礼物。最常见的礼物有巧克力、精巧的小饰物、玫瑰花和郁金香花束，前两种东西以做成心的形状的最受欢迎。这一天情侣们还喜欢参加舞会或出去郊游。

需要提到的是，情人节不仅仅只是属于情侣们的。任何年龄的人都可以在这一天向自己的父母、尊长和朋友们表达自己的情意，并互赠礼物。

二、复活节

复活节也被称为"主复活节"，它是基督教用以纪念耶稣复活的一个宗教节日，但现在已经被世俗化了。复活节的日期是每年春分（3月21日或22日）月圆后的第一个星期日。

【阅读材料】复活节的由来

传说耶稣受难后的第三天清早，他的信徒们发现耶稣坟墓的墓门大开，耶稣的尸体不见了，只剩下裹尸布堆在那里。信徒们以为有人把耶稣的尸体挪走了，便哭了起来。这时天使显灵说：耶稣已经复活了。当晚，信徒们聚集在一间屋子里，因为害怕犹太人的迫害，所以把门关得紧紧的。忽然，耶稣出现在他们面前。信徒们一见耶稣真的复活了，立即转忧为喜。

后来，基督教教会就把这一天定为复活节，又称为"主日"。至此，基督教信徒们不再像犹太教信徒们那样守安息日，而改守主日，这就是现在的礼拜日。325年，尼西亚大公会议规定每年春分月圆后的第一个主日为复活节。

复活节是仅次于圣诞节的基督教第二大节日。每逢复活节来临，教会都要举行隆重的纪念礼拜。信徒们相见的第一句话就是："主复活了！"复活节期间，人们常常相互赠送复活节彩蛋，即在鸡蛋上涂各种颜色。在古代，鸡蛋象征着生命，并被视为耶稣复活的坟墓。西方还有复活节小兔一说。兔子是繁殖能力很强的动物，所以被人们视为生命的象征。时至今日，孩子们过复活节依然少不了吃兔子糖和讲述各种有关兔子的故事。

现在，西方各国在复活节时，大都举行传统的游行活动。美国的游行队伍是由化妆的人们组成，其中最受人们喜爱的是卡通人物米老鼠和唐老鸭。其他国家的游行队伍也都各具民族特色。复活节晚上，各家都要举行复活晚宴。晚宴上的传统主菜是羊肉和熏火腿。用羊祭祀是基督教信徒千百年来的传统，而猪则象征着幸运。

三、愚人节

美国南部一座小城的广播电台有一天突然插播了一条"新闻"：外星人已在美国登陆，他们对地球人大开杀戒，市政府紧急呼吁市民们立即从城市里撤离。顿时，这座一向以幽静著称的小城乱成了一锅粥，人们四处逃散。有人甚至惊吓得从楼上跳了下来，以至于摔断了腿。然而市民们只是虚惊了一场，这不过是播音员给大家开了个玩笑，因为这一天是愚人节。

每年4月1日是西方国家的愚人节，这是一个已有800年历史的民间传统节日，欧美各国的人民都非常喜欢这一节日。在愚人节这一天，人们可以随心所欲地说谎和造谣。谁的谎言别出心裁、新奇而刺激，谁的谎言欺骗的人最多，谁就最受欢迎。这时差不多什么玩笑都可以开，搞什么样的恶作剧都不过分。谁都可以被愚弄或欺骗，而乱被愚弄、被欺骗的人只许苦笑，不许发火。正因为如此，美国人才开了上面那样一个惊心动魄的玩笑。

根据历史的记载，愚人节的发源地是法国。法国人将愚人节的受骗者叫做"四月的鱼"，意思是他们像小鱼一样容易上钩。一直到17世纪末期，英国人才开始过愚人节。随后它流传到了世界各地。美国人天性豪爽、幽默，他们对愚人节极其钟爱。距离愚人节好多天的时候，许多美国人便开始冥思苦想，非要制造出一个轰动的谎言不可。

西方人在愚人节以相互欺骗为一大乐事，各种各样的谎言五花八门，无奇不有。20世纪80年代中期，英国的一家报纸就曾刊登这样一张独家所有的"新闻照片"：当时的英国首相撒切尔夫人和苏联领导人戈尔巴乔夫正坐在公园里的一条长椅上接吻。

比利时的一家电台在愚人节这一天，在节目中说："国家所有的电台和电视台将被出售给私人。"这一消息使工会信以为真，工会立即发出了措辞强硬的警告，并呼吁政府立即同工会商谈此事。

20世纪80年代以来，中国人特别是年轻人也开始过愚人节了。1985年4月1日，中国人民大学的每幢学生宿舍楼前，都贴出了落款为后勤处的通知："今天停水一天，请提前做好准备。"大多数学生都把水桶和脸盆盛满了水，然而自来水根本没有停。事后大家才知道上当了。利用愚人节为大家增添一些生活乐趣，这不是坏事。

有一年愚人节，美国纽约的一家报纸跟当时还健在的大作家马克·吐温开了一个玩笑，它报道说："马克·吐温已经辞世了。"马克·吐温本人因此亲自接待了不少前来吊唁他的朋友。显然，开类似的玩笑也应有变。

四、母亲节

母亲节和父亲节都是美国法定的节日。这两个节日意在告诫人们勿忘双亲的养育之恩,并且要用行动去表达对双亲的尊敬和感谢。美国的母亲节和父亲节不在同一天,它们被确定的时间也是有先有后的。

母亲节

1906年,美国的安娜·贾维丝小姐在她的母亲去世之后,首先提出了设立母亲节的设想。她为之四处奔走,终于在其家乡举行了世界上第一次庆祝母亲节的活动。但她并不因此而满足,反而分别致信国会、政府和新闻界,呼吁在美国设立全国性的母亲节。在她的努力之下,美国国会终于在1914年通过决议,将每年5月的第二个星期天确定为母亲节,以表示对所有母亲的崇敬和感谢。

母亲节这一天,按照传统是全家人团聚并且让母亲从家务之中解放出来的日子。当天,父亲们要负责做家务和照料孩子,以便使妻子好好休息一整天。孩子们则不准贪睡,一大早就要爬起来为妈妈做上一顿早餐。正餐要全家一起到外面去吃。

在母亲节那天,人们要向自己的母亲赠送表达自己心意的礼品。其中鲜花是最受欢迎的。当天不能赶回家当面向母亲祝贺节日的人,通常要打电话向母亲致颂扬的话语。

五、圣诞节

圣诞节本是基督教用以纪念耶稣基督诞辰的一个宗教节日,但是随着基督教势力的扩展和西方文化传播的影响,它已经成为一个世界性的民间节日。它的节期延续很长,通常为12月24日至次年1月6日。在许多国家和地区,包括我国的港澳地区,圣诞节都是法定假日。

西方人以红、绿、白三色为圣诞色,每逢圣诞节来临,家家户户都要用圣诞色来装饰。红色的有圣诞花。圣诞花即一品红,西方人用它来象征圣诞节令。圣诞蜡烛不同于普通蜡烛,它五色俱全、精致小巧。过圣诞节时,人们常常要点燃它。绿色的是圣诞树。它是圣诞节的主要装饰品,用砍伐来的杉、柏一类呈塔形的常青树装饰而成,上面悬挂着五颜六色的彩灯、礼物和纸花,还点燃着圣诞蜡烛。圣诞花环是由圣诞树演变而成的室内装饰物,它用松、杉、柏一类常青树的枝条扎成圆形，放上几颗松果，再配上红缎带。

圣诞老人是圣诞节活动中最受欢迎的人物。圣诞老人名叫圣克劳斯，传说他白须红袍，每到圣诞夜，便从北方驾鹿橇而来。他身背大红包袱，脚蹬大皮靴，通过每家的烟囱进入室内分送礼物。因此西方儿童在圣诞夜临睡之前，要在壁炉前或枕头旁放上一只袜子，等候圣诞老人在他们入睡后把礼物放在袜子内。在西方，扮演圣诞老人也是一种习俗。

圣诞节

圣诞节前后，大多数西方国家正值严冬，洁白美丽的雪花使圣诞节富有诗意。然而地处南半球的大洋洲此刻恰恰是烈日当空。由于天气炎热，他们的节日活动极少狂欢，而是走亲访友，交流感情。他们的圣诞食品口味以清凉为主，各种冷盘、沙拉和水果最受欢迎。

传说耶稣是夜里诞生的，因此12月24日之夜被称作"平安夜"。圣诞节庆祝活动自此夜开始，而以半夜为高潮。这一夜，天主教教堂里灯火通明，举行纪念耶稣诞生的半夜弥撒。在平安夜里，人们会唱起圣诞歌。圣诞歌很多，以《平安夜》最为著名。

西方人在平安夜时全家要聚餐一次，餐桌上的传统食物是火鸡、羊羔肉、葡萄干、布丁和水果馅饼。其中火鸡被称为"圣诞鸡"，是圣诞大餐中必备的。英美人讲究圣诞之夜吃火鸡，德国人则习惯吃烤鹅。西方人在圣诞节相见时，要互道"圣诞快乐！"英国人在这天一大早，就要通过窗户向邻居或朋友们高呼这一句祝语。

请通过书本或网络查一下除了本书所讲的习俗外，我国还有哪些节日习俗？

第九章
涉外礼仪

本章导读

➢ 了解涉外交往礼仪的基本要求。
➢ 掌握国际交往惯例的基本准则。
➢ 了解部分国家的习俗。

第一节 涉外交往常用礼仪

礼仪小故事——约翰逊访泰

20世纪60年代，美国总统约翰逊访问泰国。在受到泰国国王接见时，约翰逊竟毫无顾忌地跷起了二郎腿，脚尖正对着国王，而这种姿势，在泰国是被视为侮辱人的，因此引起泰国国王的不满。更为糟糕的是，约翰逊在告别时竟然用得克萨斯州的礼节紧紧拥抱了王后。在泰国，除了泰国国王外，任何人都不得触及王后，这就使泰国举国哗然。约翰逊的举动产生了不小的遗憾，也成了涉外交往中的典型笑话。

近年来，随着对外开放的进一步扩大，市民涉外交往的机会和场合越来越多，涉外交往礼仪尤显重要，我们应努力学习涉外礼仪知识，遵守涉外礼仪规范，自觉养成涉外交往中的文明行为习惯，提升涉外交往中的文明素养，努力摒弃和纠正在涉外活动中有碍观瞻、有损形象、有辱国格的陋习。只有这样，才能通过热情、诚恳、平等、适度的涉外交往，架起沟通的桥梁，搭建展示的平台，展现广大市民的良好精神风貌。学习、践行涉外交往礼仪应体现以下几方面的基本要求。

1. 热情友善、平等交往

涉外交往中待人接物，应弘扬中华民族"礼仪之邦"的优良传统，热情坦诚、以礼相待，既不自吹自擂、自我标榜，也不妄自菲薄、自我贬低、过度谦虚客套，在友善待人的同时赢得外国朋友的尊重。

2. 尊重隐私、注意分寸

恪守"尊重隐私"的原则，对个人私密问题做到"八不问"：不问履历出身，不问收入支出，不问家庭财产，不问年龄婚否，不问健康问题，不问家庭住址，不问政治信仰，不问私人情感。同时应注意，涉外交往时既要回避涉及他人隐私的话题，也要避免与人谈及自己的隐私话题。对外宾的关心照料应热情有度、把握分寸，以不使他们觉得受到限制，甚至影响私事和自由为度。自觉遵守涉外交往的有关规章制度，婉拒外国人提出的不合理要求，不失密、泄密，不做有辱国格、人格的事，不说有辱国格、人格的话。

3. 遵守时间、信守约定

涉外交往应做到言必行、行必果，积极兑现承诺。对于因难以抗拒的因素而无法履行的承诺，尽早向有关各方通报，如实解释，郑重致歉，主动承担损失。参加各种涉外活动，按约定时间到达。因故迟到，向主人和其他客人表示歉意。因故不能应邀赴约，要有礼貌地尽早通知主人，并以适当方式表示歉意。

4. 了解禁忌、尊重习俗

从不同民族、不同国家的社会文化背景出发，了解其礼仪文化差异，了解具体交往对象的不同风俗习惯、宗教信仰和交往禁忌，并给予尊重。

以上是涉外交往所必须遵守的基本礼仪要求。具体到不同的涉外交往场合、活动、对象，又有一些特殊和具体的礼仪要求，本章将分别加以介绍。

1. 什么是国际社会公认的"第一礼俗"？

"女士优先"原则是国际社会公认的"第一礼俗"。在一切社交场合，每一名成年男子，都有义务主动自觉地以自己的实际行动去尊重女士、关心女士、保护女士、照顾女士，并且还要为女士排忧解难。国际社会公认，唯有这样的男子才具有绅士风度。

当男士给女士让座时，女士不要过于谦让，更不能把座位再让给其他男士，避免尴尬。

2. 国际上有哪些常用的见面礼节？

（1）握手礼。握手是大多数国家见面和离别时相互致意的礼仪。握手既是人们见面相互问候的主要礼仪，还是祝贺、感谢、安慰或相互鼓励的适当表达。如对方取得某些成绩与进步时；对方赠送礼品以及发放奖品、奖状，发表祝辞后，均可以握手来表示祝贺、感谢、鼓励等。

（2）鞠躬礼。与日本、韩国等东方国家的外国友人见面时，行鞠躬礼表达致意是常见的礼节仪式。鞠躬礼分为15°、30°和45°的不同形式；度数越高向对方表达的敬意越深。

基本原则：在特定的群体中，应向身份最高、规格最高的长者行45°鞠躬礼；身份次之行30°鞠躬礼；身份对等行15°鞠躬礼。

（3）拥抱礼。两人正面站立，各自举起手臂，将右手搭在对方的左肩后面，左臂下垂，左手扶住对方的右后腰。首先向左侧拥抱，然后向右侧拥抱，最后再向左侧拥抱。

（4）亲吻礼。长辈与晚辈亲吻的话，长辈吻晚辈的额头，而晚辈吻长辈的下颌。同辈人或兄弟姐妹亲吻的话，只能相互贴一贴面颊。

（5）吻手礼。吻手礼即男士亲吻女士的手背或手指。吻手礼的接受只限于已婚的女性。

男士以右手或双手轻轻抬起女士的右手，俯身弯腰用微闭的双唇，象征性地去轻触一下女士的手背或手指。

（6）合十礼。合十礼又称为合掌礼。这种礼节通行于东亚和南亚信奉佛教的国家或佛教信徒之间。

欧洲人非常注重礼仪，他们并不习惯与陌生人或初次交往的人行拥抱礼、接吻礼、面颊礼等，所以初次与他们见面，还是以握手礼为宜。

3. 如何称呼外国人？

（1）在涉外交往中，一般对男子均称某某先生，对女子均称某某夫人、女士或小姐；对已婚女子称夫人、女士，未婚女子称小姐；对不了解其婚姻情况的女子也可称作小姐或女士。对地位较高、年龄稍长的已婚女子称夫人。夫人专指已婚女性。夫人称呼之前可以加丈夫的头衔和姓名，而不是夫人自己的姓。近年来，女士已逐渐成为对女性最常用的称呼。

（2）对于有学位、军衔、技术职称的人士，可以称呼其头衔。

（3）对于地位较高的官方人士（一般指政府部长以上的高级官员），按其国家情况可称"阁下"，如某某"总统阁下""主席阁下""部长阁下"等；对君主制的国家，按习惯对其国王、皇后可称为"陛下"；对其王子、公主或亲王可称为"殿下"；对其公、侯、伯、子、男等有爵位的人士，既可称呼其爵位，也可称呼"阁下"或者"先生"。但是美国、墨西哥、德国等国却没有称"阁下"的习惯，因此对这些国家的贵宾可称为"先生"。

（4）对社会主义国家和兄弟党，如朝鲜民主主义人民共和国等国家、越南共产党等的各种人员都可称作"同志"，有职衔的可另加职衔。

4. 在涉外场合如何进行介绍？

（1）介绍的方式。在涉外场合与初次见面的人士认识，可由第三者介绍，也可做自我介绍相识。为他人介绍时，要先了解双方是否有结识的愿望，不要贸然行事。无论自我介绍或为他人介绍，做法都要自然。正在交谈的人中，有你所熟识的，便可趋前打招呼，这位熟人顺便将你介绍给其他客人。在这些场合亦可主动自我介绍，讲清姓名、身份、单位（国家），对方则会随后自行介绍。为他人介绍时还可说明与自己的关系，便于新结识的人相互了解与信任。介绍具体人时，要有礼貌地以手示意，而不要用手指指点点。

（2）介绍的次序。应把身份低、年纪轻的先介绍给身份高、年纪大的长者，把男子先介绍给女士。介绍时，除女士和年长者外，一般应起立，但在会谈桌上、宴会桌上可不必起立，被介绍者只要微笑地点头示意即可。

5. 接到邀请如何处理？

（1）接到请柬、邀请信或口头的邀请，能否出席要尽早答复确认。对注有 R.S.V.P（请答复）字样的，无论出席与否，均应迅速答复；注有"Regrets only"（不能出席请复）字样的，在不能出席时才回复，但也应及时回复；经口头约妥再发来的请柬，上面一般注有"To remind"（备忘）字样，只起提醒作用，可不必答复；答复对方，可打电话或复以便函。

（2）在接受邀请之后，不要随意改动。万一遇到不得已的特殊情况不能出席，尤其是主宾，应尽早向主人解释、道歉，甚至亲自登门表示歉意。

（3）应邀出席一项活动之前，要核实宴请的主人、活动举办的时间地点、是否邀请了配偶以及主人对着装的要求等情况；活动多时更应注意，以免出现走错地方，或主人未请配偶却双双出席等尴尬场面。

6. 涉外活动中入座要注意哪些礼仪？

（1）应邀出席重大的涉外政务、公务、商务活动或隆重的仪式活动，需服从礼宾次序安排。

（2）入座前，预先了解自己的桌次和座次。

（3）入座时注意桌上座位卡是否写着自己的名字，忌鲁莽或随意入座。

（4）女性入座时应注意姿态端正并整理裙装。

（5）在条件许可时应从座椅的左侧入座。

（6）入座时如遇邻座是身份高者、年长者、妇孺、残疾人士，应主动礼让或协助他们先坐下。

7. 涉外交谈要注意哪些礼仪？

（1）谈话的表情要自然、亲切，表达得体。说话时可适当做些手势，但动作不要过大，更不要手舞足蹈，不要用手指指人。与人谈话时，忌与对方距离太远或过近。谈话时不要唾沫四溅。参加别人谈话要先打招呼，别人在个别谈话时，不要凑前旁听或插话。有人与自己主动说话，应乐于交谈。第三者参与谈话，应以握手、点头或微笑表示欢迎。发现有人欲与自己谈话，可主动询问。谈话中遇有急事需要处理或需要离开时，应向谈话对方打招呼，表示歉意。

（2）谈话要照顾在场的所有的人。现场有多人时，注意与在场的所有人攀谈，忌只与一两个人说话，不理会在场的其他人，或仅与个别人谈两个人知道的事而冷落其他人。

（3）交谈时要给别人发表意见的机会，别人说话，也应适时发表个人看法。善于聆听对方谈话，不轻易打断他人的发言。一般不提与谈话内容无关的问题。如对方谈到一些不便谈论的问题，不对此轻易表态，可转移话题。在相互交谈时，目光应得体，注视对方，以示专心。对方发言时，忌伸懒腰、看手表、玩物品、左顾右盼、心不在焉、注视别处等漫不经心的样子或动作。

交谈中不涉及他人隐私，尤其是不问收入、不问女士年龄；主动回避敏感问题，如宗教信仰、人权、当事国的内政事务等；谈话的内容不涉及疾病、死亡等不愉快的事情；不谈一些荒诞离奇、耸人听闻、黄色淫秽的事情；对方不愿回答的问题不要追根问底；无意中谈起对方反感的问题或发现对方对自己谈论的话题不感兴趣时，立即转移话题；不批评、议论长辈或身份高的人员。

8. 陪同外国人要注意哪些礼仪？

（1）相互介绍。在初次见到外方人士时，陪同人员应当首先将自己介绍给对方，并且递上本人名片。如果需要由陪同人员出面介绍中外双方人士或宾主双方人士时，我国的习惯做法是：先介绍中方人士，后介绍外方人士；先介绍主方人士，后介绍客方人士。

（2）道路行进。在路上行进时，礼仪上的位次排列可分做两种：一是并排行进。它讲究"以右为上"，或"居中为上"。由此可见，陪同人员应当主动在并排行走时走在外侧或两侧，陪同对象走在内侧或中央。二是单行行进。它讲究"居前为上"，即请陪同对象行进在前。但若陪同对象不认识道路，或道路状态不佳，则由陪同人员在左前方引导。引导者在引路时应侧身面向被引导者，在必要时提醒对方"脚下留神"。

（3）上下车船。在乘坐轿车、火车、轮船、飞机时，其上下的具体顺序为：上下轿车时，通常请陪同对象首先上车，最后下车；陪同人员最后上车，首先下车；上下火车时，陪同对象首先上车，首先下车；陪同人员居后。必要时，也可由陪同人员先行一步，以便为陪同对象引导或开路。上下轮船时，顺序通常与上下火车相同。不过若舷梯较为陡峭时，陪同对象先上后下，陪同人员后上先下。上下飞机的顺序要求与上下火车基本相同。

（4）出入电梯。陪同人员应稍候于陪同对象。进入无人驾驶的电梯时，陪同者首先进入，并负责开动电梯。进入有人驾驶的电梯时，陪同者最后入内。离开电梯时，陪同者一般最后一个离开。若是自己堵在门口，首先出去亦不为失礼。

（5）出入房门。在出入房门时，陪同人员通常负责开门或关门。进入房间时，若门向外开，陪同人员首先拉开房门，然后请陪同对象。若门向内开，则陪同人员首先推开房门，进入房内，然后请陪同对象进入。离开房间时，若门向外开，陪同人员首先出门，然后请陪同对象离开房间。若门向内开，陪同人员在房内将门拉开，然后请陪同对象首先离开房间。

（6）就座离座。陪同者与陪同对象身份相似，双方可以同时就座或同时离座，以示关系平等。陪同对象的身份高于陪同者，请前者首先就座或首先离座，以示尊重对方。

（7）提供餐饮。单独点菜或点饮料时，陪同者请陪同对象先点。上菜或上酒水时，先为陪同对象上，再为陪同者上；先宾后主，先女后男。

（8）日常安排。陪同对象的具体活动日程早已排定，陪同人员无权对其加以变更。若陪同对象要求变更活动安排，陪同人员不宜擅自做主，应及时向上级报告，并执行上级决定。若陪同人员发现陪同对象的活动日程的确存在不足之处，可向有关方面进行反映，但不宜直接与陪同对象就此问题进行沟通，更不宜在对方面前随意发表个人意见。

（9）业余活动。我方所接待的外宾在工作之余，在遵守我国法律的前提下进行自由活动时，若有必要，我方陪同人员可为之提供方便。若陪同对象要求陪同人员为其业余活动提供建议时，陪同人员既要抱有热情、主动、积极的态度，也要具体考虑我方的有关规定、现场的治安状况以及活动的内容是否健康、合法。若陪同对象要求陪同人员为其业余活动提供方便，则陪同人员应予以重视，既要力求满足对方的合理请求，又要善于拒绝对方的不合理请求。但无论如何，都不允许陪同人员帮助陪同对象在华从事违法犯罪的活动。

9. 西餐席次如何安排？

（1）女士优先。在排定西餐座次时，主位请女主人就座，而男主人位居第二位。

（2）以右为尊。在排定座次时，以右为尊。

（3）面门为上。面对正门者为上座，背对正门者为下座。

（4）交叉排列。男女交叉排列，生人与熟人交叉排列。

10. 如何正确使用西餐餐具？

西餐的餐具主要有刀叉、餐巾、餐匙、盘、碟、杯、牙签等。

（1）刀叉的使用。吃西餐时右手拿刀，左手拿叉。使用刀叉时，左手用叉用力固定食物，同时移动右手的刀切割食物。用餐中若要暂时离开，要把刀叉呈八字形摆放，尽量将柄放入餐盘内，刀口向内；用餐结束或不想吃了，刀口向内、叉齿向上，刀右叉左地并排纵放，或者刀上叉下地并排横放在餐盘里。

（2）餐巾的使用。将餐巾平铺于大腿上，可以防止进餐时掉落下来的菜肴、汤汁弄脏自己的衣服。在用餐期间与人交谈之前，先用餐巾轻轻地揩一下嘴；女士进餐前，可用餐巾轻抹口部，除去唇膏。在进餐时需剔牙，应拿起餐巾挡住口部。

（3）餐匙的使用。它用来饮汤、吃甜品，不可直接舀取其他任何主食、菜肴和饮料。餐匙入口时，以其前端入口，不能将它全部塞进嘴里。

刀是用来切食物的，不要直接用刀叉起食物送入口中，也不要用刀叉同时将食物送入口中；刀上沾上酱料不可舔食；用餐刀切割食物时不要在餐盘上划出声音。

餐巾摆放的位置不同，寓意不同。当主人铺开餐巾时，就表示用餐开始，当主人把餐巾放在桌子上，表示用餐结束。中途暂时离开，将餐巾放在本人座椅面上。

11. 宴请外宾时要注意哪些礼仪？

（1）确定规格。涉外交往中宴请的目的有多种，可以是宴请某人，也可以是为某件事宴请。宴请可以采用家宴、小型宴会、大型宴会。时间一般安排在主、客双方均较方便的时候。宴请宾客，不宜铺张浪费。

（2）发出请柬。请柬上应注明时间、地点，以方便宾客。若所选的地点不易找到，应在发出请柬时详细向客人说明。

（3）礼貌迎宾。客人到达时，主人在门口迎接。如无法抽身离开，也可安排其他人员迎接。

（4）安排菜单。以本地特色菜为主，可先向宾客介绍特色菜，供其选择；要注意对方的饮食禁忌。

（5）座次安排。安排客人坐上座，由主人陪同；一般以主人右方为尊，可以根据宾客的身份、地位做适当安排。

（6）致祝酒词。若双方需要在席上讲话或致祝酒词，主宾入座后即可发表讲话。一般是主人先讲，主宾随后。祝酒时，主人和主宾先碰杯，人多时也可同时举杯示意。主人或主宾致辞或祝酒时，其他客人注意聆听，以示尊重。

12. 参加涉外宴请要注意哪些礼仪？

（1）掌握出席宴请的时间。根据活动的性质和当地的习惯掌握时间，迟到、早退、逗留时间过短则被视为失礼或有意冷落。身份高者可略晚到达；普通客人宜略为早些到达，待主宾退席后再陆续告辞。出席宴会，根据各地习惯，正点或晚一两分钟抵达；在我国则正点或提前两三分钟或按主人的要求到达。出席酒会，可按请柬上注明的时间到达。确实有事需提前退席，向主人说明后悄悄离去；也可事前打招呼，届时离席。

（2）举止端庄、吃相文雅。嘴内有食物时，闭嘴咀嚼勿说话；喝汤忌啜，吃东西不发出声音；剔牙时，用手或餐巾遮口；嘴内的鱼刺、骨头不可直接外吐，用餐巾掩嘴取出，或轻轻吐在叉上，放在菜盘内；吃剩的菜，用过的餐具、牙签，都应放在盘内，勿置放在桌面上。

（3）忌喝酒过量、失言失态。中外饮酒习俗有差异，对外宾可以敬酒，不宜劝酒，尤其是不能劝女宾干杯。

宴会进行中，如由于不慎遇意外情况发生，应妥善处理。餐具碰出声音，可轻轻向邻座（或向主人）说一声"对不起"；餐具掉落，可由招待员另送一副。酒水打翻溅到邻座身上，应表示歉意，协助擦干；如对方是女士，只要把干净餐巾或手帕递上，由她自行擦干即可，忌自己手忙脚乱地帮助别人，效果适得其反。

13. 参加涉外自助餐要注意哪些礼仪？

（1）取菜适量。参加自助餐的宴请时，取菜要适量而止；盘中食物吃完后再取；取食时按凉菜（冷盘）、热菜（主菜）、点心、水果的次序分盘适量取用，一次取食一盘，忌不分青红皂白取用高高一盘或一次拿多盘。

（2）自觉排队。如取食客人较多，则按顺序排队取食，或稍等人少时再取食，忌逆人流取食。

如由招待员分菜，需增添时，待招待员送上时再取；如遇本人不能吃或不爱吃的菜肴，当招待员上菜或主人夹菜时，可轻声谢绝，或取少许放在盘内；对不合口味的菜，勿显露出难堪的表情。

14. 如何品饮咖啡？

（1）正确端咖啡杯。右手拇指和食指捏住杯把，把杯子轻轻端起。

（2）给咖啡加糖。先用糖夹子把方糖夹到咖啡碟的近身一侧，然后再用咖啡匙把糖加入杯中。

（3）搅拌咖啡。喝咖啡前应仔细搅拌，待搅匀后饮用。把咖啡匙放在托碟外边或左边。

（4）品饮咖啡。品饮咖啡不能用匙子舀，匙子是用来搅拌咖啡或加糖的。喝咖啡只需将杯子端起即可，不要将下面的接碟一并托起。

15. 涉外赠送礼品要注意哪些礼仪？

（1）选择礼物。涉外交往的馈赠更多是为了表示对他人的祝贺、慰问、感谢的心意，因此在选择礼品时应挑选具有一定纪念意义、民族特色，或具有某些艺术价值，或为受礼人所喜爱的纪念品、食品、花束、书籍、画册、一般日用品等。事先了解收礼人的性格、爱好、修养，以及所在国的习俗等，因人而异。

（2）讲究礼品包装。国外非常讲究礼品包装，礼品一定要用彩色纸包装，然后用丝带系成漂亮的蝴蝶结或梅花结。

（3）对等平衡。注意送礼双方身份的对等，双方身份和礼品规格要一致。送礼要讲究平衡，有多方外国友人在场的情况下尤其要注意，避免厚此薄彼。

送花时应考虑到花的寓意、颜色及数目。最好送外宾所在国的国花及相应的辅花，花束大小应视场面大小及宾主之间的关系而定，花枝的数量以单数为宜，但忌13枝。要注意外方的禁忌。德国人认为郁金香是没有感情的花；日本人认为荷花是不吉祥之物；菊花在意大利和南美洲各国被认为是妖花；在法国黄色的花被认为是不忠诚的表示；绛紫色的花在巴西一般用于葬礼。

在信奉基督教的国家里，礼品包装要避免把彩带结成十字交叉状。

16. 涉外受礼要注意哪些礼仪？

（1）握手致谢。在参加各种涉外交往中，当接受宾朋的礼品时，应恭敬有礼地双手接过，并握手致谢。

（2）适当赞美。许多欧美人，喜欢别人接受礼品时，打开包装亲眼欣赏并赞美一番。此时，我们可仿效他们的做法，适时赞誉礼品，以表示自己的感谢之情。收到寄来的或派人送来的礼品，应及时复寄一张名片或简函，以示谢意。

17. 涉外交往中的数字、肢体和颜色禁忌有哪些？

（1）数字禁忌。各民族及不同宗教信仰的人们对数字均有一些忌讳，如信奉天主教、基督教的信徒十分忌讳"13"和"星期五",认为这一数字和日期是厄运和灾难的象征。在涉外活动中要避开与"13""星期五"有关的一些事情,更不要在这一天安排重要的政务、公务、商务及社交活动。日本人忌讳"4"字,是因"4"字与"死"的读音相似,意味着倒霉和不幸。所以与日本友人互赠礼品时切记不送数字为"4"、谐音为"4"的礼品;不要安排日本人入住"4"号、"14"号、"44"号等房间。

(2) 肢体禁忌。同一个手势、动作,在不同的国家里表示不同的意义,比如,拇指和食指合成一个圈,其余三个手指向上立起,在美国表示 OK,但在巴西,这是不文明的手势。在中国,对某一件事、某一个人表示赞赏,会跷起大拇指,表示"真棒"!但是在伊朗,这个手势是对人的一种侮辱,不能随便使用。想赞赏伊朗人忌伸大拇指。在我国摇头表示不赞同,在尼泊尔则正相反,表示很高兴、很赞同。另外,注意适当地运用手势,可以增强感情的表达;但与人谈话时,手势不宜过多,动作不宜过大,应给人含蓄而彬彬有礼的感觉。

(3) 颜色禁忌。日本人认为绿色是不吉利的;巴西人以棕黄色为凶丧之色;欧美国家以黑色为丧礼的颜色;叙利亚人将黄色视为死亡之色;比利时人最忌蓝色;土耳其人认为花色是凶兆,布置房间时不用花色;埃及人认为蓝色是恶魔的象征。

18. 涉外交往中常见的宗教禁忌有哪些?

(1) 基督教。进教堂要态度严肃,保持安静。在聚会和崇拜活动中禁止吸烟。基督徒一般饮食中不吃血制品。

(2) 天主教。根据教会的传统,天主教的主教、神父、修女是不结婚的。所以,同天主教人士交往时,见到主教、神父、修女不可问他(她们)"有几个子女""爱人在哪里工作"等问题。

进入教堂应保持严肃的态度,切忌衣着不整或穿拖鞋、短裤。禁止在堂内来回乱串、大声喧哗、交头接耳、东张西望、打情骂俏、争抢座位等,更不允许在堂内吃东西、抽烟。

(3) 伊斯兰教。接待穆斯林客人一定要安排清真席,特别注意:不要出现他们禁食的食物。穆斯林禁食自死物、血液、猪肉以及诵非真主之名而宰的、勒死的、捶死的、跌死的、抵死的、野兽吃剩的动物。此外,还禁食生性凶猛的肉食动物,如狮、虎、豺、狼、豹等;穴居的肉食动物,如狐、獾、狸等;猛禽,如鹰、隼、鹞、鹫、猫头鹰等;污浊不洁的动物,如鼠、蜥蜴、穿山甲等;两栖动物,如蛇、蛤蟆、鳄鱼等;以及豢养而不能吃的动物,如马、驴、骡、狗、猫等。穆斯林严禁饮用一切含酒精的饮料,对他们是不能祝酒的。

虔诚的穆斯林每天都要面向圣城麦加方向礼拜五次,要注意避开他们朝拜的方向。伊斯兰国家规定星期五为休息日(聚礼日),穆斯林晌午要到清真寺集体做礼拜,即聚礼。如果遇到星期五注意安排时间让虔诚的穆斯林做礼拜。

穆斯林忌讳用左手给人传递物品,特别是食物。给穆斯林递东西时,注意不要用左手。

(4) 佛教。在信奉佛教的国家里,如缅甸、泰国等东南亚国家,人们非常敬重僧侣。僧侣和虔诚的佛教徒一般都是素食者。他们非常注重头部,忌讳别人提着物品从头上掠过;长辈在座,晚辈不能高于他们的头部;小孩子头部也不能随便抚摸,他们认为只有佛和僧长或是父母才能摸小孩的头,意为祝福,除此就是不吉利,会生病。当着僧人的面不能杀生、吃肉、喝酒等;男女也不能做过分亲昵的举动。在与僧人有直接面对的场合,女士穿着要端庄,不要穿迷你裙等过于暴露的衣着。

(5) 印度教。信仰印度教(如印度、尼泊尔等国)的教徒奉牛为神,认为牛的奶汁哺育了幼小的生命,牛耕地种出的粮食养育了人类,牛就像人类的母亲一样。他们不吃牛肉,而且也忌讳用牛皮制成的皮鞋、皮带。

（6）犹太教。犹太教认为唯一可以食用的哺乳动物是反刍并有分蹄的动物，如牛肉，而不允许吃猪肉和马肉。大多数饲养禽类（如鸡、鸭、鹅等）是被允许的，但禁食鸵鸟和鸸鹋，食用的鱼类必须有鳃和鳞，禁食软体动物和甲壳类动物。犹太教认为血是"生命的液体"而严禁食用。此外，奶品和肉品必须分开食用。

（7）道教。道教是中国的传统宗教，包括正一派和全真派两大派别，所有道士不分男女均可尊称为道长。农历初一、十五及道教节日期间，道士和虔诚的道教徒一般都要素食。道教活动场所特别是殿堂内禁止人大声喧哗、打闹嬉戏、行为不端。在与道士直接面对的场合和进入道教活动场所，女士衣着要端庄，不能过于暴露。道士的服饰物品特别是法服冠帽等忌讳别人触摸。与道士交往一般行抱拳礼。与全真派道士交往，一般不询问年龄、出家入道原因和有关家庭的问题。

第二节　外事礼仪通则

礼仪小故事——周总理涉外礼仪故事

1972年2月，美国总统尼克松访华，这是一次"破冰之旅"。周恩来总理当时给接待人员确定的接待方针是"不冷不热，不卑不亢，待之以礼，不强加于人"。

尼克松乘坐的专机于2月21日中午抵达北京，周恩来总理等到机场迎接。尼克松下机时，为了突出他和他的夫人，使照片拍出好的效果，不让基辛格、罗杰斯等人同他一起下机，等他跟周恩来握手之后，其他人才下舷梯。而周恩来又是怎样做的呢？在尼克松步出机舱，走下舷梯近一半时，周恩来鼓起掌来，尼克松也报之以掌声。请注意，周恩来不是等尼克松一出舱就鼓掌，也不是根本不鼓掌，而是等尼克松下梯一半时才鼓掌，足见周恩来总理对礼仪细节的重视。

尼克松对周恩来说："我非常高兴来到中华人民共和国的首都——北京。""这是中美两国领导人越过一个大洋、越过相互敌对20多年的握手，这表明中美关系从此揭开了新的一页。"而周恩来则对这次历史性的握手作了寓意深长的形容："你的手伸过世界上最辽阔的海洋——我们25年没有交往了啊！"

机场欢迎仪式，按惯例是悬挂两国国旗，奏两国国歌和检阅仪仗队等。尼克松既是国家元首，又是政府首脑，我方的接待完全符合礼仪。但同当时我们接待其他国家贵宾的仪式相比还是有所区别的，最明显的一点就是没有群众欢迎场面。所以西方媒体在报道中对我们接待工作的评价是"合于礼而不热"。

在欢迎宴会上，由于周恩来的精心安排，中国乐队演奏了美国民歌和尼克松家乡的歌曲《美丽的亚美利加》《牧场上的家》，让尼克松夫妇感到非常亲切。周恩来一般在和其他国家的领导人碰杯时，总是让自己酒杯上沿去碰对方杯子的中间部分，以示对来访客人的尊重。但这次在向尼克松敬酒时，却特意将他的酒杯杯沿和尼克松的酒杯杯沿持平后再碰杯。这种细节安排既不失礼也不过分，显示了我们对美国人不卑不亢的态度。

外事礼仪通常是指中国人在接触外国人时，应当遵守并应用的有关国际交往惯例的基本原则。它主要包括以下 12 个方面的内容。

1. 维护形象

第一，个人形象，可真实地体现个人的教养和品位。比如，一名男子身穿深色西服套装时上衣左袖口上的商标必须拆掉，而且不能穿白色的袜子。第二，个人形象还反映个人的精神风貌与生活态度。第三，个人形象展现他对交往对象重视的程度。第四，个人形象是其所在单位的整体形象的有机组成部分。第五，在国际交往中，个人形象往往还代表其所属国家、所属民族的形象。所以我们在涉外交往中必须时时刻刻注意维护个人形象，特别是在正式场合留给外国友人的第一印象。在维护个人形象时，注意这样六个要素：仪容；表情；举止；服饰；谈吐；待人接物。

2. 不卑不亢

不卑不亢是涉外礼仪的一项基本原则。它的主要要求是：每一个人在参与国际交往时，都必须意识到，自己在外国人的眼里，是代表自己的国家，是代表自己的民族，是代表自己所在的单位。

3. 三种方法

在国际交往中大体有三种方法可行：一是以我为主。所谓以我为主，即在涉外交往中基本上依旧采用本国礼仪。二是兼及他方。所谓兼及他方，即在涉外交往中基本上采用本国礼仪的同时，适当地采用一些交往对象所在国现行的礼仪。三是求同存异。所谓求同存异，是指在涉外活动中为了减少麻烦、避免误会，最为可行的做法是，既要了解对交往对象所在国的礼仪与习俗，并予以尊重，更要对与国际上所通用的礼仪惯例认真地加以遵守。

4. 入乡随俗，是基本原则之一

它的主要含义是：要真正做到尊重交往对象，首先就必须学习尊重对方所独有的风俗习惯。而在涉外交往中要注意两个问题：一是必须充分地了解与交往对象相关的习俗，做到"入境而问禁，入国而问俗，入门而问讳"。二是必须无条件地对交往对象所特有的习俗加以尊重。

5. 信守约定，这是国际礼仪中严格要求自己的原则之一

要做到信守约定主要体现在下列三个方面：

（1）在人际交往中，许诺必须谨慎。

（2）对于自己已经做出的约定，务必认真地加以遵守。

（3）万一由于难以抵抗因素，致使自己单方面失约或是有约难行，则需要尽早向有关各方通报，如实解释，并且还要郑重其事地向对方致以歉意并且主动地负担按照规定和惯例，而给对方所造成的某些物质方面的损失。

6. 热情有度

做到热情有度的关键在于以下四个方面：

（1）关心有度。

（2）批评有度。

（3）距离有度。

（4）举止有度。

距离有度中我们还要知道这样的几个要求：其一，私人距离。其距离在小于 0.5 米之内，它仅适用于家人、恋人与至交。其二，社交距离。其距离为大于 0.5 米，小于 1.5 米，它适用于一般的交际应酬。其三，礼仪距离。其距离为大于 1.5 米，小于 3 米，它适用于会议、演讲、庆典、仪式以及接待，意在向交往对象表示敬意。其四，公共距离。其距离大于 3 米外，使用于公共场所与陌生人相处。

7. 不必过谦

在涉外场合要做到以下几个要求：

（1）当外国友人赞美自己的相貌、衣饰、手艺时，一定要记住落落大方地道上一声"谢谢"。

（2）当外国友人称道自己的工作、技术或服务时，同样也要大大方方地认可。

（3）在涉外交往中当需要进行自我介绍或对自己的工作、学习、生活、服务、产品、技术、能力、特长进行介绍时要敢于并且善于实话实说。

（4）当自己同外国友人进行交际应酬时，一旦涉及自己正在忙什么、干什么的时候，无论如何都不要脱口而出，说什么自己是"瞎忙""混日子""什么正经事都没干"等，因为这样会使对方认为你是不务正业的人。

8. 不宜为先

不宜为先是基本要求之一，即在涉外的场合中遇到一时难以应付、举棋不定，或者是不知道到底怎样做才好的情况下，最好的做法是尽量不要急于采取行动。另外，不宜为先具有两层含义：一是它要求人们在难以确定如何行动才好时，应当尽可能地不采取任何行动，免得出丑露怯。二是它要求人们在不知道到底怎么做才好而又必须采取行动时，最好是先观察其他人的正确做法，然后加以模仿，或是同当时的绝大多数在场者在行动上保持一致。

9. 尊重隐私

在国际交往中，下列八个方面的私人问题均被海外人士视为个人隐私问题：

（1）收入支出；

（2）年龄大小；

（3）恋爱婚姻；

（4）身体健康；

（5）家庭住址；

（6）个人经历；

（7）信仰政见；

（8）所忙何事。

10. 女士优先

在一切社交场合，每一名成年男子，都有义务主动自觉地以自己的实际行动去尊重、照顾、体谅、关心和保护妇女，以后还要想方设法、尽心竭力地去为妇女排忧解难。

11. 爱护环境

在涉外交往中还应注意两点：

（1）光有爱护环境的意识还是远远不够的；

(2) 与外国人打交道时，在爱护环境的具体问题上要好自为之，严于自律。

12. 以右为尊

以右为尊是国际礼仪中最基本的一项礼仪。

第三节 部分国家习俗

礼仪小故事——涉外活动言行忌

举止忌：严忌姿势歪斜，手舞足蹈，以手指人，拉拉扯扯，相距过近，左顾右盼，目视远处，频频看表，舒伸懒腰，玩弄东西，抓耳挠腮。

忌话忌：严忌荒唐淫秽，谈及他人履历、女子私事、工资收入、私人财产，衣饰价值，批评尊长，非议宗教，嘲弄异俗。

语气忌：严忌大声辩论，高谈阔论，恶言恶语，寻根问底，争吵辱骂，出言不逊。

礼遇忌：严忌冷落他人，独谈到底，轻易表态，打断异议，纠缠不止，随意插话，随意辞别。

同各国人相处和交谈时，不要问对方年龄和服饰价格，也不要谈个人私事、家事、婚丧、收入、两性关系；要注意自己的仪容仪表，穿着要整洁；时间观念强，约会时一定要准时；要尊重对方，不要对对方的言谈举止、生活习惯、宗教信仰等品头论足；要回避宗教和政治话题；切忌伤害对方人格和自尊；对方讲话要认真倾听，不要随意插话；同性不可一起共舞（有同性恋的嫌疑）；握手礼是许多国家的见面礼节；东方国家（日本、韩国）忌讳数字"4"，西方国家忌讳数字"13"；中国的白酒度数较高，最好不要劝饮；欧美人都忌讳吃动物的内脏，吃饭时不要点内脏做的菜等。

一、日本

日本人很注重礼节和穿着。性格多为斯文、礼貌、谦虚、含蓄，但对待工作时严肃、苛刻，条理性强，注重效率。日本人喜欢行鞠躬礼。初次见面，可以不握手，代之以90°的鞠躬礼，以示尊重。如果相互间比较熟悉就主动握手。对方若是女士，就不要主动握手，女士主动伸手后才可以握手。日本的一些商务礼仪和中国相似，比如，递名片和端茶时要用双手等。在正式场合，男子大多穿深色西服，女子穿和服。日本商人注重面对面接触洽谈生意，重要决定一般都是由集体商定后作出。饮食上，日本人喜欢吃冷面和海鲜。闲谈时日本人喜欢谈论茶道。

信奉的宗教：神道教和佛教，少数信奉基督教和天主教。

忌讳的颜色：紫色和绿色。日本人常将紫色和悲伤联系在一起，视绿色为不祥的征兆。

日本樱花

二、韩国

韩国人待客热情，对礼貌、礼节及穿着也很注重。在正式场合，男子通常穿西服系领带。饮食方面，喜欢吃辣椒、泡菜，汤几乎是每餐必备。米饭是韩国人的主食，早餐一般也是吃米饭而不是喝粥。在吃饭时，韩国人忌讳边吃边谈话。若是谈生意，韩国人喜欢选择咖啡厅，而非饭桌上。韩国人忌讳数字"4"。在喝酒或喝茶时，韩国人喜欢以"1""3""5""7"的数字单位来敬酒、敬茶、布茶。佛教是韩国的主要宗教，佛教徒约占全国人口的1/3。

三、新加坡

马来语为国语，英语、汉语为官方语言。新加坡人十分讲究礼貌礼节。其中华裔在礼仪方面和我国的相似，而且还保留了中国古代传统，通常的见面礼是鞠躬、握手。印度裔保持有印度的礼节和习俗。马来血统、巴基斯坦血统的人则按伊斯兰教的礼节行事。新加坡人很重视环境卫生，故和新加坡人交往时切忌随地吐痰、丢弃废物，否则会招致很大的反感。

新加坡华人占3/4，多信奉佛教。

四、泰国

泰国是一个礼仪之邦，被誉为"微笑的国度"。泰国人性情温和，待人热情，讲究礼节。朋友相见，双手合十、互致问候。晚辈向长辈行礼时，双手合十举过前额，长辈也要合十回礼。男子在正式社交场合通常穿深色的西装，打领带。妇女在正式社交场合穿裙装，也可穿民族服装。泰国人认为头颅是神圣不可侵犯的，非常忌讳别人触摸自己的头部，认为那是极大的侮辱。就座时，忌讳跷二郎腿，也不可以把鞋底对着别人，否则会被认为那是侮辱性的举止；妇女就座时，双腿要靠拢，否则会被认为没有修养。忌用左手传递东西、接拿物品。大米是泰国人的主食,喜食辣椒,吃饭用手抓食,但社交场合也用叉子和勺子。泰国人喜欢红色(但是忌讳用红笔签名)、黄色,忌讳褐色。泰国国民中95%信仰佛教,3.8%信仰伊斯兰教,另有部分人信仰基督教和印度教。

泰国

五、印度

印度人是用摇头表示赞同,用点头表示不同意。用右手拿食物、礼品和敬茶,不用左手,也不用双手。饮食方面,印度人偏爱辣味,主食以米饭为主。习惯用手抓食。不吃菇类、笋类、木耳。信奉印度教和锡克教的人,忌讳吃猪肉、牛肉。因为喝酒违反宗教习惯,故他们一般不喝酒,但有喝茶的习惯,把茶盛在盘子中,用舌头舔着喝。印度人忌讳白色,忌讳弯月图案,视"1""3""7"为不吉利数字。和印度人交谈,要回避有关宗教矛盾、印巴关系等敏感话题。印度奉牛为神圣,忌讳吃牛肉和使用牛皮制品。印度居民大多信奉印度教,其次为伊斯兰教、基督教、锡克教。

六、美国

美国人一般性情开朗,乐于交际,不拘礼节,随和,有幽默感,容易相处。美国人握手时习惯握紧,眼要正视对方,身体微躬。当着美国人的面想抽烟,要先问对方:"Do you mind my smoking?"得到对方肯定的答复后再吸烟。美国人做生意讲究诚信,遵守合同,重视效率,不喜欢拖拉。表达观点和立场时也坦率直接,面对重要事情时坚持原则。另外,公私分明,自己分内的事情会很好地完成,不喜欢做分外的事情,也不希望在自己的私人时间谈工作和处理工作上的事情。美国商人喜欢边吃边谈,善于讨价还价,重视包装和效益最大化。美国人喜欢吃的主食是烤面包(Toast)、牛排、三明治、汉堡包、沙拉、炸薯条等,喜欢喝红酒、咖啡、牛奶、可口可乐、啤酒、威士忌、白兰地等。忌味道太咸的食品,味道偏甜为宜。喜欢白色

（象征纯洁）、黄色、蓝色和红色，忌讳黑色。忌讳向妇女赠送香水、衣物和化妆用品。称呼黑人时最好用"Black"一词，切忌用"Negro"，因为"Negro"的原始意为黑人奴隶。忌讳数字"13"、星期五。美国80%以上是欧洲移民的后裔，大多数人信奉基督教和天主教，部分人信仰犹太教和东正教。

美国

七、加拿大

加拿大人主要是英法的后裔，故礼貌、礼节和英法两国相仿。上班时男士要穿西服，女士穿套裙。参加社交活动时往往要穿礼服或时装。在休闲场合时则根据自己的喜好自由穿着。加拿大人喜欢法式菜肴，讲究菜肴的营养和口味。不喜欢太咸的口味，偏甜为宜。喜欢肉食（但不爱吃肥肉，也忌讳吃动物内脏），爱吃奶酪和黄油，加拿大人大多以米饭为主食，习惯饭后喝咖啡和吃水果。加拿大商人不喜欢做薄利多销的生意，不喜欢价格变来变去，喜欢长期合作。忌讳"13"、星期五。主要宗教为天主教和基督教。

八、澳大利亚

澳大利亚人待人热情诚恳，谦逊礼让，爽快大度。办事认真，组织纪律强，时间观念强，做事不喜欢拖拉。澳大利亚人的饮食习惯和英国人差不多。喜欢清淡的菜肴，不爱吃辣。爱吃牛肉和猪肉，喜欢喝啤酒、牛奶、咖啡。信奉基督教的澳大利亚人有"周日做礼拜"的习惯，故不要在周日约请他们。澳大利亚人不喜欢兔子，赠送礼品时也尽量要避开以兔子为形象做成的礼品。澳大利亚人热爱体育，喜欢游泳等体育活动。澳大利亚人主要是英国和其他欧洲国家移民的后裔，故大部分居民信奉基督教，少数人信奉犹太教、佛教和伊斯兰教。

澳大利亚歌剧院

九、英国

英国人注重修养，注意衣着打扮，讲究文明礼貌，待人友好，常被称为"绅士"，性格多拘谨、郑重、温和、细心和耐心。英国人务实，不喜欢夸夸其谈，也不轻易动感情或轻率表达自己的态度。和英国人坐着谈话时不要跷二郎腿，也不要把两腿张得过宽。站着谈话时不要把手插入衣袋。和英国人一起时，不要同第三人打耳语，也不可以捂着嘴冲英国人发笑。英国人忌佩戴条纹领带，忌谈英国皇室私事。对英国人不能称呼"英国人（English）"，因为"英国人"原意是"英格兰人"，虽然英国的英格兰人占80%以上，但你交往的英国人也可能是苏格兰人、威尔士人或北爱尔兰人，"大不列颠人"（British）的称呼则能让所有的英国人接受。饮食上，英国人口味讲究清淡，喜欢甜、酸、微辣味，不喜欢太咸的食品，也不用味精调味。大多数英国人喜欢吃牛肉、羊肉、蛋类、禽类、甜点、水果等食品，但不吃狗肉。英国人喜欢喝啤酒，还喜欢喝苏打水、葡萄酒和香槟酒，威士忌等烈性酒也喜欢喝，不过彼此间不劝酒。茶也是英国人所喜欢的，但英国人不爱喝清茶，喜欢喝奶茶或柠檬茶，倒茶时要先在杯里倒上冷牛奶或鲜柠檬，加点糖再倒茶。不能先倒茶后倒牛奶。英国人很注重餐桌礼仪，比如，刀叉的使用、上茶的次序都比较讲究。在接受礼品方面，英国人喜欢当着客人的面打开礼品，无论礼品价值如何，都会给以热情的赞扬，并表示谢意。英国人忌讳数字"3"和"13"，不喜欢百合花（视百合花为死亡之花），忌讳用人像、大象、孔雀作服饰图案和商品装潢。绝大部分人信奉基督教，少部分人信奉天主教。

十、法国

法国人热情开朗，浪漫奔放，讲话热情而滔滔不绝。法国人讲究服饰着装，特别是女士喜欢使用化妆品、穿时尚的服装。和法国人约会要事先约好时间，赴约应准时，但也无须提前赴约。法国人喜欢用鲜花作为赠送礼品。法国商人忌谈个人问题和私事，喜欢用法语作为双方的交谈语言，喜欢先就主要交易条件达成协议后再进一步洽谈。饮食方面，法国人喜欢鲜嫩的口味，注重色香味和营养的协调。做肉菜时，往往不做熟，比如，做到五六分熟或是七八分熟即可，爱吃牡蛎，而且喜欢生吃。做菜时配料喜欢用蒜、香草、洋葱、芹菜、胡萝卜等，一般不喜欢放辣。法国人忌讳黄色的花，认为黄色代表着不忠诚。不喜欢墨绿色，墨绿色物品容易与第二次世界大战期间德国纳粹士兵的墨绿色军服联系在一起。仙鹤在中国是长寿的象征，但在法国仙鹤图案则被认为是蠢汉和淫妇的象征。法国女士虽然喜欢使用化妆品，但是忌讳将香水或化妆品送给恋人、亲属之外的女士。法国法兰西人约占94%，绝大多数人信奉天主教。

法国埃菲尔铁塔

十一、德国

德国人纪律观念强，做事严谨，注重工作效率，讲求信誉。德国人同时注重感情，待人也很热情。德国人很重视称呼。在同德国人交往时，不要直呼对方的名字，称呼其头衔对方会很高兴。同他们洽谈贸易时，忌讳过多地聊与贸易不相关的话题，忌讳和其他人窃窃私语。德国商人缺乏灵活性，忌讳报价随意更改，利益面前也不会做出重大让步。德国人很注意外观衣着，正式场合穿戴都会很整洁。同他们见面、告别时要和他们握手方显礼貌。肉类中德国人最爱吃猪肉，其次是牛肉。啤酒和葡萄酒都是德国人喜欢饮用的，如果同时有这两种酒，要先喝啤酒再喝葡萄酒。德国人尊重女性，比如，在宴席上，女士离开和返回饭桌时，男士一般要站起来以示礼貌。在就座时，男士坐在女士的左侧。接德国人电话时，要首先告诉对方自己的姓名。德国人忌讳吃核桃。忌讳的颜色是茶色、红色、深蓝色，德国人中约一半的人信奉基督教，信奉天主教的人也占相当大的比例。

十二、意大利

意大利人重视礼仪和穿着。早晨习惯喝咖啡、酸牛奶。喜欢喝酒，特别是葡萄酒，酒几乎是每餐必备。意大利商人喜欢和有决策权的人洽谈贸易，不喜欢价格的频繁变动。意大利和欧洲许多国家都忌讳菊花，认为菊花是墓地之花。意大利90%以上的人信奉天主教。

意大利

十三、俄罗斯

俄罗斯人集体观念强，性格豪放、开朗。见面时，大都行握手礼或拥抱礼，有时也行吻礼。朋友之间或长辈对晚辈之间，多吻面颊，若长辈对晚辈吻额则更显亲切。男子对特别尊敬的已婚女子，一般多行吻手礼，以示尊敬。吻唇礼只是在夫妇或情侣间才流行。主人给客人吃面包和盐，是最殷勤的表示。俄罗斯人重视早餐和午餐，晚餐则比较随意。用餐时间也比较长。俄罗斯人对中餐比较感兴趣。俄罗斯人大都讲究仪表，注重服饰，社交场合穿深色西服，偏爱灰色、青色。不喜欢数字"13"，但是偏爱数字"7"，认为"7"代表着成功，还会带给人们美满和幸福。喜欢红色，视之为美丽和吉祥的象征。忌讳黑色，认为黑色是丧葬之色。他们重视文化教育，喜欢艺术品，也喜欢谈论艺术类的话题。鲜花、艺术品、图书或烈性酒作为礼物送给俄罗斯人是很受欢迎的，但送花要送单数。崇拜盐，认为盐可以除灾避邪，祭祀也常用盐做供品。兔子和黑猫不被俄罗斯人喜欢。东正教是俄罗斯的主要宗教。

十四、埃及

埃及人正直、宽容、爽快、热情好客。他们喜欢吃羊肉、鸡、鸭、鸡蛋和洋葱、茄子、胡萝卜、土豆等。在口味上，喜欢清淡、不油腻的食品，食品稍甜为宜。埃及人在用餐时，忌讳交谈。埃及人的晚餐时间喜欢和家人一起共享，所以最好不要在此时间段和埃及人相约。埃及是信仰伊斯兰教的国度，埃及人一般都遵守伊斯兰教教规，忌讳喝酒，喜欢喝红茶，饭后饮茶聊天是他们的习惯。忌吃猪肉、狗肉，也忌谈猪、狗有关的话题。不吃虾、蟹等海味，动物内脏（除肝外），鳝鱼、甲鱼等怪状的鱼。男士不要主动和女士攀谈，不要夸人身材。埃及人爱绿色、白色、红色、橙色，忌蓝色和黄色，认为蓝色代表邪恶，黄色代表不幸。喜欢金字塔形图案，不喜欢带有星星的图案。忌讳猪、狗、猫、熊，熊猫也不被埃及人喜欢。"3""5""7""9"是人们喜欢的数字，忌讳数字"13"。吃饭时用右手抓食，不能用左手。送别人礼物或是接受别人礼物时，要用双手或右手接礼，不能用左手。伊斯兰教是埃及的国教。

埃及金字塔

十五、南非

南非人做事认真，坚持原则。英国式社交礼仪在南非广泛流行。在正式场合，南非人的着装都很正式。不过由于种族、宗教、习俗的不同，南非的黑人和白人的社交礼仪也不同。特别是在农村的黑人部族中有着与主流礼仪不同风格的社交礼仪。比如，他们习惯以鸵鸟毛或孔雀毛赠给贵宾，客人则要把这些珍贵的羽毛插在自己的帽子上或头发上。在城市里，南非白人以吃西餐为主，经常吃牛肉、鸡肉、鸡蛋和面包，爱喝咖啡和红茶。而黑人喜欢吃牛肉、羊肉，主食是玉米、薯类、豆类，喜欢吃熟食。信仰基督教的南非人，忌讳数字"13"和星期五；跟南非黑人交谈，忌讳评价白人与黑人的优劣；忌谈黑人的习惯、风俗；不要评论不同黑人部族或派别之间的关系及矛盾。南非最主要的宗教是基督教，信徒约占全国总人口的78%，其他宗教有印度教、伊斯兰教、犹太教、佛教、非洲传统宗教等。

十六、尼日利亚

尼日利亚人热情直率，感情丰富。初次相见，先用自己的左手握住右手，然后才用右手与对方握手，否则会被认为不懂礼数。施握手礼前习惯先用大拇指轻轻弹一下对方的手掌再行握手礼，不过在商务交往中这一动作往往被略去。饮食上，以面食为主，米饭也可。喜欢辛辣味道，喜欢喝咖啡、啤酒、可可。用餐时一般习惯以手抓饭，社交场合也使用刀叉。尼日利亚人和人们交谈的时候，从不盯视对方，也忌讳对方盯视自己，认为这是不尊重对方的行为。他们忌讳左手传递东西或食物，忌讳数字"13"。同尼日利亚人交谈也要避免谈非洲政治。已婚妇女最忌讳吃鸡蛋。她们认为妇女吃了鸡蛋就不会生育。尼日利亚人忌讳用食指指人，认为这是挑衅的动作。尼日利亚是全世界黑人人口最多的国家，居民中穆斯林占47%，基督教徒占34%。

1. 涉外交往礼仪的基本要求有哪些?
2. 国际上有哪些常用的见面礼节?
3. 简述外事通则的主要内容。
4. 简述日本、美国、法国的国家习俗。

第十章 礼仪文书

 本章导读

➢ 了解礼仪文书的含义。
➢ 掌握礼仪文书的写作与应用基本要求。
➢ 了解邀约类礼仪文书。
➢ 学习致辞类礼仪文书。

礼仪文书是适应社会交际应酬而产生的并随着社会中人际交往的发展而不断发展的一种表达礼节、增进感情的文书。它是在社交礼仪交往活动中,单位、团体及个人使用的各种应用文书的礼节规范。作为社交交往行为和礼仪活动重要组成部分的礼仪文书,它既是礼仪活动的主体,用以沟通信息的传播载体,也是礼仪在精神和意识方面的体现。

礼仪文书的成功写作和出色运用,有助于传播信息,增加了解;有助于沟通情感,密切关系;有助于美化组织,塑造形象,最终产生广泛的社会效益和良好的经济效益。

第一节 礼仪文书概述

一、礼仪文书的含义

礼仪文书是人们在交往中,适应社会交际应酬而产生的,并随着社会中人际交往的发展而不断发展的一种表达礼节、增进感情的文书。随着社会的不断进步和发展,礼仪文书的应用虽然在其形式和文字内容上发生了很大变化,但仍是人们之间表情达意的桥梁,是增强人与人之间团结和友谊的纽带。

礼仪文书一般比书信简短。与书信的专于言事相比,礼仪文书重在表情。

在社会生活中，人们常常会遇到婚嫁、寿诞、开业、荣升、乔迁、丧葬等各种礼仪性的事件，出于礼貌、礼节的需要，除了亲身参加的交际活动和表现的交际行为外，往往还要制发一些互相表达邀约、祝颂、庆贺、迎送、吊唁等思想感情的礼仪文书来表情达意。特别是因时间或空间限制不能面对面进行交际活动时，礼仪文书起着更重要的作用。如发一封热情洋溢的邀请信或送一枚请柬，邀请亲朋好友们聚会；给有了喜事的朋友、同事写几句真诚的祝词；对朋友亲属的去世发去一封简短的唁函……都会给朋友或同事带来温暖、鼓舞和安慰。

在传统文化中，中国人尤其注重这类"人情"。在20世纪初以前的礼仪文书中，使用的文体十分繁杂，如婚帖、喜柬、寿启、哀启（讣告）、谢启、贺词、祝文、寿序、祭文、贺联、挽联以及贺喜、吊亡的诗、词、文、赋等，品类繁多。而且格式也要求十分严格，如诗词对联要求遵循严格的格律，只有具备一定的古代文学修养的人才能撰拟，而且，一些礼仪文书要请名家代笔。随着社会的发展，许多已不被人使用，仍在使用的也都以新文体代替。

二、礼仪文书写作与应用的基本要求

礼仪文书的写作除了遵循普通文章写作的一般要求，如主题明确、材料确凿、结构合理、表达明晰、语言生动之外，在其写作和应用时还要把握礼仪文书的基本要求，具体包括以下三个方面的内容。

（一）以诚相见，感情真挚

礼仪文书无论是从交际目的还是从交际情景来说，感情真挚都是首要因素，因为"不真不诚，难以感人"，从而难以达到交际的目的。

1. 显示坦诚之心，以诚待人是一切社交之本

"诚"的核心是坦诚。坦诚有两层含义：真诚和热诚。面对交际对象，提笔行文时，只有尊敬对方，态度热诚，言辞恳切，言由衷发，才能以真诚打动人，以热情感染人，收到"精诚所至，金石为开"的效果。

2. 表达真情实感，真情发自真心，实感源于事实

"感人心者，莫过于情。"在礼仪文书中，要将真情实感充分地表现出来，必须借助多种表达方式，或叙述描写，或议论抒情。要通过生动的叙事、形象的描绘、精妙的议论和恰当的抒情，让对方犹如身临其境、感同身受、顿悟其理，达到双方情感的沟通。需要指出的是，在真情与坦诚的前提下还要把握住一个度，这就是在礼仪文书行文时应注意分寸：尊重自己，不谄媚——平等相待，不因对方身份高而自轻自贱；尊重对方，不傲慢——以礼待人，不因对方身份低微而怠慢之。

（二）风格庄重，文笔典雅

礼仪文书大多用在庆典、祝贺、迎送、吊唁等场合，特殊的功能和语境，决定了它的风格必须既庄重，又典雅，这样才能达到求真、求善、求美的目的。

1. 风格庄重所谓庄重，就是郑重、严肃

它既表现作者为文的态度，也反映了作者的价值取向。从态度的层面上看，文明清新的

文风，谦谦君子的格调，显示了作者的道德修养，敬语、谦辞尤其是礼仪用语的运用，是人文精神的展示，能产生愉悦性互动；从价值层面上看，因为"语言是思想的直接显示"（马克思语），礼仪文书必须表现积极向上的价值取向，应该注重褒扬人们向往美好、充实的人生，追求幸福、光明未来的思想感情和美德，这些是与整个礼仪活动的氛围相协调、相一致的。

2. 文笔典雅

"典雅"的字面含义是指文辞优美而不粗俗，语言简洁而不繁缛。事实上，古今典范的礼仪文书无一不是典雅之作。其艺术魅力亦历久弥新。要达到典雅的语言境界，首先，要根据不同的礼仪内容和表达的需要，用语准确、得体，尤其注意修辞，讲究辞章，做到笔下生辉、恰到好处、生动活泼、不滥不俗。其次，要根据不同的交际对象，针对交际对象的层次性，如职位层次、文化层次、年龄层次，适当选用精辟文言词语以及贴切的交际语汇与得体的祝颂语，使其各得其所，各享其美，显示庄重、典雅之美。

（三）格式规范，讲究效率

写作礼仪文书和其他应用文体一样，既要注意一定的格式，也要讲究效率。

1. 注意文体格式

礼仪文书，由于其用途多样，作用不同，因而种类繁多。各种各类的礼仪文书，都有其固定格式，有法定的，也有约定俗成的。研究其格式，既有助于区分文体功能，如认清请柬与聘书的不同功用，也有助于掌握不同礼仪文书在写作上的异同，如感谢信与慰问信在结构和语言上的特点与区别。掌握这些格式，写作时安排结构、遣词造句、驾驭情感就能"从心所欲而不逾矩"。

2. 遵守写作规范

遵守写作规范主要表现为对行文礼仪的遵守。首先，要注意标题的严肃性。不要任意省略，造成对方对文体理解上的困惑。其次，行文要尽量把事实和背景交代清楚，以方便对方阅读和领会。最后，要注意行文关系。平行或不相隶属机关、单位之间，应当使用平行的礼仪类文书，而不可使用上行的或下行的礼仪类文书。

3. 提高行文效率

礼仪文书的写作和发送必须及时迅速，讲求时效，要快中求好，做到又快、又好、又准，否则一旦耽误，会造成不必要的损失。

三、礼仪文书的类别

现代人常使用的礼仪文书类别有各种请柬、欢迎词、祝词、题词、欢送词、悼词、祭文、贺信、贺电、讣告、唁电、碑文、对联等。从应用的角度来看，一般可分为三类：邀约类礼仪文书，如邀请书、请柬、聘书等；迎送（致辞）类礼仪文书，如欢迎词、欢送词、致谢词、感谢信等；贺吊类礼仪文书，如贺词、贺卡、唁电、唁函等。作为礼仪文书，无论是表达邀约、迎送还是贺吊之意，都有其共同的要求。

第二节　邀约类礼仪文书

一、邀请书

邀请书也被称为邀请函，是邀请宾客参加某项活动的通知书，主要用于联谊活动和友好往来。邀请书必须以书面文字的形式，即使已经口头邀请了被邀请人，也要把邀请书送到被邀请人的手中，以表示邀请的诚意和郑重态度。

邀请书的款式可以是单面的，也可以是对折纸的。它一般由标题、称谓、正文、结语、具名和日期六个部分组成。

1. 标题

如果是单面的，可以在第二行居中用较小的字写上邀请单位（一般不要在一张纸的顶头写，要留出"天头"），在邀请单位的下一行中间用较大较粗的字体写"邀请书"三个字。也可以直接在第二行只写"邀请书"三个字。背面也可以用公文标题，如"××市软件企业协会关于召开第×次理事会的邀请函"。如果是使用对折纸款式，则可以直接在封面的上端1/4处横式写上"邀请书"三个字，在封面下端的4/5处横式写上邀请单位；或在封面的上端1/4处竖式写上"邀请书"三个字，在封面下端的4/5处竖式写上邀请单位。

2. 称谓

单面款式中，在标题之下空一行顶格写被邀请者的姓名和称谓（或单位名称），例如："×××先生""×××经理""×××学校"等。在对折款式中，则可直接在内页的第一行书写被邀请者的姓名和称谓。

3. 正文

正文在称谓的下一行空两格开始书写，正文要交代清楚邀请的原因、活动内容和时间、地点。正文的内容要概括。活动内容、时间、地点要明确，以便被邀请人做好赴约的准备，必要时还要注明乘车路线和联系电话。如果是会议邀请，还要注明会议的指导思想、具体内容、要求，报到的具体时间、地点、食宿方法等，让受邀人"有备而来"。

4. 结语

结语同书信的写法一样，正文之后另起一行空两格写"此致"，下一行顶格写"敬礼"或"敬请光临""敬请莅临指导""恭候出席"等得体的礼貌用语。

5. 具名

具名在礼貌用语的下一行靠右边署上发出邀请书的单位名称或个人姓名。

6. 日期

日期在具名之后的下一行偏右写上发出邀请的年、月、日。

【例文】邀请书

　　为了纪念×××诞辰一百周年，我会定于××××年×月×日至×日，在×（地点）

举行×××学术研究讨论会。您对×××素有研究,我们非常希望您能莅临指导。如蒙应允,请在×月×日准时前来参加为盼。报到地点:××路×号。

附:讨论会发言稿10份。

  此致

敬礼

×××学术研究讨论会筹备组××××年×月×日(公章)

二、请柬

请柬,也被称为"请帖",是为邀请宾客参加某一活动所使用的一种书面形式的通知,一般用于联谊会、各种纪念活动、婚宴、诞辰或重要会议等。发送请柬是为了表示活动举行的正式。在邀请宾客前来参加会议或精心安排的活动时,常采用发送请柬这种书面邀请的形式。

(一)请柬的特点

(1)郑重性 请柬有书信的属性,但书信多是因路途遥远不便联系而采用的交际方式,而即使近在咫尺,只要有必要,都应发出请柬,以示郑重与尊敬。

(2)邀请性 请柬不同于一般的通知。通知主要起知照作用,有些还具有指挥、规范作用。请柬除了具有知照作用外,主要表现为具有邀请性质,一般不具有指挥、规范作用。

(3)艺术性 请柬用于社交场合,故在款式和装帧设计上非常讲究艺术性,追求美观、精致、新颖、大方。

(二)请柬的作用

发送请柬,能够显示邀请的礼貌程度。它的主要作用有三个:一是表示对客人的尊重;二是表明邀请者对此事的郑重态度;三是对客人起到提醒、备忘的作用。

(三)请柬的格式

请柬从形式上分为横式写法和竖式写法两种,竖式写法从右边向左边写。请柬由标题、称谓、正文、结尾语、落款五部分组成。

1. 标题

标题在封面或第一行中间写上"请柬"或"请帖"。

2. 称谓

抬头顶格写清被邀请的单位的名称,如邀请的是个人,则应写清其姓名、职衔和职称。

3. 正文

正文的内容主要写清活动内容,如开座谈会、联欢晚会、纪念典礼、开幕剪彩、宴会、婚礼、寿诞等。还应写明时间、地点、方式。如果是请观看戏剧或其他表演,还应将入场券附上。若有其他要求,也需注明,如"请准备发言""请准备节目"等。

4. 结尾语

请柬的结尾已形成套语,显得正式、隆重,必不可少。常常要写上礼节性的问候语或恭候语,在正文后另起一行空两格写"敬请"二字,然后再另起一行顶格写"光临"二字。

5. 落款

最后落款应署明邀请单位的全称或邀请者的姓名以及发出请柬的时间，通常写上"谨启""谨订"字样以示礼貌，如是组织邀请，须盖上公章。

（四）请柬的写作要求

1. 措辞准确

请柬篇幅短小，表情达意受到一定限制，因此，措辞更要明晰、准确，要写清活动要素，包括时间、地点、邀请对象，绝不能出错。

2. 语言雅致

请柬是一种高雅的礼仪载体，十分讲究语言美，求"达"、求"雅"。根据不同场合，措辞要高雅、得体、礼貌，做到热情而不俗套，恭敬而不卑微，充分显示邀请者的内在素质和修养。

3. 提前送达

请柬主要是表明对被邀请者的尊敬，凡属比较隆重的喜庆活动，邀请客人均以请柬为准，切忌随便口头招呼。请柬一定要适时发出。太早，对方容易遗忘；太迟，对方来不及回柬和从容准备。一般提前一周送达较好。

【例文】 宴会请柬

请　柬

×××先生：

兹定于5月18日下午18时在月季大酒店玫瑰厅举行焦煤集团公司成立六十周年庆祝酒会，敬请届时光临。

焦煤集团公司
××××年×月×日

（五）回柬

可以用回柬告知能否赴约，也可以用电话、电报、书信、传真等回复。谢绝邀请一般用回柬比较好。对于某些邀请需复回柬的，都应立即回复。

1. 接受邀请

【例文】

×××先生：

接到请柬，十分感激。×月×日（星期×）晚当准时赴宴。特此谨致谢意。

×××致上
××××年×月×日

2. 谢绝邀请

【例文】

尊敬的×××：

承蒙邀约，十分感激。但因有要事在身，无法赴约，深表歉意。

×××致上
××××年×月×日

三、聘书

聘书，也被称为聘请书。它一般指机关、团体、企事业单位聘请某些有专业特长或有威望的人完成某项任务或担任某项职务时所发的邀请性质的专用书信。

（一）聘书的格式

聘书一般已按照书信格式印制好，中心内容由发文者填写即可。完整的聘书格式一般由以下几部分构成。

1. 标题

聘书往往在正中写上"聘书"或"聘请书"字样，有的聘书也可以不写标题。已印制好的聘书标题常用烫金或大写的"聘书"或"聘请书"字样。

2. 称谓

聘书上被聘者的姓名称呼可以在开头顶格写，然后再加冒号，也可以在正文中写明受聘人的姓名称呼。常见的印制好的聘书则大都在第一行空两格写"兹聘请××"。

3. 正文

聘书的正文一般要求以下一些内容。

（1）交代聘请的原因和请去需要做的工作或写明所要担任的职务。

（2）写明聘任期限。例如，"聘期两年""聘期自2002年2月20日—2006年2月20日"。

（3）聘任待遇。聘任待遇可直接写在聘书之上，也可另附详尽的聘约或公函写明具体的待遇，这要视情况而定。

（4）正文还要写上对被聘者的希望。这一点一般可以写在聘书上，但也可以不写，而通过其他的途径使受聘人切实明白自己的职责。

4. 结尾

聘书的结尾一般写上表示敬意和祝颂的结束用语，如"此致""敬礼""此聘"等。

5. 落款

落款要署上发文单位名称或单位领导的姓名、职务并署上发文日期，同时要加盖公章。

（二）聘书的写作要求

（1）郑重严肃，对有关招聘的内容要交代清楚。书写要整洁、大方、美观。

（2）篇幅短小精悍，语言简洁明了、准确流畅，态度谦虚诚恳。

（3）聘书是以单位名义发出的，所以一定得加盖公章，方视为有效。

【例文】

聘 请 书

为了提高教学质量，本校总部成立了××教学研究会。特聘请××老师为指导教师，参加教学研究，并关心、指导本校的教学工作。

此致

敬礼

××大学（盖章）
××××年×月×日

四、介绍信与证明信

介绍信与证明信都是企事业单位行政机关等对外常用的文书，它们各具格式，但都简单明了、一语中的。

（一）介绍信

介绍信是社会组织为了介绍到有关单位了解情况、联系工作、参观访问的人的身份而使用的专用书信。其内容包括被介绍人的姓名、身份、随访的人数、活动的目的、对受访单位的请求等。常用的介绍信有两种：一种是在白纸或信笺纸上完全用手写的介绍信；另一种是统一印刷的，带有存根、编号的介绍信。

（二）证明信

证明信是社会组织为证明个人的身份、履历、学历及其他事项的真实情况而使用的专用书信。

书写证明信时要慎重，除了对所证明的事实一定要准确无误外，还应注意用语明确、肯定，不得涂改，便于查考。证明信应留底稿并进行登记。

五、感谢信

感谢信是为感谢对方的关心、支持和帮助而写的书信。它的对象及事迹，一般都和写感谢信的人有直接的关系。所以，应满怀感激之情，把对方的好思想、好作风以及光荣事迹概括地写出来。感谢信不仅有感谢的意思，而且有表扬的内涵。感谢信的具体格式如下。

（1）第一行感谢信正中写"感谢信"或"致×××的感谢信"等字样，字体要大些。

（2）开头顶格书写感谢对象的单位名称或个人姓名。

（3）正文从第三行空两格起，写感谢的内容和感激心情。首先，要精练地叙述对方的好品德、好作风与先进事迹。特别是要重点叙说在关键时刻，因对方的关心、支持、帮助而产生的效果。然后，再表示向对方学习的态度和决心。

（4）结尾写上表示敬意、感激的话，如"致以最诚挚的敬礼""此致""敬礼"等。

（5）署名。署上单位名称或个人姓名，并注明写信的年、月、日。写感谢信须注意以下几个方面。首先，要把被感谢的人物、事件准确地叙述清楚，使对方能够回忆起来或让他人了解清楚。其次，应满怀感激之情去议论和评价事迹的深刻含义，并表示诚挚的谢意和学习的决心。

第三节　致辞类礼仪文书

致辞，是指礼仪活动中表示迎送宾客和集会时应酬用的礼仪类文书，主要是用于一些正式的社交场合或较为庄重的会议。常用的致辞，主要有欢迎词、欢送词、答谢词、祝词开幕词、闭幕词、悼词等。

致辞类文书格式基本相同，内容较为集中，充满感情色彩，语言典雅，措辞讲究。由于致辞是一种面对面进行的交流形式，因而可以起到与客户交流感情、融洽关系的作用，富有感染力。下面以一些致辞类礼仪文书为例进行说明。

一、欢迎词

（一）欢迎词的概念

欢迎词指行政机关、企事业单位、社会团体或个人在公共场合欢迎友好团体或个人来访时致辞的书面文稿。通俗地讲指客人光临时，主人为了表示热情的欢迎，在举行相应的礼仪活动中所发表的热情友好的讲话。

（二）欢迎词的特点

1. 欢愉性

孔子曰："有朋自远方来，不亦乐乎。"致欢迎词应有一种愉快的心情，言词用语务必富有激情和表现出致辞人的真诚。只有这样，才会给客人一种"宾至如归"的感觉，为下一步各种活动的完满举行打下了好的基础。

2. 口语性

欢迎词本意是现场当面向宾客口头表达的，所以口语化是欢迎词文字上的必然要求，在遣词用语上要运用生活化的语言，既简洁又富有生活的情趣。口语化会拉近主人与来宾的亲切关系。

（三）欢迎词的分类

1. 按表达方式分

（1）现场讲演欢迎词，一般是指由欢迎人在被欢迎人到达时于欢迎现场口头发表的欢迎稿。

（2）报刊发表欢迎词，是指发表在报刊或公开发行刊物上的欢迎稿，一般在客人到达前后发表。

2. 按社交的公关性质分

（1）私人交往欢迎词，一般是在个人举行较大型的宴会、聚会、茶会、舞会、讨论会等非官方的场合下使用的欢迎稿。通常要在正式活动开始前进行。私人交往欢迎词往往具有很大的即时性、现场性。

（2）公事往来欢迎词，这样的欢迎词一般在较庄重的公共事务中使用。要有事先准备好的得体的书面稿，文字措辞上的要求较私人交往欢迎词正式和严格。

（四）欢迎词的格式

欢迎词一般由标题、称谓、正文和落款四部分组成。

1. 标题

标题写法一般有两种。一种是直接以文体命名，如"欢迎词"；另一种是由活动内容加文体名称构成，如"在××学术讨论会上的欢迎词"。致辞人一般不念标题。

2. 称谓

称谓要求写在开头顶格处，要写明来宾的姓名称谓。例如，"尊敬的女士们、先生们"等。

3. 正文

欢迎词的正文一般可由开头、主体和结尾语三部分构成。

（1）开头。开头通常应说明现场举行的是何种仪式，以及发言者代表什么人，向哪些来宾表示欢迎。

（2）主体欢迎词。在这一部分一般要阐述和回顾宾主双方在共同的领域所持的共同立场、观点、目标、原则等内容，较具体地介绍来宾在各方面的成就及在某些方面作出的突出贡献，同时要指出来宾本次到访或光临对增加宾主友谊及合作交流所具有的现实意义和历史意义。

（3）结尾语。在结尾处应再次向来宾表示欢迎，并表达自己对今后合作的良好祝愿。

4. 落款

欢迎词的落款要署上致辞单位的名称，致辞者的身份、姓名，并署上成文日期。

（五）欢迎词的写作要求

1. 看对象说话

欢迎词多用于对外交往，在各社会组织的对外交往中，所迎接的宾客可能是不同的，如上级领导、检查团、考察团等。来访目的不同，欢迎的缘由也应不同。欢迎词要有针对性，看对象说话，表达不同的情谊。

2. 看场合说话

欢迎的场合、仪式也是多种多样的，有隆重的欢迎大会、酒会、宴会、记者招待会；有一般的座谈会、展销会、订货会等。欢迎词要看场合说话，该严肃则严肃，该轻松则轻松。

3. 热情而不失分寸

欢迎应出于真心实意，热情、谦逊、有礼；语言亲切，饱含真情；注意分寸，不亢不卑。

4. 称呼

关于称呼应注意由于是用于对外（本组织以外的宾客）交往，欢迎词的称呼比开幕词、闭幕词更具有感情色彩，更需热情有礼。为表示尊重，要称呼全名。在姓名前或后面加上职衔或"先生""女士""亲爱的""尊敬的""敬爱的"等敬语表示亲切。

5. 篇幅短小，言简意赅

一般的欢迎词都是一种礼节性的外交或公关辞令，宜短小精悍，忌长篇大论。

【例文】欢迎词

各位女士、先生，大家好！

我是亚飞公司董事长张林。很高兴在各位新职员加入本公司的第一天，就和大家相识。

首先，让我代表公司、代表公司领导和同事们，向各位新同事表示热烈的欢迎。

正如大家所知，我们公司在社会上有着良好的声誉与一定的影响。但是，我们依旧不断进取，毫不懈怠。今天，见到各位朝气蓬勃的新同事加入本公司，使我颇感欣慰，因为以大家所具有的真才实学，定然会使本公司更上一层楼。

相信各位都是有志之士，都是真正来这里干事业的，那么让我们一道友好合作，同舟共济，发奋图强吧！本公司鼓励各位出人头地，并愿意为此向大家提供各种方便。再一次向各位表示欢迎!

谢谢大家!

××××年×月×日

二、欢送词

(一) 欢送词的概念

欢送词是行政机关、企事业单位、社会团体或个人在公共场合欢送友好团体回归或亲友出行时致辞的书面文稿。

(二) 欢送词的特点

1. 惜别性

有句古诗说得好:"相见时难别亦难。"中国人重情谊这一千古不变的民族传统精神在今天更显得珍贵。欢送词要表达亲朋远行时的感受,所以依依惜别之情要溢于言表。当然,格调也不可过于低沉。尤其是公共事务的交往,更应把握好分别时所用言辞的分寸。

2. 口语性

同欢迎词一样,口语性也是欢送词的一个显著特点。遣词造句应注意使用生活化的语言,使送别既富有情趣又自然得体。

(三) 欢送词的格式

欢送词的格式与欢迎词基本相同。

(四) 欢送词的写作要求

(1) 对被欢送者的高度评价。

(2) 对既往与之相处时光的温馨回忆。

(3) 自己真心实意的惜别之情。

(4) 对被欢送者的美好祝福。

【例文】 欢送词

各位同事:

今天,是一个既让我们非常高兴又让我们非常伤感的日子。我们高兴,是因为我们的同事马艳丽小姐荣升为我公司上海分公司经理。我们伤感,则是因为马小姐这样一位优秀的人才和亲密的同事,就要与我们分开了。

回首往事,我们不难发现,马艳丽小姐具有卓越的工作能力与才华。我们部门所取得的成绩,离不开她的贡献。

马小姐的离开,是我们部门的巨大损失。不过,想到她将在更为重要的位置上发挥才干,我们都感到欣慰,并且都为她而感到高兴。

"苟富贵,毋相忘",我们相信马艳丽小姐必定会如此。我们都会相信她,希望她也能记着我们大家。

祝愿马小姐前程似锦,万事如意,多多保重!

××××年×月×日

三、答谢词

（一）答谢词的概念

与欢迎词相对应，答谢词是由宾客出面发表的对主人的热情接待表示感谢的讲话稿。

（二）答谢词的格式

答谢词由标题、称呼、开头、正文、结语五部分构成。

1. 标题

标题一般用"答谢词"作为标题。

2. 称呼

称呼与欢迎词相同。

3. 开头

开头对主人的热情接待表示感谢。

4. 正文

正文畅叙情谊或表明自己来访的意图、诚意，申述有关的愿望。

5. 结语

结语祝愿或再次表示谢意。

（三）答谢词的写作要求

1. 使用客套话与充满真情

在礼仪场合，必要的客套话是不能省略的，如"感谢""致敬"之类热情洋溢、充满真情的词语。

2. 尊重对方习惯

到异地做客，要了解当地的民情、风俗，尊重对方习惯。

3. 注意照应欢迎词

主人已经致辞在前，作为客人，不能"充耳不闻"。答谢词要注意与欢迎词的某些内容照应，这是对主人的尊重。即使预先准备了答谢词，也要在现场紧急修改、补充或因情、因境临场应变发挥。

4. 篇幅力求简短

欢迎词、答谢词都是应酬性讲话，而且往往是在公关礼仪活动刚开始时发表的，下面还有一系列的活动等着进行，因此篇幅要力求简短，不宜冗长拖沓，以免令人生烦。

【例文】××参观团团长张××先生的答谢词

刘部长、各位公关部的同志们：

我们今天初临贵境，刚下飞机就得到你们的热情接待。刚才刘部长还给我们详细介绍了情况，为我们周到地安排了参观活动，使我们感到就像回到家里一样亲切、温暖。谨让我代表参观团的全体同志向你们，并通过你们向厂领导和全体职工致以衷心的感谢！

××饮料厂因其生产的高级××牌健康饮料质量上乘和慷慨捐助群众性体育活动而闻名全国。我们虽然远在千里之外的大西北,但××饮料的名声却早已如雷贯耳。我们这次远道慕名而来,不仅想看看你们是怎样生产、学习和生活的,而且想要学习你们改革开放的新思想、新观念和宝贵经验。刚才陈部长介绍的三条经验已经使我们感到耳目一新。在今天的参观访问中,我们一定能够学到更多的东西。我们参观团的成员全部来自企业,虽然不都是做饮料的,还有做电器的、做机械的、做家具的,等等,但我们相信,你们的宝贵经验对于我们都会有极大的帮助和启发。

再次感谢东道主的盛情!

谢谢!

四、祝辞

(一)祝辞的概念

祝辞,泛指对人、对事表示祝贺的言辞或文章。祝辞和贺词在某种场合可以互用,但它们的含义并不相同。祝辞是在事情未果时,表示祝愿和希望;贺词则是在事情既果时,表示庆贺与道喜。

作为礼仪的一种,祝辞在古代就有,但那时是祈祷神灵、祖先时用的,到了后来,才涉及活人和现实生活。今天,不但人,就连事业、会议等,也成了祝贺的对象。

(二)祝辞的种类

根据内容,祝辞可分为以下几类。

1. 会议祝辞

会议祝辞,是指上级或同级领导在重要会议或集会上的祝辞。这类祝辞有祝贺之意,要根据会议的性质来写。其内容一般包括对会议意义的阐述,对会议的祝贺等。英雄或先进人物表彰会议的祝辞要有怎样学习和效法等内容。

2. 事业祝辞

事业祝辞,是在工程奠基、工厂开工、商店开业、展览会剪彩等仪式上发表的祝辞,表示希望此事进行顺利和取得更大成就。

3. 社交性祝辞

这是人们在交往中所涉及一种礼节,包括祝寿、贺婚等。

祝寿对象主要是老年人。根据我国的传统习惯,对年轻人一般不称祝寿。祝寿有自寿,即祝贺自己,这类祝寿辞往往是抒发本人的感慨、抱负或自勉。为别人祝寿最为常见,其祝寿辞既要祝愿对方幸福长寿,也要赞颂他已取得的成绩和作出的贡献。

贺婚,即对新婚夫妇表示良好的祝愿,如祝愿夫妻恩爱、生活幸福、同心携手、事业成功等,也可对他们提出要求。

此外,社交性祝辞还可用于祝贺晋级提职、生男添女及工作和学习中取得的成果。

4. 祝酒词

祝酒礼仪始于商周时期,现在一般用于宴会上。特别是外交场合,祝酒已成为一种招待外宾的礼仪。外宾初到,主人设宴招待,宴会开始时主人要致祝酒词。一般是先对来访者表示欢迎。接着回顾双方的友好交往，盛赞友情，最后提出祝愿和希望。这类祝辞因涉及国际关系，措词更要严谨。

（三）祝辞的格式及写作要求

1. 祝辞的基本格式

在首行居中书写标题，如"祝辞"，字体稍大。祝酒词可写"××（姓名）××（职务）的祝酒词"，或"在欢迎××宴会上××的祝酒词"。祝寿词可写"给××的祝寿词"等。祝事业可写"给××的祝辞"，或"在××典礼（会）上的祝辞"。另起一行顶格写称呼，后加冒号。正文可分几段来写，其内容一般包括问候和祝贺，介绍有关情况，表明某种态度。结束语应是庄重而热烈的祝贺语。文末是署名及日期。若是祝酒词，不必署名，应以劝酒词作为结束语。

2. 祝辞的写作要求

（1）要熟悉被祝贺对象以便使祝辞切合实际，有的放矢，言之有物。

（2）语言要庄重、热烈。切忌因用语不当而伤害被祝贺者的感情，破坏了喜庆气氛。

（3）篇幅不宜过长。祝辞仅是礼仪活动中的一个程序，因此它只能占应有的地位，要与整个活动的其他项目相谐调。

【例文】 周恩来总理在欢迎美国总统尼克松宴会上的祝酒词

总统先生，尼克松夫人，女士们，先生们，同志们，朋友们：

首先，我高兴地代表毛泽东主席和中国政府向尼克松总统和夫人，以及其他的人们表示热烈欢迎。

同时，我也想利用这个机会代表中国人民向远在太平洋彼岸的美国人民致以亲切的问候。

尼克松总统应中国政府的邀请，前来我国访问，使两国领导人有机会直接会晤，谋求两国关系正常化，并对共同关心的问题交换意见，这是符合中美两国人民愿望的积极行动，这在中美两国关系史上是一个创举。

美国人民是伟大的人民。中国人民也是伟大的人民。我们两国人民一向是友好的。由于大家都知道的原因，两国人民之间的来往中断了二十多年。现在，经过中美双方的共同努力，友好来往的大门终于打开了。目前，促使两国关系正常化，争取和缓紧张局势，已成为中美两国人民强烈的愿望。人民，只有人民，才是创造世界历史的动力。我们相信，我们两国人民这种共同愿望，总有一天是要实现的。

中美两国的社会制度根本不同，在中美两国政府之间存在着巨大的分歧。但是，这种分歧不应当妨碍中美两国在互相尊重主权和领土完整、互不侵犯、互不干涉内政、平等互利和和平共处五项原则的基础上建立正常的国家关系，更不应该导致战争。中国政府早在1955年就公开声明，中国人民不想同美国打仗，中国政府愿意坐下来同美国政府谈判，这是我们一贯奉行的方针。我们注意到尼克松总统在来华前的讲话中也说道："我们必须做到的事情是寻找某种办法使我们可以有分歧而又不成为战争中的敌人"。我们希望，通过双方坦率地交换意见，弄清楚彼此之间的分歧，努力寻找共同点，使我们两国的关系能够有一个新的开始。

最后我提议：为尼克松总统和夫人的健康，为其他美国客人们的健康，为在座的所有朋友和同志们的健康。

为中美两国之间的友谊，干杯。

第四节　贺吊类礼仪文书

一、贺信与贺电

贺信与贺电的格式一般由标题（贺电可省略）、称呼、正文、落款和日期五部分组成。

1. 标题

贺信标题位于首行正中并写"贺信"两字。

2. 称呼

称呼写于另起一行顶格处，有机关（单位）或个人两种。机关（单位）名称要用全称或规范化简称。给个人的贺信、贺电，应根据礼仪规范书写对方称谓（包括职务、姓名、尊称），称呼后加冒号。

3. 正文

正文另起一行，空两格，是贺信、贺电的内容部分。有三层含义：一是开头写祝贺原因和所祝之词，一般就具体事件（成绩、成就或成功）向对方表示祝贺，并说明取得成绩的原因、意义及影响，大多用"欣闻（欣悉）……代表……向……表示祝贺"，或"值此……之际，特表示热烈祝贺"等语句。二是中间具体展示己方对祝贺事件的态度，概要分析、表明对该事件的肯定。三是最后以祝愿或希望之词结尾。

4. 落款

落款应写明发信、发电机关的名称或个人职务、姓名。落款的位置在正文右下方。

5. 日期

最后还要注明发信、发电日期，署于落款下方。年、月、日须写清楚，不可省略。

此外，贺电篇幅比贺信更短，用语更精练简洁，不堆砌华丽辞藻，词义要鲜明、准确。格式要规范，称呼要得体，尤其是涉外礼仪函电，更应按国际惯例来写。表达的语气要感情真挚、热情大方，但不能夸大其词、过分渲染。所述事件要恰到好处，符合实际，不能过分拔高。

【例文】**邓颖超贺张学良九十寿辰**

汉卿先生如晤：

　　欣逢先生九十寿庆，颖超特电表示深挚的祝贺。

　　忆昔五十四年前，先生一本爱国赤子之忱，关心民族命运和国家前途，在外侮日亟、国势危殆之秋，毅然促成国共合作，实现全面抗战；去台之后，虽遭长期不公正之待遇，然淡于荣利，为国筹思，赢得人们景仰。恩来在时，每念及先生则必云：先生乃千古功臣。先生对近代中国所作的特殊贡献，人民是永远不会忘怀的。

　　所幸者，近年来，两岸交往日增，长期隔绝之状况已成过去。先生当年为之奋斗、为之牺牲之统一祖国振兴中华大业，为期必当不远，先生思之，亦必欣然而自慰也。我和同辈朋友们遥祝先生善自珍重，长寿健康，并盼再度聚首，以慰故人之思耳！问候您的夫人赵女士。

邓颖超
一九九一年五月三十日

二、唁电

唁电是向死者的组织和家属表示慰问的电报，常因作者与死者不在一地，不能亲自吊唁而用。它既是对死者的哀悼，又是向死者亲属的问候和安慰。

唁电一般有两种。

（一）以集体名义发的唁电

该种唁电是指机关或团体向死者原在单位发的唁电。致哀对象一般是有关的重要领导人或是革命英雄、先进人物、知名人士等。其基本格式是：首行居中写标题，如"唁电"或"致×××唁电"等，字体稍大。另起一行，顶格写接收唁电单位的名称，后加冒号。正文另起一行空两格，直言得悉噩耗后的悲痛心情，简述死者生前的品德和功绩，表示对死者的缅怀和思念之情，表达继承死者遗志的决心，向死者的亲属致以亲切的慰问。也可写上"肃此电达"、"特此慰问"等。最后是落款，即在右下方写上发唁电的单位名称和时间。

（二）以个人名义发的唁电

该种唁电的致哀对象，一般是亲朋好友等关系密切的人。这种唁电的基本格式是：第一行顶格写接收唁电的单位名称或死者家属的姓名，姓名后加上相应的称呼，如"同志""先生""夫人"等。正文部分先写得知噩耗后的悲痛心情，失去良师或益友难以弥补的缺憾，接着写死者的美德、可贵精神和业绩，然后表达化悲痛为力量的决心，最后向死者家属表示亲切的问候和希望节哀之类的话。署明发唁电人的姓名及日期。

唁电的写作，要求以诚挚的情感来表示对死者的深切哀悼，用词要庄重、严肃，不可滥用修饰语；对死者的功绩、情操要给予恰当的评价（这是对死者亲属的最好安慰），并劝慰其家属要节哀。语言要概括、简洁、朴实，准确反映发电人与逝世者的实际关系。悉知噩耗后应及时拍发唁电，缓拍将被认为不礼貌，甚至是对死者及其家属的不敬重。

【例文】 **江泽民、李鹏、乔石为金日成逝世所发的唁电**

朝鲜劳动党中央委员会，朝鲜劳动党中央军事委员会，朝鲜民主主义人民共和国政务院：

惊悉朝鲜劳动党中央委员会总书记、朝鲜民主主义人民共和国主席金日成同志不幸与世长辞，我们谨以无比沉痛的心情向你们，并通过你们向全体朝鲜人民致以最深切的哀悼和最诚挚的慰问。

金日成同志是朝鲜劳动党和朝鲜民主主义人民共和国的缔造者，是朝鲜人民久经考验的伟大领袖。在半个多世纪的革命生涯中，金日成同志领导朝鲜人民把一个贫穷落后的国家建设成为坚强的社会主义国家，他把毕生的精力献给了朝鲜人民争取民族解放、维护独立和建设社会主义的壮丽事业，建立了不朽的历史功勋。

金日成同志一贯以极大的热忱维护和发展中朝两国人民的传统友谊，他同中国老一辈革命家结下了深厚的友谊，推动中朝友好合作关系不断向前发展。金日成同志的逝世使中国党、政府和中国人民深感悲痛。

金日成同志虽然逝世了，但是他的崇高形象将永远活在朝鲜人民心中。中国人民将永远怀念他。我们坚信，朝鲜人民必将继承金日成同志的遗志，紧密团结在以金正日同志为首的朝鲜劳动党中央周围，为建设好自己的祖国，争取朝鲜半岛的持久和平而继续前进。中朝两党、两国和两国人民的友谊必将不断巩固和发展。

金日成同志永垂不朽！
中国共产党中央委员会总书记
中国共产党中央军事委员会主席
中华人民共和国主席　江泽民
中华人民共和国国务院总理　李鹏
中华人民共和国全国人民代表大会
常务委员会委员长　乔石

一九九四年七月九日于北京

三、慰问信

慰问信是以单位或个人的名义向受到灾害影响或作出重要贡献的单位或个人表示慰问的书信。也有在节日向某些承担重要责任的集体，如军队发出的慰问信。慰问信的内容根据被慰问的对象的具体情况而定，主要包括：标题，在第一行正中写"慰问信"三个字，也可写成"×××致×××慰问信"。接着写被慰问对象的称呼。然后再写正文，正文可说明写慰问信的背景、原因，概括叙述受慰问方的先进事迹或高贵品德，向其表示慰问和学习。最后写共同的愿望和决心以及表示祝愿的话。末尾署名写慰问单位或个人名称及写慰问信的日期。

【例文】教师节慰问信

敬爱的各族教师同志们：

今天是教师节，全国各地都在庆祝这个光荣的节日，谨向你们致以亲切的问候和崇高的敬意！

你们是全国各级各类学校上千万教师和教育工作者，是我国工人阶级知识分子队伍中的一个重要方面军。新中国成立以来，你们为提高全民族的科学文化水平，为培养数以千万计的有觉悟、有文化、有体力的各行各业的劳动者，为培养上千万能够适应现代化科学技术发展的专门人才，作出了巨大的贡献。祖国社会主义物质文明和精神文明建设的每一项成就，都渗透着你们的辛勤劳动。党感谢你们，政府感谢你们，人民感谢你们！

各族教师同志们，你们肩负着光荣的历史重任。希望你们不断地提高自己的思想政治水平和文化业务水平，具有高尚的道德、渊博的知识，掌握教育教学工作规律，教书育人，为人师表，为祖国的社会主义教育事业作出更大的贡献。

祝同志们节日愉快！

李先念
1985 年 9 月 10 日

四、表扬信

表扬信是用来表彰赞扬做好事的集体或个人的信函。自己得到别人的帮助，被做好事的人所具有的高尚精神所感动，故写表扬信向其当事人或单位表示感谢。表扬信可以使受表扬者得到鼓舞，使广大群众得到教育，从而推动良好的社会风尚的形成，促进社会主义精神文明建设的发展。

表扬信的写法等格式与一般书信大体相同，由名称、称谓、正文、发信单位落款和日期等项内容组成。

五、讣告与悼词

（一）讣告

讣告，是指报告某人去世消息的一种文书。它是现代丧葬礼仪中使用的一种文体。讣告一般由死者的亲属或治丧委员会发出，并且要求在向遗体告别仪式之前尽早发出，以便死者的亲友及时作出必要的安排和准备，如准备花圈、挽联等。

按照内容与形式的不同，讣告可分为一般式、公告式、新闻报道式三种。

1. 一般式讣告

一般式讣告是最常见的、最通用的一种讣告。其格式和写法如下。

（1）标题：开头一项居中写"讣告"或"死者姓名+讣告"。字体要略大于正文的字体。

（2）正文：其包括以下三层内容

① 死者姓名、职务、身份，死者逝世原因、时间、地点，死者的生存年寿。

② 死者生平事迹简介，简要地概述其一生中的重大成就和具有代表性的经历。

③ 写明吊唁、开追悼会的时间、地点及注意事项。

（3）落款与时间：落款写单位名称、治丧委员会名称或个人姓名。时间写发讣告的具体日期。

2. 公告式讣告

公告式讣告是一种比一般式讣告要隆重、庄严的讣告。它一般是根据死者的职务、身份，由党和国家或一定级别的机关、团体作出决定发出的，往往由公告本身及其他消息共同组成。它的格式与写法如下。

公布逝世消息，包括标题、正文及时间三部分。标题由发出单位名称全称和"公告"字样组成。正文要写明死者职务、姓名、逝世原因、时间、地点及终年岁数，对死者的简单评价和哀悼之词。最后署明公告时间。

治丧委员会公告，包括标题、正文及时间三部分。标题一般用粗大字体写明"×××同志治丧委员会公告"，正文是对丧事的安排及具体要求。最后署明公告的时间和公布治丧委员会名单。

3. 新闻报道式讣告

新闻报道式讣告常作为消息刊登于报纸上，旨在晓谕社会。其格式、内容和写法都较为简单。一般只有标题和正文，不必落款，也不写时间。标题一般写有"×××同志逝世"。正文有两层内容：一是简述死者原单位、职务、身份、姓名，因于何年何月何日在何地逝世，终年多少岁；二是对死者的生平做简要介绍。

此外，讣告的印制也须注意。书写或印制讣告有以下三种形式。

（1）柬帖式。用一面32K或16K白卡纸，通栏横排正文；标题居中置正文上面，字体略大于正文；正文字体大小一致；封文一般不用另行印制，使用普通信封即可。

（2）布告式。一般用白色纸张并用墨笔抄写讣告全文。纸张的大小视布告具体情况而定。

（3）报刊新闻式，讣告全文加墨框。

写作讣告时要注意：讣告的语气要求准确、简练、严肃、郑重，以体现对死者的哀悼。讣告用纸的颜色，我国一般用白纸，书写黑字。

（二）悼词

现代悼词有广义与狭义之分。广义的悼词是指向死者表示哀悼、缅怀与敬意的悼念性文章；狭义的悼词专指在追悼会上对死者表示敬意与哀思的宣读式的专用哀悼文体。现代悼闻的基本特征是：充分肯定死者对社会的贡献，真诚表达生者的悼念和敬意之情，以质朴无华的语言和多种多样的形式体现化悲痛为力量的积极内容。悼词的格式主要由标题、署名和正文三部分组成。按写作手法分，悼词有评述式、记叙式和抒情式三种。

1. 评述式悼词

评述式悼词是以评述死者对社会的贡献为主的悼词。一般由单位写出，在追悼会上宣读。标题一般都写"在×××同志追悼会的悼词"或"悼×××同志。"标题下署上致悼词者的姓名。正文一般有三层内容：开头以"我们以沉痛的心情悼念……（身份或名望）同志"开始，然后再简述去世原因、时间、地点、享年等，对死者表示深切哀悼，语气较沉痛。中心部分分别对死者的籍贯、学历、经历进行集中介绍，重点突出介绍对人民、对社会的贡献，并给予总结性评价。结尾表示对死者的怀念，悼念及化悲痛为力量的决心。最后用"×××同志永垂不朽！"或"×××同志永远活在我们心中"等话语做结语。

现在党中央提出高级领导人逝世后一律不开追悼会，其悼词和讣告已合二为一，题目用"×××（机构名称）沉痛宣告×××同志逝世"来表示，正文就以评述生平为主。

2. 记叙式悼词

记叙式悼词是以记叙死者的生平事迹或业绩为主的悼词。多由死者的熟人、朋友所写，也包括报上发表的哀悼性回忆文章。标题是用一般记叙文的标题写法，也可加一副题。署名在标题下面。正文同记叙文写法一样，形式多种多样，以记叙为主，要有记叙的六要素：时间、地点、人物、事件、原因、结果。

3. 抒情式悼词

抒情式悼词是侧重抒发作者悼念之情的悼词，常以抒情散文或诗词形式出现。标题不拘一格，如《写给×××》《哀×××》等。署名在标题下面。正文不受格式限制，结构安排多种多样，全篇要以"情"字为统帅，以抒发强烈、深沉的悼念之情。同时还要注意以下几点。

（1）写悼词要具有概括性，不能写成流水账，应突出死者的高贵品质和贡献。

（2）悼词中对死者的评价要公允，既不苛求，又不过分溢美。悼词一般不写死者的缺点或错误，在写作时最好能事先与领导和家属进行商量，求得同意。

（3）悼词的语言要简洁、朴实，并充满感情，做到哀而不伤，悲而不惨。

（4）悼词可事先印制成文，也可用墨笔抄写在白纸上，悬挂于追悼会场。

【例文】讣告

先父××,于××××年×月×日×时病逝于×(地),享年××岁。
兹定于×月×日上午×时在×(处)火化并举行遗体告别仪式。
谨此讣闻。

×××哀告

 想一想,练一练

1. 简述礼仪文书的含义和写作的基本要求。
2. 邀约类礼仪文书的种类和写作要领有哪些?
3. 致辞类礼仪文书的种类有哪些?
4. 学会写贺吊类礼仪文书。